개발과 **활용**으로 보는

# 산지
# 투자

고수들만의 임야투자 핵심 노하우

개발과 활용으로 보는

# 산지
# 투자

청기누설 토지투자 ⑦

이인수 (코렌드연구소장) 지음

개정판

청년
정신

"임야투자와 농사가 같은 거라고?" 무슨 뜬금없는 소리인지 의아한 생각이 드는 사람들이 많을 것이다.

여기서 임야는 산지의 다른 말이다. 지목 구분에서는 '임야'라는 말을 사용하고 있지만 법적으로도 두 용어가 혼용되고 있으며, 현장에서는 '산지'라는 용어가 좀 더 많이 사용되고 있으므로 이 책에서도 두 용어를 혼용해서 사용하고 있다.

어쨌든 위와 같은 명제를 앞에 두고 다음 예들을 생각해 보자.

임야를 매입해서 땅값이 오르면 판다. - 평당 1만 원
임야를 간벌한 다음 작업로를 개설해서 판다. - 평당 3만 원
임야를 간벌한 뒤 작업로를 개설하고, 전용허가를 받고 분할(쪼개어)을 해서 판다. - 평당 9만 원

이해가 되는가?
임야투자는 농산물을 생산해서 판매하는 방법과 같은 이치다.

이것이 곧 개발을 통한 임야투자의 전부이다.

보통 임야투자는 어렵다고 말한다.

임야의 간벌, 작업로 개설, 허가, 분할까지 해서 투자 수익을 올릴 수 있는 사람은 투자자의 1%에 불과하다.

토지 투자를 생각할 때 일반인들이 가장 쉽게 접근하는 것은 농지와 임야이다. 특히 임야의 경우 대지나 농지에 비해 값이 싸고 주변 경치가 좋은 곳이 많아 투자자들이 쉽게 현혹되는 경우가 많다. 그래서 기획부동산이 분할을 해서 쪼개 파는 것도 임야가 대다수다. 물론 몇 십 년을 기다려도 개발이 안 되는 임야 또한 수두룩하다.

당연히 기획부동산의 주 타겟은 단연 임야다. 대규모의 땅을 헐값에 사서 그럴듯하게 포장해 비싸게 쪼개 팔 수 있기 때문이다.

기획부동산은 텔레마케터를 통해 온갖 달콤한 말로 일반 투자자를 유혹한다.

이들은 자신들만 아는 고급 정보라며 거창한 개발 계획을 내세면서 이미 관공서에 의해 확정된 계획이라면서 늦으면 기회를 놓치게 될 거라며 투자자들의 심리를 조급하게 만든다.

하지만 이런 땅은 대개 쓸모 없는 보전산지일 가능성이 매우 높다.

앞으로 임야에 대한 개발은 점차 힘들어질 것이다. 정책이 환경을 고려해 난개발을 방지하고 보전하는 쪽으로 법적 제약을 가할 것으로 보이기 때문이다.

하지만 아직까지는 많은 사람들이 임야에 대한 매력을 느끼고 있으며 그에 따른 투자 및 개발 방향을 생각하고 있다. 다만 임야를 구입할 때는 반드시 자신만의 투자 목적 및 개발 방향을 정해서 구입해야 한다는 점을 잊어서는 안 된다.

임야를 매입하기 전에는 반드시 산림 전용 및 벌목허가 여부, 토목공사 시 발생할 수 있는 법적 제약 등을 관할 행정기관을 통해 확인해야 한다. 또한 개발부담금이나 개발시 투자 비용에 비해 어느 정도의 개발 이익이 보장될 것인지에 대한 사업성 판단도 필수적이다.

개발 행위에 제한을 받는 보전임지, 분묘기지권이 인정돼 수많은 묘지가 있는 임야, 개발허가를 받기 어려운 경사도가 15도 이상인 임야, 보존 가치가 있는 소나무나 문화재가 속해 있는 임야, 또 토지 매입비와 공사비를 합한 금액이 개발을 한 뒤에도 인근 토지 시세와 큰 차이가 없는 임야라면 매입에 있어 한 번 더 생각을 해야 할 것이다.

개발을 할 수 있고, 개발에 따른 투자 가치가 있는 경우라도 대상 임야의 산림 상태나 이용 현황, 조경으로서의 활용 가치, 임야의 주변 환경이나 입지 조건이 개발 목적에 부합하는지 등에 대해 꼼꼼하게 살펴야 한다.

임야는 경사가 완만하고 조망권이 좋은 땅, 특히 배산임수형 산지가 좋다. 강을 조망하고 있지 않더라도 주변에 계곡이나 개울을 끼고 있으면 그 가치가 더 높아진다.

또한 2차로 이상 국도로부터 진입이 수월하고 생활편의시설과의 거리가 가까운 곳이면 더욱 좋다. 모든 토지는 교통망과 진입 도로 조건이 투자 가치를 판단하는 데 있어서 필수적인 사항이다.

고속도로 IC나 국도와 바로 인접하지 않더라도 대상 부지까지 진입하는 데 도로 여건상 어려움이 없고, 고속도로나 국도까지의 거리가 너무 멀지 않은 곳을 선택해야 한다.

토질의 상태도 살펴야 한다.

매립지는 기초공사가 힘들고 암반으로 구성된 지역은 개발에 따르는 비용이 엄청 발생하게 된다. 구거(도랑)가 있는 곳은 매립이 힘들어 개발에 제한을 받고, 땅이 도로와 인접해도 높거나 낮으면 평탄화에 따른 비용이 발생한다. 지목을 변경해야 하는 땅도 공시지가의 35~45% 추가 비용이 발생한다.

강이나 산, 계곡과 같은 아름다운 자연경관과 싼 값에 취해 무턱대고 계약부터 하는 경우가 많으나 위에서 언급한 사항을 꼼꼼히 챙겨보고 행정관청에 개발 가능성 여부를 문의해 보는 것을 잊지 말아야 한다.

이 책을 읽는 사람들이 임야개발에 대한 노하우와 지식을 한순간에 깨우친다고 생각지는 않는다.

임야개발은 실전 경험과 시행착오를 통해 전체적인 산지를 보는 안목이 있어야 가능하다. 따라서 부단히 관심을 가지고 공부하고 것만이 고수가 되는첩경이라고 믿는다. 배우겠다는 의지, 그리고 수차례의 경험과 실패, 포기를 모르는 정신이 있다면 어느 순간 임야개발의 고수가 돼 있을 것이다.

코랜드연구소장
이인수

## 차례

## PART 1

# 임야투자에 입문하기

**PART 2**

# 임야개발의 방법과 조건 분석

## 임야개발에서 점검해야 할 것들

## 산림 형질변경과 산지전용

# PART 3

# 산지전용행위 제한에 따른 개발 노하우 분석

**공익용 산지의 건축 행위**

# PART 4

# 실전 사례로 보는 임야 개발 분석

**PART 5**

# 농지와 산지의 투자 비교

# PART 6

# 임야투자 실전 사례 및 활용 방안

# PART 1

## 임야투자에
## 입문하기

# 산지의 투자가치

우리나라는 국토의 70%가 산지다. 따라서 개발이 가능한 국토 면적은 상대적으로 적다. 또한 도시지역이 전체 면적의 6% 수준에 불과해 자본과 개발이 도시로 집중될 수밖에 없다. 이런 상황에서 새로 개발할 수 있는 땅에 대한 기대가 높아질 수 밖에 없는데, 다름 아닌 임야다.

그럼에도 이제 임야는 투자가치가 전혀 없다는 위험한 이야기를 하는 경우를 종종 보기도 한다. 그런 이야기를 듣게 될 때마다 조금은 안타까운 느낌을 받는다.

답은 명확하다.

"토지를 통한 투자수익의 최고봉은 임야"라는 사실에 이의가 없다. 물론 임야도 임야 나름이라는 전제 에서다. 즉 임야도 임야 나름이라는 애매모호한 이 말 속에는 도대체 어떤 내용들이 내포되어 있는지를 정확하게 이해하고 임야를 보는 안목을 갖춰야 한다는 것이다. 그래야만 성공

투자의 지름길을 발견할 수 있을 것이다.

최근 임야에 대한 투자 관심이 늘어나고 있다.

이유 중 하나는 개별 소규모 토지의 지가가 상승하다 보니 전과 답에 투자를 해도 수익률을 크게 기대하기 어려워졌기 때문일 것이다.

임야는 평수가 크다. 그러자 보니 매입금액이 많이 필요해 매수세가 약할 수밖에 없고, 매도자로서는 주변 땅값에 비해 낮은 가격으로 내놓을 수밖에 없게 된다. 바로 이것이 투자 메리트로 작용하게 되는 것이다. 임야를 매입한 후 작은 평수로 분할해서 매각하는 방법이 수익률을 높이는 임야투자의 주된 방법으로 자리 잡은 것도 이러한 이유와 맥을 같이 한다.

매입 금액이 커서 매수가 어렵기는 하지만 지금처럼 토지투자에 대한 기대감이 증폭되는 시점이라면 주요 투자 대상이 오히려 자체 개발을 통해 수익을 올릴 수 있는 주요 대상이 될 것이라는 점은 분명하다.

## 산지 규제 완화의 배경과 내용

도시지역의 산업화와 인구 증가가 진행됨에 따라 필요한 땅은 계속 많아지지만 쓸 만한 땅은 갈수록 부족해진다. 특히 수도권을 비롯한 대도시나 광역시 주변의 사정이 더욱 그러하다. 이 문제의 해결책으로는 결국 정부 차원에서 쓸 수 있는 땅의 공급을 늘려 누적된 가용 토지의 부족을 메우고, 장기적으로는 땅값을 안정시켜 가자는 것이 토지규제 완화의 배경이라고 볼 수 있다. 농지와 산지의 규제 완화와 수도권 규제 완화라든지 군사보호구역 해제, 그린벨트 해제 요건 완화 등도 말하자면 모두 이런 맥락에서 이해할 수 있을 것이다.

이러한 가이드 라인을 참조하여, 임야에 대한 관심이 부쩍 늘어가고 있지만 유의하여야 할 산지가 있다는 것 역시 알아야 한다.

산지규제 완화의 배경과 내용을 다시 한 번 들여다 보자.

도시지역에서는 쓸 만한 땅이 부족할 수밖에 없고, 특히 수도권을 비롯한 대도시나 광역시 주변의 사정이 더욱 그러하다. 수도권은 다양한 규제를 받는다. 공장과 창고를 지을 땅이 부족하게 되는 것은 당연하다. 거기에 쾌적하고 건강한 삶의 질 향상을 요구하는 도시지역 주민의 기본욕구를 충족하기 위한 문화, 유통, 의료, 체육, 레저시설 등을 확충할 땅의 수요 또한 늘어만 간다.

이렇게 수요는 급격히 증가함에도 불구하고, 많은 인구에 좁은 국토는 그나마 온갖 공법 규제로 인하여 용도대로 쓸 수 있는 땅은 점점 귀해진다면 어떨까? 당연히 땅값이 오른다.

이렇게 땅값이 상승하면서 건설회사, 개발회사나 개인들의 개발은 더욱 어려워진다. 공적으로 추진하는 주택이나 산업단지도 수용지의 비싼 보상가로 인해 분양가가 높아지는 것도 당연한 수순이다. 공장 건설비와 주택 가격의 상승은 필연적으로 물가상승과 임금인상 압력으로 이어지는 악순환의 주요 원인으로 볼 수 있다는 것이다.

이런 문제에 대한 해결책으로 결국 정부 차원에서 쓸 수 있는 해법은 무엇일까?

땅의 공급을 늘려 누적된 가용 토지의 부족을 메우고, 장기적으로는 땅값을 안정시켜 가자는 것이 토지 규제 완화의 배경이라고 볼 수 있다.

농지와 산지의 규제 완화와 수도권 규제 완화라든지, 군사보호구역 해제, 그린벨트해제 요건 완화 등도 말하자면 모두 이런 맥락에서 이해할 수 있을 것이다.

## 산지 개발과 임야의 활용 방안

우리나라 국토 대부분은 산지이므로 가용 토지로 개발하고자 하는 땅은 대부분 임야 아니면 농지에 해당된다. 따라서 임야의 활용 방안은 임야를 필요로 하는 개인이나 법인 그리고 소유주들의 많은 관심 사항이 될 수밖에 없다.

임야를 활용할 때는 가능한 임야의 기능에 맞춰 무리 없이 개발하는 것이 바람직하다. 임야의 기능을 보면 과거에는 자생하는 나무나 풀을 베어 목재나 땔감으로 활용하거나 가축이나 조류를 키운다든지 유실수, 산야초, 산채, 약초, 버섯재배 등을 통해 식량과 약재로 이용하는 등 중요한 역할을 해 왔다.

이외에도 산은 인간뿐 아니라 무수한 동식물의 서식지로서 생태계를 유지시켜 주는 공간이며, 특히 홍수나 태풍, 산사태 등 자연재해를 방지해 주고, 인간과 동물에 필요한 깨끗한 물과 공기를 공급해 주는 필수불가결한 역할을 하고 있다. 건축에 필요한 목재는 물론 양질의 돌과 모래, 흙 등도 공급해 준다.

또한 산은 국민의 쾌적한 산림휴양의 장소를 제공해 주며, 등산, 산악바이크, 산책로, 생태 숲, 올레길 등 건강 레저에 최적의 공간을 마련해 준다. 높은 산과 깊은 계곡이며 그 사이로 어우러진 나무, 절벽, 호수, 폭포, 강 등의 아름다운 경치와 풍경은 인간 모두에게 휴식과 행복과 건강을 가져다 주는 대자연의 선물이다.

따라서 임야가 가지고 있는 많은 기능을 이해하고, 개발을 함에 있어서도 근본적으로 산지를 훼손하지 않고 원형을 유지·보존하면서 개발방안을 모색하는 현명한 자세가 필요하다. 한번 파괴된 자연은 쉽사리 다시 돌아오지 않기 때문이다.

우리나라의 현행법상 임야는 규제 정도에 따라 보전산지와 준보전산지로 나누며, 보전산지는 다시 공익용 산지와 임업용 산지로 구분한다. 개발 가능성은 주로 이 분류에 따라 결정되고 있다.

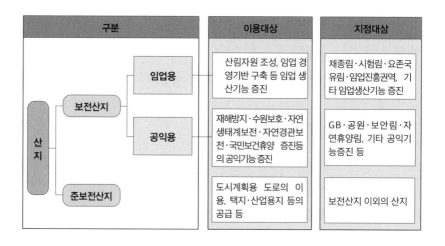

공익용 산지는 자연공원, 문화재 보호구역, 백두대간, 사찰림, 그린벨트, 상수원보호구역, 특별 도서(무인도) 등 공익을 위해 보존을 위주로 한 임야로서 개인의 개발이 엄격히 금지되고 있다.

규제를 기준으로 산지의 면적을 보면, 대체로 보아 공익용 산지가 전

국토의 26%, 임업용 산지는 51%, 준보전산지는 23% 정도를 점한다. 임업용 산지가 절반을 차지하고 있는 셈이다.

한편 소유자로 본 산지의 구분은 국유림이 24%, 공유림이 7%이며, 나머지 약 69%가 사유림이다.

국유림은 국유재산법에 따라 다시 행정재산과 일반재산으로 분류되며, 국유림의 관리 및 경영에 관한 법률에서는 국유림을 다시 요존국유림과 불요존국유림으로 분류한다.

우리나라는 사유림이 전 임야의 2/3 이상으로 비중이 매우 높은 편이다. 사유림의 주체는 개인뿐 아니라 학교, 기업, 사찰 등 종교단체, 재단과 법인 및 종중을 포함한다.

사유림의 산주는 전국적으로 약 200만 명으로, 1인당 평균 2ha(6,000평)를 소유하고 있으며, 그 중 절반이 부재지주라고 한다.

2010년 산지활용을 위한 산지전용 면적을 보면 도로와 골프장 건설을 위해 전용된 산림면적이 가장 많았고, 다음이 공장부지, 택지, 광업용, 스키장, 묘지 등의 순이었다.

민간 베이스 중 개인이 임야를 활용하는 경우로는 전원주택 및 펜션 신축, 묘지 조성 등을 들 수 있다. 기존에 가장 흔하게 생각할 수 있는 것이 조경수 등의 조림, 호두 등 유실수 재배, 약초·장뇌삼 등 특용작물 재배 등 임업경영을 들 수 있으며 기업, 학교, 재단의 경우에는 투자를 겸하여 연수원이나 박물관, 사회복지시설, 요양병원, 레저 단지, 골프장, 스키장, 공원묘지 등 수익시설의 설치를 계획하는 기회가 많아지고 있다.

# 임야란
# 어떤 토지를 말하는가?

## 임야의 의미

'임야'는 전·답과 같이 지적공부에 등재하기 위한 지목의 하나이며 임야도를 작성한다. '산림'은 산림법에서 규정하며 토지 외 입목·(대나무)을 포함힌 것을 지칭하며, '산지'는 산지관리법에서 규정한 입목 등을 제외한 토지만을 의미하며 지목이 반드시 '임야'일 필요 없이 그 이용 현황에 따른다.

종전에는 산지의 보전, 전용, 행위 제한 등을 산림법에서 모두 규정했으나 2003년 10월 1일부터는 산지관리법(2002.11.8제정)으로 별도 관리하게 되었다.

산지(산림)에서 제외하는 것은 농지, 초지, 주택지, 도로, 과수원, 다포(차밭), 양수포(묘목밭) 등으로 토지 부분에서 산지와 산림의 차이는 없다.

## 산림법에 따른 산지

산림은 그 소유자에 따라 국유림(국가), 공유림(지방자치단체, 기타 공공단체)과 사유림으로 구분한다. 현재 우리나라는 전국토의 64%가 산림이며 그 중 국유림은 22%, 공유림은 8%이며 나머지 70%가 사유림으로 되어 있다.

국유림은 보존국유림과 비보존 국유림으로 구분한다.

보존국유림은 국토 보존, 산림경영, 학술연구, 임업기술개발과 사적, 성지 등 기념물 및 유형문화재의 보호, 기타 공익상 국유로 보전할 필요가 있는 산림이다. 비보존 국유림은 그 이외의 국유림을 말한다.

산림청장 등은 특정 목적을 위해 다음의 지역 또는 산림을 지정할 수 있다.

▶ 특수 개발지역·휴양림·채종림·휴양목·보안림·입산통제구·산불조심기간·산지정화 보호구역.

## 산지관리법에 따른 산지

산지의 합리적인 보전 이용을 위하여 전국의 산지를 보전산지와 준보전산지로 구분하고, 보전산지는 다시 임업용 산지와 공익용 산지로 나눈다.

**임업용 산지** : 산림자원의 조성과 임업경영 기반의 구축 등 임업 생산 기능의 증진을 위하여 필요한 산지.

**공익용 산지** : 임업생산과 함께 재해방지·수원보호·자연생태계보전·자연경관보전·국민보건휴양증진 등의 공익기능을 위하여 필요한 산지.

보전산지 중 공익용 산지에서 주요 산줄기의 능선부(백두대간보호법 관련)·명승지와 재해 발생이 우려되는 지역을 특히 산지전용 제한지역으로 지정한다.

동 지역 내에서는 원칙적으로 산지전용행위를 할 수 없다. 다만 국방, 군사, 도로, 철도, 전력 등의 공익 목적에 국한하여 엄격히 전용을 허용한다.

여타의 보전산지 지역과 준보전산지 내에서도 원칙적으로 산지전용을 할 수 없으나 공익시설·교육연구시설·농림어업인의 주택·농어촌 휴양시설·병원 등 일정한 경우에 한하여 산지전용을 허용하고 있다.

(산지관리법 제12조)


## 산지의 정의

"산지"라 함은 다음 각목의 1에 해당하는 토지를 말한다. 다만, 농지(초지를 포함한다)·주택자·도로 그 밖에 대통령령이 정하는 토지는 제외한다.

① 입목·죽이 집단적으로 생육하고 있는 토지
② 집단적으로 생육한 입목·죽이 일시 상실된 토지
③ 입목·죽의 집단적 생육에 사용하게 된 토지

④ ①, ③의 토지 안에 있는 암석지·소택지 및 임도

## 산지에서 제외되는 토지

① 과수원, 차밭, 삽수 또는 접수의 채취원
② 입목·죽이 생육하고 있는 건물 담장 안의 토지
③ 입목·죽이 생육하고 있는 논두렁·밭두렁
④ 입목·죽이 생육하고 있는 하천·제방·구거·유지

# 관련 용어의 이해를 통한 임야투자의 맥

## 임야의 구분

임야는 관공서인 해당 시·군·구청의 지적과에서 '임야도'로 발급되며 임야도에서 일반 토지 표시는 되지 않는다. 임야의 표시는 임야 지번 앞에 '산' 또는 '山'이라고 명시하여 다른 토지와 구분된다. 반대로 지적도에서는 지번 표시가 없는 부분이 임야이다.

임야도의 지번 표시는 항상 '동'과 '리' 경계의 맨 끝부분, 즉 산 정상을 산 1번지, 산 2번지, 산 3번지 순으로 나뉜다. 일반적으로 봉우리를 중심으로 돌아가면서 순서대로 지번을 부여하기 때문에 임야도의 지번 표시로도 능선과 계곡의 구분이 가능하다.

## 토임의 구분

토임은 과거에 전이나 답 등 토지로 이용하다가 장기간 묶여서 임야로 된 토지를 개인의 신청 또는 행정 관청에서 직권으로 전환하여 임야로 지목이 변경된 것을 말한다.

토임의 특징은 대체로 과거 화전을 일구던 곳과 같이 산중에 있으며 임야도에는 지번 표시가 되지 않는다. 임야도에서 드문드문 어지럽게 그려진 부분들은 대부분 토임이다. 토임은 지적도 지번 뒤에 '임' 또는 '林'이라고 표시된다.


## 구거의 구분

구거의 순수한 우리말은 개골창 또는 도랑이라고 말하는데, 일반적으 수원지, 즉 물이 시작되는 골짜기의 깊숙한 곳부터 구거라 지칭한다.

보통의 경우, 논과 밭 사이로 흐르는 작은 물줄기들도 지적도상 구거라 칭하고 크게는 소하천, 즉 작은 냇물도 구거로 표시되기도 한다. 지적도상에서 구거의 특징은 자유형으로 자연스럽게 선형을 이루고 있다.

일반적으로 도로와는 달리 그 폭이 넓어졌다, 좁아졌다, 휘어지기를 반복하여 상류에는 가늘게 시작해 하류로 내려가면서 폭이 넓어지는 게 특징이다. 또한 지적도상의 지번 표시도 일반 토지 지번과는 확연히 구분되어 있다.

주변의 일반 토지 지번이 55, 56, 57, 58번지로 나간다면 바로 옆에 구거 지번은 1325번지 등 전혀 동떨어진 지번으로 표시된다. 그 이유는 구거의 경우 관할 행정 관청이 다르므로 별도의 관리번호가 부여되기 때문이다. 지도상에는 구거의 표시가 파란 실선으로 아주 가늘게 표시된다.


## 하천의 구분

천은 구거보다 좀 더 넓은 물줄기를 말하며 지적도에는 '천' 또는 한문으로 '川'이라고 표시된다.

천의 종류는 준용하천, 지방하천, 국가하천 등 관리부서가 지방자치단체이기도 하고 농림수산부 등 별도로 중앙정부가 관리하기도 하는데, 중요하지는 않다.

1/10만 지도상에 파랗게 이어진 작은 실선들이 대부분 천이다.


## 강의 구분

구거와 천보다 지적도에서 폭이 넓게 그려진 부분이나 1/10만 지도상에서 파란 실선이 넓게 그려져 있는 부분이 강이다. 강은 지적도상에서 도와 도·시와 시·군과 군의 경계를 나누는 중요한 역할을 한다.


## 토지의 구분

토지는 현 지적법상 28가지로 구분되어 표시되어 있으며 크게는 임야와 토지 두 가지로 분류하여 그 표시를 임야도와 지적도로 구분하여 관리한다.

임야도상에서 하얀 부분, 즉 아무 지번 표시가 없는 부분이 토지이다. 지적도에서 토지의 지번 표시는 일반적으로 골짜기의 맨 끝 부분을 시점으로 1번지, 2번지 순으로 표시된다. 지번 부여는 골짜기 별로 10단위나 100단위 또는 1000단위로 지번을 구분하여 표시되기도 한다.

## 계곡의 구분

임야도상에서의 선형은 살아 있는 듯 휘어지거나 2각점, 3각점, 5각점으로 표시되며 봉우리와 마찬가지로 계곡의 구분도 주변의 형세나 사정을 보고 판단하면 된다.

## 골짜기의 구분

골짜기는 고을 또는 골이라 하여 크고 넓게 퍼져 있다. 지적도나 임야도상에서 골짜기의 표시는 나무로 비교하면 쉽게 알 수 있다. 즉 작은 골짜기는 묘목으로 생각하고, 큰 골짜기는 오래된 미루나무로 보면 되고, 안쪽이 넓은 골짜기는 느티나무처럼 가지와 잎이 많은 나무를 연상하면 똑같다.

세상 모든 나무의 모양이 다르듯이 골짜기도 같은 곳은 없다. 나무의 뿌리가 넓게 시작해서 맨 위의 가지 끝은 가늘게 마무리되는 것처럼 골짜기의 구성도 같다.

골짜기는 구거로 시작해 사방으로 가지를 치다가 밑으로 내려오면서 천수답 등 토지를 형성하고 그 밑으로는 평야를 만들기도 하면서 마을 어구에 명당처럼 산소 자리를 만들면서 마무리된다.

## 도로의 구분

임야도에서의 도로는 재(고개)를 제외하고는 도로 표시가 없다.

아주 가늘고 길게 도로처럼 표시되어 있기는 하나 실제는 없어진 도로인 경우가 많다. 임야와 토지 경계 사이에 작게 필지가 분할되어 기호로 표시되어 있으면 도로로 보면 된다. 지적도상에는 '도' 또는 '道'라고 표시되어 있다.

지적도상 도로의 특징은 구거와는 달리 선형이 자를 대고 그린 것처럼 곧다. 선형은 사다리형, 즉 평행선을 이루며 지적도상에서 진행한다. 실제로 도로를 설계할 때 그 넓이를 4, 6, 8, 10, 12, 15, 18, 20, 25m 순으로 평행선을 원칙으로 설계한다.

## 봉우리의 구분

임야는 원칙적으로 봉우리를 기점으로 능선과 계곡을 나누어 분할한다. 봉우리는 보통 산맥이 진행하다가 기봉, 즉 멈춘 곳을 말한다.

임야도상에서는 2각점, 3각점, 4각점, 5각점으로 표시되며 봉우리와 계곡의 구분은 지적도와 마찬가지로 주변의 형세나 사정을 보고 판단한다.

### 경계선의 구분

임야도와 지적도의 경계는 지적도와 마찬가지로 동과 동 또는 리와 리의 경계로 구분된다. 즉 임야도나 지적도에서 한쪽 면의 전체가 지번 표시가 없이 하얗게 나오면 그 쪽은 다른 동과 리가 된다.

### 묘지의 구분

지적법상 묘는 토지로 구분되어 산소 자리는 지적도에서 '묘'라고 표시되나, 임야도상에서의 산소 자리는 지적 표시 없이 정방형이나 장방형으로 위에서부터 길고 작게 나뉘어 쪼개져 있다.

### 구조물 표시의 구분

한국전력의 철탑이나 통신업체의 송수신탑 또는 유형문화재 등은 일반 토지로 임야도에서는 지번 없이 필지만 구분된다.

철탑이나 송수신탑은 임야도상에서 보일 듯 말듯 작게 정방형(정사각형)으로 쪼개져 있고, 문화재는 보통 대지처럼 나뉘어져 있다.

## 임야 토지의 구분

임야도에서 부정형(자연스럽게 생긴 모양)으로 생긴 작은 면적의 모양들은 화전터 등 전과 천수답의 경우가 있고, 토질과 향이 좋으면 묘지 용지로 사용하는 경우가 많다.


## 능선의 구분

능선은 크게 볼 때 백두대간으로부터 작게는 마을과 접한 야산까지 이어져 있다. 임야도상에서의 능선은 봉우리처럼 2각점, 3각점, 5각점 등이 이어지면서 산이 끝날 때까지 진행한다.

하늘에서 산맥을 보면 살아 움직이면서 진행하듯이 임야도상에서의 능선도 용이 진행하듯이 뻗어 있다. 능선을 기준으로 동 단위와 리 단위가 구분되는 것이 원칙이므로 임야를 찾을 때 1/10만 지도에서 능선을 찾아내는 것은 필수이다.


## 재의 구분

임야도에서의 재는 고개 또는 언덕으로 부르며, 그 의미는 골짜기와 골짜기로 연결되어 있다는 뜻이다. 임야도에서는 도로 표시가 없으나 유독 재만은 도로 표시가 있다.

## 고속도로의 구분

임야도에서 고속도로는 그 폭이 약 1㎝로, 사다리모양으로 길게 늘어져 있으면 고속도로로 보면 된다. 그러나 임야의 절개 부위가 높으면 폭이 넓고 계곡으로 들어가면 폭이 좁게 그려져 있는 것을 한눈에 알 수 있다.

## 저수지의 구분

지적도 상에 '유' 또는 '溜'라고 적혀 있으면 방죽이나 저수지, 댐으로 보면 된다. 임야도에서 하단부에 가늘게 분할되어 유지라고 기록돼 있으면 필시 저수지나 댐이다.

## 토임이란 무엇인가?

토지 매입을 위한 현장 답사 또는 상담을 할 때 중개업소에서 가끔 "이 땅은 임야인데 토임으로 되어 있다."는 말을 듣는 경우가 있다.

토임이란 토지 임야의 약자로서 지목상으로는 여전히 임야지만 분명한 경계와 지적도상 도로를 확인하기 위하여 그 부분의 임야도를 다시 확대하여 그 축척을 크게 한 지적도를 그려놓은 임야를 말한다.

왜냐하면 통상의 1/3,000 또는 1/6,000의 임야도에서는 대상 토지가 너무 작게 그려져 있어 그 경계와 도로를 확인하기 어렵기 때문이다. 통상 지반이 평탄한 1,000평 미만 소규모 임야에 적용되고 있으며, 우리가 지적도나 임야도를 보는 이유는 세 가지로 볼 수 있다.

첫째, 대상 토지의 위치를 확인.
둘째, 주변 토지와의 경계와 모양을 확인.
셋째, 대상 토지에 이르는 도로 상태와 또 도로에 접하였는지 여부를 확인.

통상의 임야도는 1/3,000 또는 1/6,000로 되어 있어 임야에 붙어 있거나 임야 속에 위치한 작은 다른 지번의 임야인 경우에는 이 세 가지를 모두 확인하기가 쉽지 않다. 따라서 이 경우에는 대상 토지를 중심으로 1/500~1/1,200의 확대된 지적도를 작성할 필요가 생긴다. 임야인데도 임야도뿐 아니라 지적도를 새로 만든다는 말이 된다. 즉 지적도가 작성된 임야를 토지 임야라고 부르게 되는데, 이런 토지는 임야도 외에 지적도를 발급해 봐야 정확한 위치와 경계 및 도로를 알 수 있다.

토임(토지 임야)은 대개 1,000평 미만의 평탄한 지반의 소규모 임야를 매매하거나 산지를 전용하고자 할 때에 소유자의 신청에 의해 새로 측량을 한 다음 도면을 작성하게 된다. 통상 100~150만 원 정도의 비용이 발생한다고 한다.

① 통상 임야는 대축척도(1/3,000 또는 1/6,000)를 사용하고, 토지(전·답·대지 등)는 소축척도(1/1200 또는 1/500)를 쓴다.

따라서 대축척도를 쓴 것을 임야도라 하고, 소축척도를 쓴 도면을 지적도라고 한다.

② 임야도에 나오는 임야는 [산 000번지] 등으로 지번이 표시되나, 지적도에 나오는 토지는 [000번지]로 지번이 표시된다.

③ 토임은 지적도에 나오는 임야를 말한다.

지번 표기도 [000임]으로 된다. 그 이상은 아무런 뜻도 특권도 없다. 법률 용어도 아니며 속칭일 뿐이다.

또한 토지임야이기 때문에 대단히 좋다는 말은 성립되는 말이 아니며, 다만 토지 특성상 유리한 점이 많기 때문에 이미 지가에 그 유리한 점은 반영되었다고 봐야 할 것이다.

④ 토임은 대개 낮은 구릉 지대 정도로서 주위가 농경지로 되어 있기 때문에 좋은 땅인 경우가 대부분이다.

또한 전답은 농지관리의 대상이 되나 토임은 농지관리의 대상도 아니고, 집단적인 조림 육림에는 부적합한 소규모의 땅일 경우가 많으므로 산림관리 목적상 주된 관심사가 아니다.

토지이용계획상으로는 대개 관리지역에 속할 가능성이 많다. 개발행위를 위한 절차는 일반 임야와 똑같다.

⑤ 토임이기 때문에 좋다는 말은 성립되지 않는다. [관리지역 임야]이기 때문에 좋다고 말해야 한다.

관리지역 임야가 농지보다 좋은 이유는 농지취득자격증명을 발급받지 않아도 등기이전을 할 수 있고, 비싼 농지전용부담금 대신에 싼 대체조림비를 납부할 수 있어서 좋다. 농지보다 임야의 공시지가가 낮으니 등기비용 또한 적고, 전용분담금도 적다.

단점은 임야의 개발행위를 위해서는 토목기사가 작성한 복구계획도 등을 반드시 첨부해야 하는 점 등이 있다.

# 임야투자에 나서기 전에
# 먼저 지도와 친해지자

## 지번도 및 지적도 구입과 활용법

임야투자에 있어 지도와 지형도를 가지고 대략적인 위치 판단과 주변 여건에 대한 판단이 되었다면 대상 물건에 대한 세밀한 분석이 필요하다. 이때 필요한 것은 지번이 나오고 경계가 나오는 지번도나 지적도(임야도)다.

지번도는 각 지도제작사에서 제작하여 배포하는 1/5,000 지번도 책자들이다.

대부분 군 단위로 제작되기도 하나 요즈음은 수도권, 남부권, 북부권 등 2~5개 시·군을 묶어서 제작되기도 한다. 또한 항공사진과 같이 제작된 지번 도면도 있다.

그리고 1개 시·군을 몇 장으로 나누어 제작된 도면도 있다. 가격은 그

야말로 천차만별이므로 소개하기 곤란하다.

지번도는 해당 지역의 일반 지적도와 임야도가 혼재된, 즉 지번이 있는 것은 아주 작은 필지를 제외하고는 대부분 나오는 책자이다. 따라서 해당 지역에 현장을 찾아가기가 편리하고 주변에 대한 경계를 대략적으로 확인하는 데 필요하다. 지적도(임야도)는 해당 시·군·구 민원실에서 발급하고 있는 도면으로서 대부분은 A4용지 1/2 정도의 크기로 발급이 된다.

정확하게 주변을 확인하기 위해서는 지적도(임야도) 발급신청을 하면서 B4나 A3로 요청하면 더욱 넓은 면적의 지적도(임야도)를 발급 받을 수 있어 주변을 확인하는 데 도움이 된다.

지적도는 1/1,200이 많고 1/500, 1/600 등이 주로 사용되고 있으며, 임야도는 1/3,000이나 1/6,000이 많이 사용되고 있으며, 각 지번의 도면은 직선으로 연결되어 있다.


## 축척의 활용과 이해

| 축척 표시 방법 | | | 지도상 1㎝의 실제거리 | 지도상 1㎠의 실제면적 |
|---|---|---|---|---|
| 막대 자 | 비율 | 분수 | | |
| 0    5km | 1 : 250,000 | 1/250,000 | 2.5km | 6.25㎢ |
| 0    1km | 1 : 50,000 | 1/50,000 | 0.5km | 0.25㎢ |
| 0    0.5km | 1 : 25,000 | 1/25,000 | 0.25km | 0.0625㎢ |

각 변의 길이를 알고자 할 때는 축척을 실제거리로 환산하면 된다.

스케일이 있으면 간단히 환산할 수 있으나 스케일이 없는 경우에는 일반 자로 재서 1cm에 축척을 곱하고 끝에서 두 자리를 잘라내면 1m가 된다.

1/5,000도면에서 1cm는 50m이며 1/1,200도면에서 1cm는 12m다. 그러나 정확하지 못하므로 스케일을 사용하는 게 좋다.

스케일의 사용 요령은 다음과 같다.

우선 스케일을 보면 한쪽에는 100, 300, 500으로 표시되어 있고, 또 한쪽에는 200, 400, 600으로 표시되어 있다.

실제거리 = 지도상의 거리 X 축척의 분모

- 1:25,000지도의 1cm는 실제거리 250m
- 1:50,000지도의 1cm는 실제거리 500m
  1/500의 지적도에서는 500이라고 쓰여 있는 눈금으로 재서 작은 한 칸이 1미터.
  1/600의 지적도에서는 역시 600이라고 쓰여 있는 눈금으로 재서 작은 한 칸이 1미터임.

그렇다면 임야도에는 1/3,000 임야도는 1/3,000이 없으니 어찌해야 할까?

300이라고 쓰여 있는 눈금으로 재서 작은 한 칸이 1m이므로 곱하기 10은 10m가 되는 것이다.

이렇게 스케일을 사용하면 편하긴 한데 정확한 수치를 요하지 않는 경우, 특히 현장을 확인할 때 휴대하지 못한 경우라면 일반 자를 사용해도 된다는 것, 계산은 축척을 가지고 계산하면 된다.


## 지적도를 보는 법


지적도에는 지번과 지목이 나와 있는데, 비어 있는 곳이 임야다. 지적도에는 임야를 제외한 모든 지번이 있는 땅은 다 나온다. 그런데 지적도에도 임으로 표시된 지번이 나온다면, 그건 토지 임야다.

지적도 등본을 신청하면 행정기관에서는 내가 보고자 하는 지번을 중심으로 주변까지 나오는 지적도를 발급해 준다.

지목이 전·답·구거·도로 등으로 주변이 다 나온다.

현장에서 지적도를 보는 방법은 내가 보고자 하는 땅에서 접하는 도로가 있는지, 구거나 하천이 있는지 잘 살펴보고, 주변의 도로나 하천이나 구거 또는 임야 등 주변의 큰 경계점을 가지고 살펴 보고 개별 필지의 경계를 확인해 들어가면 된다.

개별 필지의 경계는 대부분 논두렁이나 밭두렁을 경계로 하여 있으며 대부분은 한 필지가 한 다랑이로 되어 있는 경우도 있으나 여러 다랑이로 나뉘어 있는 경우도 있으므로 전체를 주변과 잘 대입해 보면 경계를 대략 확인할 수 있다.

　물론 현장 확인을 하면서 매번 정확한 경계 측량이 필요하지는 않다. 또 그렇게까지 할 필요도 없다.

　계약 후에 경계는 다시 한 번 확인해 보도록 하고 간이 측정을 해본 후 경계가 분명치 않거나 면적이 다르게 보일 때 측량을 해도 충분하다.


## 임야도 보는 법

　임야도를 보는 대략적인 방법은 지적도를 볼 때와 유사하다. 다만 임야도에는 하천이나 길과 임야 지번만 나오고 비어 있는 곳이 있다는 점이 다르다. 이곳은 일반 지번도에 나오는 임야가 아니라 기타 토지다.

　경계 확인은 대개 능선이나 계곡일 가능성이 많은데, 근래 분할된 토지는 그렇지 않은 경우도 많이 있다.

　따라서 임야도를 확인을 할 때도 큰 그림을 보면서 경계선을 잡아서 보고, 개별필지에 대한 경계를 살펴 보아야 한다.

　경계선이 꼭지점과 같이 모인 곳은 산봉우리이고 꼭지점과 꼭지점을 잇는 경계선은 능선이라고 보면 된다.

# 임야투자를 하기 전에
# 알아야 할 것들

## 임야투자를 위한 관련 용어의 이해

임야 즉 '산지'란 '입목이나 죽이 집단적으로 생육하고 있는 토지'를 말한다.

산지란 말을 한자로 풀면 '산의 토지'라는 말이다. 쉽게 말해서 우리가 알고 있는 '산'이 바로 산지이다. 혹은 산지란 지목이 '임야'로 되어 있는 토지라고 이해해도 좋다.

앞에서 산지는 크게 보전산지와 준보전산지로 나누어진다고 말했다. 보전산지는 보통 산림이 울창하게 우거지고 우량한 산림이 형성된 곳으로 산지로서는 가치가 높은 곳이다. 보전산지는 산림을 보전할 목적으로 지정한 곳이므로 개발이 제한된다. 따라서 보전산지는 특별한 경우를 제외하고는 투자용으로 적합하지 않다.

보전산지는 다시 임업용 산지와 공익용 산지로 구분이 되는데, 임업용 산지는 임업 생산기능의 증진을 위하여 지정된 산지이고, 공익용 산지는 재해방지·자연경관보전·국민보건휴양증진 등의 공익 기능을 위하여 지정된 산지이다. 임업용 산지와 공익용 산지는 모두 규제가 강한 곳인데, 그 중에서도 공익용 산지가 상대적으로 더 규제가 강하다.

반면 준보전산지는 산지로서는 보전산지보다 가치가 덜한 곳이다. 그래서 이곳은 개발이 가능하다. 산지 중에서 투자 대상이 되는 곳이 바로 준보전산지이다.

농지와 마찬가지로 산지를 산지 외의 용도로 이용하는 것을 '산지전용'이라고 한다. 산지도 다른 토지와 마찬가지로 용도 전환이 쉬울수록 가치가 높고 가격이 높아진다. 용도 전환이 쉽다는 것은 그만큼 더 효율적인 용도로 이용될 수 있는 가능성이 높다는 것을 의미하기 때문이다.

그래서 산지도 '전용'이 쉬울수록 가격이 높아지고 따라서 투자 가치가 커진다. 즉 산지를 산지 외의 용도로 사용하는 것이 가능한 경우가 그렇지 않은 경우에 비해 훨씬 가격이 높다. 따라서 산지에 투자하는 경우에도 규제의 정도가 어떻게 되는가를 파악하는 게 투자의 기본이 된다. 다시 말해서 산지투자는 해당 산지가 전용이 가능한지 아닌지를 따져보는 것에서부터 출발한다는 것이다.

그럼 산지 중에서 규제가 가장 강한 곳은 어디일까? 산지 중에서 규제가 가장 강한 곳, 즉 산지의 전용이 가장 어려운 곳은 '산지전용제한지역'이다. 산지전용제한지역은 공공의 이익증진을 위하여 보전이 특히, 필요하다고 인정되는 산지를 대상을 지정하는데, 지정권자는 산림청장이다.

산지전용제한지역이란 말 그대로 산지의 전용을 아주 강하게 제한하는 지역이다. 이곳에서는 극히 예외적인 경우에 한해서만 산지의 전용이 가능하다. 산지전용제한지역에서 산지의 전용이 가능한 예를 들어 보면 국방·군사시설의 설치, 사방시설·하천·제방 그 밖에 이에 준하는 국토보전시설의 설치, 광업법에 의한 광물의 탐사시추시설의 설치 등이 있다.

이처럼 산지전용제한지역 안에서는 공공의 목적을 위한 경우만 산지의 전용이 가능하고 기타 개인적인 목적으로 하는 산지의 전용은 일체 허용되지 않는다. 따라서 산지전용제한지역은 투자 대상에서 반드시 제외시켜야 한다.

산지 중에서 두 번째로 규제가 강한 곳이 보전산지 중 '공익용 산지'이다. 앞에서 살펴본 대로 보전산지는 공익용 산지와 임업용 산지로 나누어지는데, 이 중에서 공익용 산지가 보다 더 규제가 강하다. 즉 공익용 산지가 임업용 산지에 비해 산지의 전용이 더 어렵다는 말이다.

몇 가지 예를 들어 비교해 보자.

임업용 산지 안에서는 농림어업인의 주택 및 그 부대시설의 건축이 가능하다. 하지만 공익용 산지 안에서는 농림어업인의 주택 및 그 부대시설의 증축과 개축만 가능하고 신축은 허용되지 않는다. 또한 임업용 산지 안에서는 종교시설의 건축이 가능하지만, 공익용 산지 내에서는 종교시설의 증축과 개축만 할 수 있고 신축은 할 수 없다. 그리고 임업용 산지에서는 묘지, 화장장, 납골시설의 설치가 가능하다. 그러나 공익용 산지에서는 이들의 설치가 허용되지 않는다.

위에서 건축이라는 용어와 신축, 개축, 증축이라는 용어가 나오는데,

이들의 개념이 어떻게 다른지를 살펴보자.

일반적으로 건물을 짓는 행위를 건축이라고 말한다. 그런데 건축법상 건축의 개념에는 신축, 증축, 개축, 재축, 이전이라는 다섯 가지 개념이 모두 포함된다. 즉 건축법에서 건물을 짓는다는 말 속에는 신축, 증축, 개축, 재축, 이전하는 것이 다 포함된다는 것이다.

따라서 위에서 "임업용 산지 안에서 농림어업인 주택의 건축이 가능하다"라는 것은 농림어업인 주택의 신축, 증축, 개축, 재축, 이전이 다 가능하다는 것이다. 반면에 공익용 산지 안에서는 농림어업인 주택의 증축과 개축만 가능하므로 신축을 할 수 없다는 차이가 있다.


## 임야투자의 함정

땅에 대해 문외한인 N 씨는 아름드리나무와 빼어난 산세 등에 반해 충동적으로 강원도에 있는 임야를 샀다. 무엇보다 가격이 너무 쌌고 경치가 마음에 들었지만 전문가로부터 자신이 매입한 임야는 보기에는 좋지만 개발이 불가능해 아무짝에도 쓸모없다는 얘기를 듣고 낙담할 수밖에 없었다.

보존가치가 높은 나무와 자연석이 많고, 산의 경사도가 심해 개발이 불가능한 곳에 대한 예시다. 이처럼 임야투자에는 함정이 많으므로 주의해야 한다.

우선 임야는 덩치가 크다.

대부분 수 천 평 이상이어서 개미투자자들이 달려들기엔 벅차다. 또 가격이 농지에 비해 저렴해 유혹되기 쉽다. 개발이 어렵다 보니 가격이 쌀 수밖에 없다는 사실을 간과하기 쉽다는 얘기다.

임야는 반면 고위험 고수익의 특징도 가지고 있다.

주변이 개발되면서 4천~5천 원 하던 땅이 어느 날 갑자기 1만~2만 원으로 치솟는 사례도 가끔 있다.

또 농지보다는 개발 절차가 간소하다. 농지취득자격증명 등의 절차가 필요 없다. 하지만 싼 땅값에 비해 개발비용은 의외로 많이 들 수 있다. 경사지를 평탄지로 만들고 축대와 옹벽을 쌓다 보면 배보다 배꼽이 더 커질 수도 있다.

임야투자에 있어서 기본적으로 피해야 할 대상은 보전 목적이 강한 보전산지다. 임야는 산지관리법상 보전산지와 준보전산지로 구분된다. 준보전산지는 전원주택부지 등으로 개발이 가능하지만 보전산지는 농업 또는 임업에 종사하지 않으면 개발이 불가능하다.

경사도가 심한 임야도 피해야 한다.

보통은 평균경사도 25도 이하면 산림형질변경이 가능하지만 까다로운 지자체의 경우, 평균경사도가 15도만 넘어도 개발을 못하도록 하고 있다. 암반이 나올 가능성이 높은 임야도 피해야 한다. 돌이나 자갈이 많은 땅의 경우 암반이 나와 공사를 하는 데 애를 먹게 될 가능성이 크다.

이밖에 분묘기지권이 인정되는 묘지가 많은 임야, 소나무 등 보전가치가 있는 나무가 많은 임야, 자연석이 많은 임야, 진입로가 없는 임야 등도 기피 대상이다.

마지막으로 농지 등 대부분의 토지에 대한 규제는 완화되는 추세지만 임야에 대한 규제는 강화되는 추세라는 점을 명심할 필요가 있다.

## 임야가 싸다는 편견은 버려라

농림 임야(보전산지)가 과연 싼 것일까?

평당 가격이 농지보다 싸다는 이유로 임야에 관심을 가지고 매물을 보러 답사를 다니는 투자자들이 생각보다 많다.

임야가 농지보다 싼 이유는 ① 개발 가능성이 불확실하며 ② 현 임야 상태로 활용이나 수익성이 거의 없고 ③ 개발비용 과다 및 개발 후 활용 면적 감소 등 여러 요인으로 인해 농지보다 가치가 낮을 수밖에 없다.

어떤 투자자들은 "산은 산이지 뭐가 달라." "내 산 내 마음대로 할 수 있는 게 당연한 것 아닌가요?"라면서 임야가 관리지역 임야인지 농림지역 임야인지 구분도 모르고 있는 이들도 있다.

"매입하려는 임야가 나지막하고 비포장도로라도 차가 들어갈 수 있는 길이 붙어 있고 가격도 저렴하니 금상첨화입니다." 라는 조건이 마음에 들어 현장에서 매도자와 계약서를 작성하신 분도 보았다.

그러나 계약서 작성 전에 토지이용계획확인원 정도는 발급받아 보아야 부동산 초보자는 벗어나는 것이다. 물론, 넓은 임야다 보니 먼발치에서 바라보고 "괜찮네~"하고 서류라고는 소유권 이전할 때 확인하는 등기부등본만 보고 매입하신 분들도 꽤 있다.

운이 좋으셨으면 하고 기원해 드려야 하는 분들이다.


우선 임야에 관한 산림법이 왜 법률로 규정됐는지 법의 취지를 이해해야 한다.

산림법은 산지의 종합적이고 체계적인 관리를 통하여 산지의 난개발을 방지하고 친환경적인 산지 이용체계를 구축하기 위하여 산지관리법 및 동법 시행령과 동법 시행규칙이 제정된 법률이다.

산림법의 목적은 산지의 합리적인 보전과 이용을 통하여 임업의 발전과 산림의 다양한 공익기능의 증진을 도모함으로써 국민경제의 건전한 발전과 국토환경보전에 이바지함을 목적으로 한다.

먼저 토지이용계획열람을 클릭해 해당 임야의 지번을 알고 토지이용계획확인원을 열람해 보자.

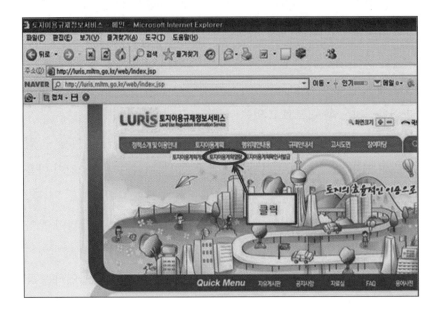

다음의 토지이용계획확인원을 살펴보면 국토의 계획 및 이용에 관한 법률에 따른 지역·지구 등의 해당란에 해당 임야의 용도가 나온다.

사례로 든 임야는 관리지역과 농림지역이 모두 해당되는 임야다. 그리고 굵고 검은 선으로 관리지역과 농림지역 임야구역을 구분해 놓았다.

인터넷으로 토지이용계획확인원을 열람해 보면 다음의 사례 임야와 같이 한 필지에 여러 용도구역으로 나뉜 토지일지라도 경계선 확인이 가능하다는 장점이 있다.

군청의 도시계획과나 지적과에 방문하여 한 필지 다른 용도가 지정된 경우에 경계선을 확인하는 도면을 별도로 보아야 한다. 군청에서 발급하는 토지이용계획확인원에는 경계선 표시가 안 나오는 경우가 많기 때문이다.

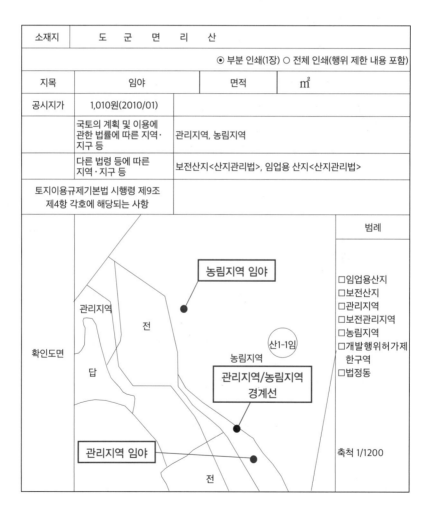

① 임업용 산지
- 무척 힘들기는 하지만 개인이 개발을 시도할 수 있는 산지다. 산림자원의 조성과 임업경영기반의 구축 등 임업생산 기능의 증진을 위하여 필요한 산지로서 다음의 산지를 대상으로 산림청장이 지정하는 산지.
② 공익용 산지
- 개인 소유 임야이지만 공익용으로 개인의 재산권을 행사하는 데 어려움이 있는 임야다. 따라서, 공익용 산지는 저렴하다는 이유로 매입하여 개발하는 데는 현실적인 한계에 부딪칠 수밖에 없다. 아무리 개인 재산이라도 개인의 재산권 행사보다 공공의 이익을 우선하는 임야이기 때문이다.

임업생산과 함께 재해방지·수원보호·자연생태계보전·자연경관보전·국민보건휴양증진 등의 공익기능을 위하여 필요한 산지로서 다음의 산지를 대상으로 산림청장이 지정하는 산지.
- 산림법에 의한 보안림·산림유전자원보호림 및 자연휴양림의 산지
- 사방사업법에 의한 사방지의 산지
- 제9조의 규정에 의한 산지전용제한지역
- 조수보호 및 수렵에 관한 법률에 의한 조수보호구의 산지
- 자연공원법에 의한 공원의 산지
- 문화재보호법에 의한 문화재보호구역의 산지
- 수도법에 의한 상수원보호구역의 산지
- 개발제한구역의 지정 및 관리에 관한 특별조치법에 의한 개발제한구역의 산지
- 국토의계획 및 이용에 관한 법률에 의한 녹지지역 중 대통령령이 정하는 녹지지역의 산지
- 자연환경보전법에 의한 생태계보전지역의 산지
- 습지보전법에 의한 습지보호지역의 산지
- 독도 등 도서지역의 생태계보전에 관한 특별법에 의한 특정 도서의 산지
- 사찰림의 산지
- 그밖에 공익기능 증진을 위하여 필요한 산지로서 대통령령이 정하는 산지

## 농림지역 임야를 매입하는 데 신중해야 하는 이유

국토의 계획 및 이용에 관한 법률(토지이용계획확인원)과 산림법을 기준으로 농림지역 임야에 대한 정보를 조사하시다 보면 다음 조항이 있다.

해당 임야를 소개하는 부동산 소개업자나 매도자가 강조하는 법률 조항 중 하나가 농림지역 임야, 보전산지 임야에서도 개인이 개발행위를 할 수 있다는 법률의 조항이 있다는 것이다.


## 보전산지에 개발행위가 가능한 대상

▶ 임도·산림경영관리사 등 산림경영과 관련된 시설로서 대통령령이 정하는 시설의 설치

① 임도·운재로 및 작업로

② 산림작업의 관리를 위한 산림경영관리사(주거용을 제외한다)

③ 임산물을 건조·보관하기 위한 시설

④ 비료·농약 기계 등 임업용 기자재를 보관하기 위한 시설

▶ 농림어업인의 주택 및 그 부대시설로서 대통령령이 정하는 주택 및 시설의 설치

① 자기 소유의 산지에 농림어업의 경영을 위하여 실제 거주할 목적으로 부지면적 660㎡ 미만으로 건축하는 주택 및 그 부대시설.

② 전용허가신청일 이전 5년간 농림어업인 주택 및 그 부대시설의 설치를 위하여 전용한 임업용 산지의 면적을 합산한 면적을 당해 농림어

업인 주택 및 부대시설의 부지면적으로 본다.


▶ 농림어업용 생산·이용·가공시설 및 농어촌휴양시설로서 대통령령
이 정하는 시설의 설치

　① 부지면적 30,000㎡ 미만의 축산시설

　② 부지면적 10,000㎡ 미만의 다음의 시설

　　- 야생조수의 인공사육시설

　　- 양어장·양식장·낚시터시설

　　- 가축 분뇨 등을 이용한 유기질 비료 제조시설

　　- 버섯재배시설, 농림업용 온실

　　- 임산물의 창고·집하장 또는 그 생산·가공시설

　③ 부지면적 3,000㎡ 미만의 다음의 시설

　　- 누에사육시설·농기계 수리시설·농기계 창고

　　- 농축수산물의 창고·집하장 또는 그 가공시설

　④ 부지면적 200㎡ 미만의 다음의 시설

　　- 농막·농업용·축산업용 관리사 (주거용이 아닌 경우에 한한다.)

　　- 그밖에 가축의 방목, 산채·야생화·관상수의 재배, 물건의 적치, 농
　　　로의 설치 등 임업용 산지의 목적 달성에 지장을 주지 아니하는
　　　범위 안에서 대통령령이 정하는 행위

　• 농로 및 농업용 수로를 설치하는 행위

　• 사도법 제2조의 규정에 의한 사도를 설치하는 행위

　• 농림어업인이 10,000㎡ 미만의 산지에 산채·약초·특용작물·야생화 등
　　을 재배하는 행위

　• 농림어업인이 30,000㎡ 미만의 산지에서 축산법 제2조 제1호의 규

의한 가축을 방목하는 경우로서 다음 각목의 요건을 갖춘 행위

- 조림지의 경우에는 조림 후 15년이 지난 산지일 것
- 대상지의 경계에 울타리를 설치할 것
- 입목·죽의 생육에 지장이 없도록 보호시설을 설치할 것
- 농림어업인 또는 관상수 생산자가 30,000㎡ 미만의 산지에서 관상
  수를 재배하는 행위

이 법률 조항은 전체 법률 중 농림 임야를 매입하여 개발하고자 하는 개인에게 가장 많이 알려진 조항이며, 이 조항을 근거로 하여 농림지역 임야를 매입하는 데 투자를 하게 된다.

법률 조항에는 어디에도 개인이 농림 임야를 개발해서는 안 된다는 조항은 보이지 않으며 농림 임야를 소개한 사람 또한 이 법률 내용만을 알려 주기 때문에 농림 임야에 대한 부동산 지식이 부족한 투자자들은 "법에도 나와 있으니 문제가 없겠구나." 하는 생각을 갖게 되는 것은 당연한 결과라고 본다.

그러나 농림 임야는 관리지역 임야보다 무척 저렴하다. 단지, 경사도가 관리지역 임야보다 가파르고 수목이 우거졌다고 해서 저렴할까? 일정 면적 이상의 농림 임야는 경사진 곳만 있는 것은 아니다.

임야 중간 중간에 집터 자리로 쓸 만한 완경사 지역도 있다. 여기에 작은 계곡까지 있다면 저렴한 농림 임야의 가격은 매력이 있어 보인다. 법률상으로도 개발이 가능하다는 문구가 있으니 마음도 놓인다. 대부분의 농림 임야를 구입한 투자자들이 가지고 있는 생각이다.

현실은 냉혹하다. 현재 부동산시장에서 저렴한 매물은 다 이유가 있다. 특히, 농림 임야의 경우 오랜 세월 동안 관리지역 임야보다 몇 배나

저렴했던 이유가 있다.

## 농림지역 임야가 관리지역 임야보다 현저히 저렴한 이유

일단 농림 임야는 현지 농업인이라도 주택건축을 위한 산지전용 허가를 받는 것이 쉽지 않다.

법률 조항에는 "자기 소유의 산지에 농림어업의 경영을 위하여 실제 거주할 목적으로 부지면적 660㎡ 미만으로 건축하는 주택 및 그 부대시설은 건축이 가능하다."는 조항이 있으나 현실에서 임야개발과 관련된 공무원들은 대개 소극적이다. 이들 공무원이 개발허가에 동의해 주는 농업인, 임업인은 해당 지역에 주택을 건축할 수 있는 관리지역 토지가 없어야 하며, 또한 해당 지역에 가족이 소유하고 있는 주택이 없어야 한다.

주택을 건축하기 위해 농림 임야를 매입하고자 하는 도시민이 주의를 기울여야 하는 첫 번째 이유다. 도시민은 농림 임야에 원하는 소박한 주택을 건축하기 위해선 농업인, 임업인이 되기까지 많은 시간이 필요하다. 농업인이 되기 위해선 해당 지역에 농지가 1,000㎡ 이상이 있어 농지원부가 있어야 한다. 또한 임업인의 범위는 법률로 정해져 있으며 법 조항을 인용하면 다음과 같다.

① 임업인의 범위에 대하여는 임업 및 산촌진흥촉진에 관한 법률 시행령 제2조에 다음과 같이 규정하고 있다.

1. 3ha 이상의 산림에서 임업을 경영하는 자

2. 1년 중 90일 이상 임업에 종사하는 자

3. 임업경영을 통한 임산물의 연간 판매액이 100만 원 이상인 자

4. 산림조합법 제18조에 따른 조합원으로서 임업을 경영하는 자


② 산림조합법 제18조 조합원 가입 자격은 다음과 같다.


1. 당해 구역 안에 주소 또는 산림이 있는 산림소유자

2. 당해 구역 안에 주소 또는 사업장이 있는 임업인


단순하게 생각하면 그냥 현지에 농지 1,000㎡ 이상 매입하고 농사짓다가 농지원부를 만들면 될 것 같다. 당연히 농업인이 되기 위해선 농지를 매입하고 농지원부 만드는 기간이 필요하다.


여기서 주의할 점이다.

농지원부를 만들기 위해 매입한 1,000㎡ 이상 농지는 건축행위가 건축법상 불가능한 토지이어야 한다. 건축행위가 가능한 농지라면 농림임야에 주택 건축허가를 내 주지 않고 건축행위가 가능한 농지에 건축하라는 담당 공무원의 답변을 듣게 된다.

그럼, 농지를 임대하고 농지원부를 만들면 안 되겠느냐고 생각할 수도 있다. 농지 임대는 상속 농지나 65세 이상 농민의 농지 또는 농지은행에 위탁된 농지 외에는 합법적으로 농지를 임대할 수 없다. 합법적으로 농지를 임대한 것이 아니므로 농지원부를 만들기가 쉽지 않다.


자경의 의무가 있는 우리나라 농지법상 불법으로 임대한 농지로 임차

인이 농지원부를 만들게 되면 농지소유자가 선의로 임차인에게 농지를 임대해 줘서 농지원부를 만들게 해 줬으나 본인은 농지법 위반으로 문제가 된다.

그럼, 농업진흥구역 논이나 현황 농로는 있으나 맹지인 농지를 매입해서 농지원부를 만들고(농업진흥구역의 논은 건축 행위가 힘들기 때문) 매입한 농림 임야가 도로에 접해 있어 건축허가를 득할 수 있는 상황을 만들어야 한다는 것을 이해할 수 있을 것이다.

하지만 이것은 쉽지 않은 과정이다. 가장 중요한 것은 현지에 1년 이상 주소지를 옮겨놓고 현지민으로 판정을 받아야 하며 농업인, 임업인을 서류상뿐만 아니라 현실적인 근거를 확실하게 남긴다면 농림 임야에 농업인, 임업인을 위한 주택을 건축할 수 있다.

여기서 공무원이 확실하게 인정하는 현실적인 근거라는 것은 보유한 농지와 임야에서 1년에 90일 이상 경작을 하여(근거를 남기긴 쉽지 않다) 일년에 100만 원 이상 판매소득을 증명할 자료를 남겨야 한다는 것을 의미한다.

따라서 도시에서 시골로 농림 임야를 매입하여 투자하려는 이들은 1년 이상 현지에 주소지 옮겨 거주 기간을 확보하고 농지원부가 있는 농업인이나 임업인으로서의 필요 토지를 확보하여야 하며 농업인이나 임업인으로서 해당 농지나 임야에서 연 100만 원 이상의 판매 근거나 경작 사실을 증명하여야 하며 여기에 해당 지역에 건축이 가능한 농지나 임야 보유 사실이 없어야 한다는 조건을 충족해야만 농림 임야에 주택허가를 받기 위한 조건을 충족시킬 수 있다.

법으로 농어업인 및 임업인을 위한 주택건축이 농림 임야에 가능하다는 조항은 있으나 이 조항에 적용될 수 있는 이들은 매우 적다. 여기에 해당되는 농림 임야는 임업용 임야에 해당한다. 공익용 임야는 더욱 더 해당되지 않는다.

농림 임야를 구입하고자 하는 투자자들이 쉽게 생각하는 두 번째 경우를 들어 농림 임야의 현실인 제한에 대해 이야기하도록 한다.

꼭 집을 지으려고 농림 임야를 매입하는 것이 아니라 약초 농사나 조경수 사업을 해보고 싶어서 농림 임야를 매입하고자 하는 이들은 어떨까? 좋은 이야기다. 땅값이 싼 농림 임야를 매입하여 약초농사를 짓거나 조경수 사업을 해보려는 것은 괜찮아 보이지만 그러나 현실은 역시 냉혹하다.

여기서 사례를 하나 들어보도록 한다.

어느 지방 군청 산림과에 방문하여 상담을 받은 일이 있다. 8만 평에 달하는 농림 임야를 어떻게 활용하는 것이 좋을지? 산림을 개발할 때 산림청이나 지자체에서 지원하는 사업이 없을지? 어떻게 개발하는 것이 부동산 가치를 상승시킬 수 있을지? 즉 어떻게 하면 쉽게 매각할 수 있는 임야로 바꿀 수 있을지 컨설팅을 하는 과정에서 조사차 방문한 것이다.

지방 군청 산림과 직원의 답변은 이러했다. 즉 과거에는 무주 지역 임야를 경제성이 있는 과수원으로 전환하는 걸 적극 지원했다고 한다. 그러나 지금은 임야를 과수원으로 전환할 경우 지원하던 정책은 이미 끝이 났다면서 임야를 개발해 과수원으로 전환했을 때의 현실적인 문제에 대해 알려 주었다.

우선 임야를 과수원으로 개발하다 보니 여러 가지 문제가 발생했다고 한다. 나무를 베어내고 유실수를 심어 과수원을 조성하는 것은 일반농지에 유실수 심어 과수원을 만드는 것에 비해 경제성이 없다는 현실적인 문제가 확인됐다는 것이다.

나무를 베어내고 과수원으로 만들기 위해 토목공사를 한 땅은 토양이 척박해서 그만큼 퇴비나 비료를 많이 투입해야 한다. 그렇게 농지로 전환하고 유실수를 심어 관리하다 보니 기존의 농지를 과수원으로 만드는 것에 비해 노력과 비용이 많이 들고, 전지 작업부터 수확에 이르기까지 평지의 과수원에 비해 품과 비용이 커져서 생산성을 확보하기가 어려울 수밖에 없다는 점이 드러난 것이다.

과거의 값싼 인력으로 임야를 개간하던 시절과 달리 인건비가 비싸지고, 장비 대여료가 비싸진 터여서 척박한 산지를 비옥하게 일구는 것이 과거와 비교해 경제성이 많이 떨어지게 될 수밖에 없다는 게 정책이 달라진 현실이라며 담당 공무원은 솔직하게 알려 주었다.

지방 군청에서 이론상으로 임야를 소유한 농업인에게 도움이 될 것 같아 임야개발에 지원해 주고 결과를 확인해 보니 결과가 생각 외로 나빴다는 것이다.

이 사례는 농림지역 임야는 값싼 농림 임야를 매입하면 많은 평수의 임야를 확보할 수 있으나 실제 상황에선 개발에 들어가는 비용이 배보다 배꼽이 더 큰 상황이라는 것까지 감안하여 매입하여야 한다는 뜻이다. 경제성 확보가 생각보다는 어렵다는 것을 의미한다. 그럼, 과수원이 아니라 나무 벌목하는 대신 약초 농사를 짓는 것은 어떻까? 현실적으로 장뇌삼이나 약초를 재배하시는 분들도 많다.

그런데, 여기에도 문제가 있다. 우리나라는 산에서 약초나 산나물을 캐는 것이 불법으로 규정되어 있음에도 불구하고 국민정서상 개인 소유인 산일지라도 약초를 캐는 것을 아무렇지도 않게 생각하는 정서가 있다.

국유지 임야도 마찬가지다. 매년 봄이면 임야 초입에 산나물 불법채취시 과태료를 부과한다는 현수막이 걸려 있어도 버젓이 관광버스가 깊은 산 초입 국도변에 많은 도시민들을 쏟아놓는다. 산약초도 캐고 맑은 공기도 마시는 도시민들의 봄철 취미활동 정도로 생각하고 불법행위임에도 스스럼 없이 행하고 있다. 아마추어 심마니 동우회 같은 것들도 많이 생겨 산을 휘젓고 다니는 것 또한 현실이다. 농림 임야 근처에 집을 짓고 살아도 임야에 약초 심고 관리하기가 쉽지 않다는 뜻이다.

지금까지 농림 임야를 평당 가격이 싸다는 이유로 가볍게 생각하고 매입에 나서지 말라는 뜻에서 긴 글로 설명했다. 그래도, 농림 임야를 매입하겠다고 한다면 농림 임야 중 공익용이 아닌 임업용 임야를 매입하고 개발은 현실적으로 토목공사가 필요 없는 용도로 사용하도록 권한다. 임야 그대로 써야 한다.

농림 임야는 임야 그대로 쓰셔야 현실적으로 법에 맞는 활용법이다. 아무리 법 조항이 있어도 도시민에게는 '그림의 떡'이다.

부동산 개발에서 매입은 시작일 뿐 내가 원하는 결과물로 완성될 때까지 투입되는 비용과 시간을 계산해 사업계획서를 작성해야 한다는 것을 잊지 말도록 하자.

## 용도지역별 개발행위 허가 규모

| | 용도지역 | 규모 |
|---|---|---|
| **도시지역** | 주거지역, 상업지역, 자연녹지, 생산녹지지역 | 10,000㎡ |
| | 공업지역 | 30,000㎡ |
| | 보전녹지지역 | 5,000㎡ |
| | 관리지역 | 30,000㎡ |
| | 농림지역(농업진흥지역) | 30,000㎡ |
| | 자연환경보전지역 | 5,000㎡ |

※ 2011년 3월 9일부로 국계법에 의한 연접개발제한제도를 폐지한 대신 도시계획위원회 심의를 통해 허가 여부를 결정하도록 했다.

과거에는 면적 초과시 허가 자체를 받을 수 없었는데 법 개정으로 인하여 개발할 수 있는 길을 열어 놓았다.

"도시계획위원회"의 심의를 받도록 한 것은 시·군의 재량이 그만큼 커졌다는 뜻이며, 연접개발제한의 완전 폐지란 의미로 접근하기에는 아직도 불안한 무언가가 남아 있다는 생각이지만 법 개정이 규제 완화이므로 일단은 긍정적인 방향으로 받아들여도 좋을 것 같다. (개정된 법의 내용은 국계법 제55조, 제57조에서 확인할 수 있다.)

▶ 산지전용 허가를 받으려는 지역의 경계와 종전의 경계가 직선거리 250m 이내에 있는 경우 허가예정지의 면적과 종전의 산지전용 허가지역의 면적을 합산한 면적이 3만 ㎡ 이하여야 한다.(산지관리법 제18조 제1항)

▶ 예외 없는 규정은 없듯이 여기에도 예외 조항이 있다. 대표적인 것으로는 주거지역, 상업지역, 공업지역, 녹지지역, 계획관리지역에서 산

지전용을 신청하는 경우에는 면적제한을 적용하지 않는다. (산지관리법 제18조 제3항) 그리고 지형 지물에 의해 허가예정지와 분리되어 있는 경우에도 면적제한을 적용하지 않는다.

## 분묘기지권에 주의하라

임야를 매입해 개발을 시도했던 사람들 중에는 개발 허가까지 받아놓고도 공사를 할 시도조차 못하는 이들이 종종 있다. 임야개발 중에는 이런 예기치 못한 상황이 발생하곤 한다.

예를 들어 산 속에 묘지가 있으면 묘지 주인으로부터 이장 허가를 받아야 한다. 임야의 경우 분묘가 있는 경우가 왕왕 있다. 타인의 묘니까 매입하게 되면 이장을 해갔으면 하는 것이 사는 사람 마음이지만 현실은 뜻대로 되지 않는다.

예로부터 우리 민족은 조상을 높이 숭배해 왔으며 이는 훌륭한 미풍양속으로 전해 내려오고 있다. 이러한 조상숭배사상은 조상의 분묘를 좋은 곳에 설치하고 그곳이 조상의 사체뿐만 아니라 영혼도 안주하는 경건한 곳으로 생각하게 하였으며, 그 자손들은 그의 관리에 매우 신경을 쓰게 마련이다.

우리 사회에서 분묘가 가지고 있는 이런 의미에 비추어 볼 때 땅의 소유권만을 존중하여 일단 설치된 분묘를 함부로 철거하거나 손상할 수 있도록 한다면 이는 조상을 모시는 미풍양속과 전통적 윤리관에 어긋난다는 생각을 하게 되는데, 이런 이유에서 우리 법원은 판례를 통해서 분묘기지권이라는 권리를 인정하고 있다. 즉 분묘기지권이란, 다른 사람의 땅에 분묘를 설치한 사람이 있는 경우에 그 사람이 그 분묘를 소유하기 위하여 분묘가 자리하고 있는 땅과 그 분묘에 제사 등을 드리는 데 필요한 일정한 범위 내의 땅을 사용할 수 있는 권리를 말한다.

토지 특히, 임야를 매매할 경우 주의하여 할 할 문제가 묘지의 유무와 분묘기지권의 성립 여부다. 전망과 향이 좋은 완만한 임야라면 묘지 한두 개쯤은 있는 경우가 허다하며, 임야의 가장 좋은 자리를 차지하고 있어 개발행위를 하는 경우 예기치 않은 걸림돌이 된다.

넓은 면적의 임야라면 매도인도 모르고 있을 수 있고, 알고 있다고 하여도 땅값에 영향을 미치는 것을 염려해 모른 척하는 경우가 있다. 매수인 입장이라면 계약서의 단서 조항에 묘지 부분의 문제를 반드시 기재하는 센스가 필요하다.

분묘기지권이 성립하는 묘지의 경우 협의가 성립이 안 된다면 임야의 재산 가치에 악영향을 미칠 것은 빤한 노릇이다. 오랜 기간 방치하여 주인이 누군지도 모르고 관리가 안 되는 '묵묘'의 경우에는 군청에 신고를 하고 지방 신문에 공고를 한 후에 절차를 밟아 어렵지 않게 이장을 하면 된다. 개인이 할 수도 있지만 전문가에게 용역을 주는 것이 좋다. 비용은 들지만 훨씬 쉽게 처리하는 방법이다.

그러나 묘지의 주인이 계속적으로 관리하는 '연고묘지'의 경우는 좀 더 복잡하고 철저한 준비가 필요하다. 장사 등에 관한 법률에서는 다음의 경우에 분묘기지권을 인정하고 있다.

- 토지소유자의 승낙을 얻어 그의 소유지 내에 분묘를 설치한 경우.

- 타인 소유의 토지에 소유자의 승낙 없이 분묘를 설치하고 20년간 평온하고 공연하게 그 분묘의 기지를 점유한 경우. (단, 2001. 1. 13일 장사 등에 관한 법률 시행 이후에 설치된 분묘는 제외)
- 자기의 토지에 분묘를 설치한 후 그 분묘가 있는 토지를 처분(분묘를 이전한다는 특약이 없는 경우)한 경우.

  다만 평장·암장의 경우는 분묘기지권을 취득할 수 없고, 가묘인 경우에는 분묘라고 볼 수 없어 권리를 주장할 수 없다. 외관상 묘지로 구별이 어려운 봉분이 없는 평장이나 몰래 장사를 지내는 암매장도 권리를 주장할 수 없으며 정당하게 묘지를 설치한 경우에만 분묘기지권을 인정한다는 말이다.

유연고 3묘의 경우에 해당 묘지 설치자나 연고자에게 3개월 이상의 기간을 두고 공지를 하여서 자진 철거토록 촉구를 하고, 이를 이행하지 않으면 해당 시장 등의 허가를 받아 강제로 묘를 개장할 수 있도록 법이 개정되었으므로 토지소유자에게 유리하게 되었다.

분묘기지권이 인정되는 경우에는 토지의 주인이라 하여도 지료도 청구할 수가 없으므로 묘지의 관리권자와 타협하여 이장을 하도록 합의하는 방법밖에 없다.

## 분묘기지권의 개요(민법 제320-328)

### 1. 분묘기지권의 의의

타인의 토지에 사체 또는 유품을 묻는 곳인 분묘라는 특수한 공작물을 설치한 자가 그 분묘를 소유·수호하기 위하여 그 기지를 사용할 수 있는 지상권에 유사한 물권을 말한다.

## 2. 분묘기지권의 법적 성질

1) 관습법상의 물권– 분묘기지권은 관습법에 의하여 성립하는 물권이다.
2) 지상권유상의 물권이다. 따라서 토지소유자의 변경은 분묘기지권에 아무런 영향을 주지 못한다.
3) 분묘 소유권은 관습상 종손에 속하고 처분이 금지된다. 다만 분묘는 상속재산에서 제외되어 제사 상속으로서 호주에게 승계됨에 따라 분묘기지권도 수반 승계될 뿐이다.

## 3. 분묘기지권의 성립 요건

1) 분묘가 있을 것 (분묘-사람의 유골, 유해, 유품 등을 매장하여 사자를 봉안하는 장소) 봉분의 형태를 갖추고 있을 것(평장, 암장의 경우에는 성립을 부정하고 있음)
2) 토지소유자의 승낙
3) 취득 시효 : 토지소유자의 승락을 얻지 아니하고 분묘를 설치한 후 20년간 평온, 공연하게 그 분묘의 기지를 점유한 때
4) 분묘가 설치된 자기 소유 토지의 처분 시에 분묘기지에 대한 소유권을 보류하거나 그 분묘를 이장한다는 약정이 없이 타인에게 처분시 당연히 성립
5) 단속 규정(매장 및 묘지 등에 관한 법률)의 위반으로 형사상 처벌을 받는다 하여도 분묘기지권을 취득하는 데는 아무런 영향이 없다.

## 4. 분묘기지권의 성립 요건

1) 분묘기지권자의 토지사용권

가) 분묘기지권자는 분묘소유자에 한하고 분묘를 소유할 수 없는 자는 사실상 그 분묘를 장기간 관리하였다 하여도 위 물권을 시효에 의하여 취득할 수 없다.

나) 분묘를 수호하고 봉사하는 목정을 달성하는 데 필요한 범위 내에서 타인의 토지를 사용할 수 있다.

다) 물권적 청구권 : 분묘기지권의 내용의 실현이 방해된 때에는 반환청구권, 방해제거청구권, 방해예방청구권 등이 생긴다.

라) 상린관계 규정의 유추 적용

2) 분묘기지권자의 지료지급 의무

가) 약정이 있는 경우 : 약정에 따름

나) 약정이 없는 경우 : 당사자의 청구에 의하여 법원이 결정

다) 지료증감청구권

※ 그러나 대법원에서는 지료의 약정이 없는 한 어떤 경우에도 지료를 청구할 수 없다고 한다.


## 5. 분묘기지권의 존속기간

1) 존속기간을 약정한 경우 : 그 약정에 따름

2) 약정이 없는 경우 : 분묘는 "건물 이외의 공작물"에 해당되므로 그 존속기간은 5년이다.

그러나 위 사항에 관하여 학설과 판례는 분묘의 수호와 봉사를 계속하고 있는 동안은 분묘기지권도 존속한다고 한다.

## 6. 분묘기지권의 침해로 인한 손해배상청구권

토지소유자나 제3자가 분묘기지권을 침해한 때

## 7. 분묘기지권의 소멸

1) 토지의 멸실, 분묘의 멸실(이장, 폐장 등), 존속기간의 만료, 혼동, 분묘기지권에 우선하는 저당권의 실행에 의한 경매, 토지수용 등

2) 분묘기지권자의 분묘기지권 포기의 의사 표시

※ 지료는 시효취득시에는 무상이며, 토지소유자가 분묘 있는 상태로 매각할 때는 지가의 5% 선에서 계약하게 된다.

그러나 무연고 묘지는 일정기간 동안 개장공고를 내 관리자가 나타나지 않을 시에는 다음 법률에 따라 관청 허가를 받아 개장할 수 있다.

### 장사 등에 관한 법률

제23조【타인의 토지 등에 설치된 분묘의 처리 등】

① 토지소유자(점유자 기타 관리인을 포함한다. 이하 조에서 같다)·묘지 설치자 또는 연고자는 다음 각호의 1에 해당하는 분묘에 대하여 당해 분묘를 관할하는 시장·군수·구청장의 허가를 받아 분묘에 매장된 시체 또는 유골을 개장할 수 있다. (2000.1.12. 개정)

1. 토지소유자의 승낙 없이 당해 토지에 설치한 분묘

2. 묘지 설치자 또는 연고자의 승낙 없이 당해 묘지에 설치한 분묘

② 토지소유자·묘지 설치자 또는 연고자는 제1항의 규정에 의한 개장을 하고자 하는 때에는 미리 3월 이상의 기간을 정하여 그 뜻을 당해 분묘의 설치자 또는 연고자에게 통보하여야 한다.

③ 제1항 각호의 1에 해당하는 분묘의 연고자는 당해 토지소유자·묘지 설치자 또는 연고자에 대하여 토지사용권 기타 분묘의 보존을 위한 권리를 주장할 수 없다. (2000.1.12. 개정)

④ 제2항의 규정에 의한 통보 및 공고에 관하여 필요한 사항은 보건복지부령으로 정한다. (2000.1.12. 개정)

**장사 등에 관한 법률 시행규칙**
제14조【타인의 토지 등에 설치된 분묘의 처리방법】

① 법 제23조 제4항의 규정에 의하여 토지소유자·묘지 설치자 또는 연고자가 타인의 토지 또는 묘지에 설치된 분묘의 처리를 하는 경우의 그 통보 및 공고의 방법은 다음 각호와 같다. (2001.3.24. 개정)
1. 분묘의 연고자를 알고 있는 경우 : 제12조 제1항 제1호 각목의 사항을 문서로 표시하여 분묘의 연고자에게 통보할 것.
2. 분묘의 연고자를 알 수 없는 경우 : 중앙일간신문을 포함한 2개 이상의 일간신문에 제12조 제1항 제1호 각목의 내용을 2회 이상 공고하되, 두 번째 공고는 첫 번째 공고일부터 1월이 지난 다음 이를 할 것.

② 법 제23조 제1항의 규정에 의하여 토지소유자, 묘지 설치자 또는 연고자가 매장된 시체 또는 유골을 매장 또는 납골하고자 하는 경우에는 별지 제3호 서식에 기존 분묘의 사진, 분묘의 연고자를 알지 못하는 사유, 묘지 또는 토지가 개장허가 신청인의 소유임을 증명하는 서류 및 부동산등기법 등 관계법령에 의하여 해당 토지 등의 사용에 관하여 당

해 분묘연고자의 권리가 없음을 증명하는 서류를 첨부하여 시장·군수·구청장에게 허가를 신청하여야 한다. (2001.3.24. 개정)

③ 시장·군수·구청장은 제2항의 규정에 의한 개장허가신청을 받은 때에는 별지 제3호 서식의 개장허가증을 교부하여야 한다. (2001.3.24. 개정)

분묘기지권은 봉분 등 외부에서 분묘의 존재를 인식할 수 있는 형태를 갖추고 있는 경우에 한하여 인정되고 평장 또는 암장되어 객관적으로 인식할 수 있는 외형을 갖추지 아니한 경우에는 인정되지 않는다.

그런데 기존의 매장 및 묘지 등에 관한 법률이 지난 2000년도에 장사 등에 관한 법률로 전면 개정되었고, 이 과정에서 종래 인정되어 왔던 '분묘기지권'을 축소, 폐지하는 내용이 법률상 명문으로 규정되었다. 그러므로 개정된 법이 시행된 뒤로부터는 타인의 허락 없이 타인 소유의 토지에 분묘를 설치해도 '분묘기지권'이 인정되지 않는다. (동법 제23조 3항)

현행법상 묘지의 기본 사용기간은 15년이며, 연고자의 신청으로 3회까지만 연장이 가능하기에 최대 60년까지만 사용이 가능하다. (동법 제17조 1항)

## 분묘의 처리(해소 방법)

### 연고자를 알 수 있는 유연 분묘

#### 1. 개장허가 신청

개장하고자 하는 사람은 기존 분묘의 사진, 당해 분묘가 설치된 묘지 또는 토지가 부동산등기법 등 관련법령에 의하여 개장허가신청인의 소유임을 증명하는 서류나 관련법령에 의하여 해당 토지의 사용에 관하여 당해 분묘연고자의 권리가 없음을 증명하는 서류를 첨부하여 관할 관청을 찾는다.

개장허가신청서를 작성하여 허가 신청을 한 후 허가증을 교부받는다. 개장허가증을 교부받았다고 해서 바로 개장할 수 있는 것은 아니며, 연고자에게 3개월 이상 기간 경과시 개장을 하겠다는 내용의 서면 통지 절차를 거치고, 개장신고필증이 있어야 개장할 수 있다.

### 2. 서면통보

개장허가증을 교부 받은 후 개장을 하고자 하는 사람은 개장하기 3개월 이상의 기간 전에 ①묘지 또는 분묘의 위치 및 장소 ②개장 사유, 개장 후 안치 장소 및 기간 ③개장하고자 하는 자의 성명·주소 및 연락 방법 ④그 밖에 필요한 사항 등을 기재한 서면을 당해 분묘의 연고자에게 통보하여야 한다.

### 3. 개장신고

분묘의 연고자에게 서면통보한 기간이 경과한 경우에는 ①기존 분묘의 사진 ②서면통보문을 첨부하여 개장신고를 한 후 신고필증을 교부받으면 비로소 개장을 할 수 있다

장사등에 관한 법률이 시행되기 이전(2001. 1. 13일 이전)에 설치된 분묘로 매장신고 및 묘지설치신고가 안 된 분묘를 개장하려고 한다면 매장된 시체나 유골의 현존지에 매장신고를 한 후 개장절차에 따라 개장신고를 하면 된다. 제적등본, 매장신고 지연사유서(그간의 경위), 자신의 소

유 또는 연고임을 증명하는 서류 등을 별도로 첨부하여 개장신고를 할 수 있다

## 연고자를 알 수 없는 무연 분묘

### '무연 분묘'를 처리하는 방법

무연 분묘를 처리하는 방법에는 이장과 개장의 두 가지가 있다.

첫째, 이장하는 방법으로는 토지의 불법 점유 사실을 인정할 수 있는 자료를 만들어 민법에서 정하는 '소유물 제거 및 인도청구소송'을 거쳐 법원의 이장명령을 받아 강제 이장하면 된다.

둘째, 개장하는 방법은 '매장 및 묘지 등에 관한 법률'에 의해 시·도지 사의 개장허가를 받아 개장을 한다.

개장이라 함은 시신 또는 유골을 다른 장소로 이장하거나 화장하는 것을 포함하지만 대부분 개장 방법으로 이장을 많이 하게 된다. 개장의 절차는 개장 사유를 기재한 개장신청서에 분묘 사진을 첨부해 분묘 소재지 관할 시장, 구청장, 군수를 경유해 도지사에게 허가를 받아야 한다.

허가를 받은 후에는 2종 이상의 일간신문에 각각 2회 이상 공고해야 하고 공고일로부터 2개월 동안 연고자가 나타나지 않을 경우, 공고한 신문을 첨부해 개장신고를 하면 연고자나 관리인의 입회 없이 토지소유자가 임의로 타인의 분묘를 개장할 수 있다.

## 1. 개장허가 신청

개장하고자 하는 사람은 기존 분묘의 사진, 분묘의 연고자를 알지 못하는 이유, 당해 분묘가 설치된 묘지 또는 토지가 부동산등기법 등 관련 법령에 의해 개장허가 신청인의 소유임을 증명하는 서류, 해당 토지 등의 사용에 관하여 당해 분묘 연고자의 권리가 없음을 증명하는 서류를 첨부하여 관계 관청에 개장 허가신청서를 작성하여 허가 신청을 한 후 개장허가증을 교부 받는다.

## 2. 신문공고

개장허가증을 받은 사람은 개장을 하기 3개월 이상의 기간 전에 ①묘지 또는 분묘의 위치, 장소 ②개장 사유, 개장 후 안치 장소, 기간 ③개장하고자 하는 자의 성명, 주소 및 연락 방법 ④그 밖에 개장에 필요한 사항 등을 기재 한 내용을 중앙 일간신문을 포함한 2개 이상의 일간신문에 2회 이상을 공고하여야 한다. 이때 두 번째 공고는 첫 번째 공고일부터 1월이 지난 다음에 하여야 한다.

## 3. 개장신고

신문공고 기간이 경과한 때에는 ①기존 분묘의 사진 ②신문공고문 (총 4개의 신문 공고문)을 첨부하여 개장신고를 한 후 신고필증을 교부 받으면 개장을 할 수 있다.

## 4. 개장의 방법

이장이나 개장은 묘지관리 업체에 의뢰하면 손쉽게 해결할 수 있다.

요즘은 유연 분묘와 무연 분묘의 처리와 관련 각종 업무를 총체적으로 대행해 주는 전문업체도 늘고 있다. 개장하여 매장 또는 화장하는 경우에는 매장 또는 화장의 방법 및 기준에 따라야 하며, 개장으로 인한 종전의 분묘는 시체 또는 유골을 처리한 후 매몰하여야 한다.

허가를 받지 않고 권한이 없는 사람이 개장을 했을 때는 1년 이하의 징역이나 5백만 원 이하의 벌금형에 처하고, 서면통보 또는 공고를 하지 않고 개장한 사람은 3백만 원 이하의 과태료를 물 수 있다.

### 5. 개장시 신고관청

매장한 시체 또는 유골을 다른 분묘로 옮기거나 화장하는 경우에는 곧바로 현존지(본래 있던 곳)와 개장지(옮기거나 화장할 곳)의 해당 관청에 신고를 해야 한다. 납골을 할 경우에는 현존지에 신고하면 된다.


# 임야투자의 복병을 '거꾸로 투자'로 해소하기

## 지목이 '묘지'인 땅에 전원주택 짓기

지목이 '묘지'인 곳에 전원주택을 지으려면 우선 묘가 없는 곳에서는, 묘가 없다는 것을 입증할 수 있는 현장 사진을 촬영해 둔 후, 신문에 형식적으로 묘지 이장공고를 게재한 후 건축 신청을 하면 된다.

이 경우 농지나 임야와는 달리 전용허가나 형질변경 같은 절차와 전용부담금, 대체농지조성비 등이 필요 없어 시간과 비용 면에서 이득이 된다.

이렇듯 실제 묘가 없는 묘지의 경우는 명당으로 알려진 곳이 많아 주변보다 땅값이 비싼 것이 보통이다.

만약 집을 짓고자 하는 땅에 묘가 있는 경우에는 형질변경허가를 신청하고 난 후에 개장 절차를 거쳐야 한다.

묘의 연고자를 찾아 자발적으로 이장에 합의한 경우에는 별문제가 없으나 연고자를 찾을 수 없는 '무연 분묘'인 경우, 남의 분묘가 자기의 토지에 있다고 해서 함부로 다른 곳으로 옮기거나 개장하는 것은 불법이다.

집을 짓겠다는 생각으로 시골을 다녀 보면 묘지가 너무 많다는 생각을 하게 된다. 특히 집짓기 좋은 곳에는 거의 묘지가 있다. 집이나 묘지는 모두 명당을 찾는다는 공통점 때문이다.


## 늘어나는 묘지 면적

실제로 우리나라 국토에는 묘지가 포화상태다. 전국토의 1%인 약 996㎢가 묘지인데 이 면적은 전체 택지 면적의 절반을 넘고 공장 면적의 3배, 서울시 면적의 1.5배에 달한다는 통계가 있다.

해마다 약 20만 기의 새로운 묘지가 생겨나고 있는데, 그 면적은 여의도의 1.2배나 된다고 한다. 앞으로 서울은 2년 이내, 수도권은 5년, 전국적으로는 10년 이내에 묘지 공급이 한계 상황에 이를 것으로 전망되고 있다.

이러한 상황이다 보니 집이 있는 곳이면 어디나 묘가 있게 마련이다. 실제 집터를 잡아 보면 바로 옆에 묘가 있는 경우가 많다. 전원주택단지

들을 둘러보아도 단지 주변에 묘가 있는 것을 흔히 볼 수 있다.

보통 옆에 묘지가 있으면 집터로 꺼리는 경우가 많지만 앞으로는 어쩔 수 없이 묘지와 함께, 묘지가 있는 곳에 집을 지어야 할 것이다. 산 자와 죽은 자의 공존이라고나 할까?

## 묘지는 집터로도 명당

전원주택은 대지나 농지전용, 임야 형질변경을 통해 짓는 것이 일반적이다. 그러나 잡종지나 특수지목 중 '묘지'인 경우에도 전원주택 건축이 가능하다.

흔하지는 않지만 지목이 묘지로 되어 있는데도 불구하고 묘가 없는 경우가 있다. 이것은 과거 명당으로 여겨졌던 곳을 나중에 묘지로 쓰겠다는 생각으로 지목을 '묘지'로 만들어 놓고 묘를 쓰지 않은 채 방치해 놓은 땅이다.

지목이 '묘지'인 곳에 전원주택을 지으려면 우선 묘가 없는 곳에서는, 묘가 없다는 것을 입증할 수 있는 현장사진을 촬영해 둔 후, 신문에 형식적으로 묘지이장 공고를 게재한 후 건축 신청을 하면 된다.

이 경우 농지나 임야와는 달리 전용허가나 형질변경 같은 절차와 전용부담금, 대체농지조성비 등이 필요 없어 시간과 비용 면에서 이득이 된다. 이렇듯 실제 묘가 없는 묘지의 경우는 명당으로 알려진 곳이 많아 주변보다 땅값이 비싼 것이 보통이다.

만약 집 지을 터에 묘가 있는 경우에는 형질변경허가를 신청하고 난 후 개장절차를 거쳐야 한다. 묘의 연고자를 찾아 자발적으로 이장에 합의한 경우에는 별문제가 없으나 연고자를 찾을 수 없는 '무연 분묘'인 경우, 남의 분묘가 자기의 토지에 있다고 해서 함부로 다른 곳으로 옮기거나 개장하는 것은 불법이다. '무연 분묘'란 다른 사람의 토지에 정당한 권한 없이 만든 분묘로 분묘 소재지의 시·군·구에 신고를 하지 않아 연고를 알 수 없는 분묘를 말한다.

유족이나 관리인 등 실제 연고자가 불명인 것뿐만 아니라 연고자가 정당한 사유 없이 신고하지 않은 것도 무연 분묘로 인정된다.


## 좋은 임야를 고르는 눈

임야의 활용도는 높다고 하지만 그래도 대지에 비교하면 개발 및 활용에 제약이 많고, 땅 상태에 따라 투자 비용도 다르기 때문에 매입시 유의해야 할 점이 따른다. 먼저 임야 상태 그대로인 땅은 저렴하게 매입할 수 있는 장점이 있다. 다만 개별등기가 아니라 땅을 쪼개 지분 등기로 팔기를 원하는 분양사업자도 있기 때문에 확인하는 것이 좋다.

큰 덩어리의 땅을 여러 명이 지분 등기 방식으로 매입하면 향후 단독으로 땅을 되팔기 어렵다. 되팔거나 개발을 위해서는 나머지 지분 지주들의 동의를 얻어야 하는데, 쉬운 일이 아니다.

헐값에 사서 단점을 보완할 경우 투자 비용보다 땅값 상승분이 더 큰 경우에 매입하는 것이 좋다. 그러나 애초에 토지 매입비와 공사비를 합한 금액이 개발 후 인근 시세와 큰 차이가 없다면 개발이 가능하더라도 포기하는 것이 낫다.

그렇다면 부가가치를 높일 수 있는 임야 고르는 법을 알아 보자.

## 산꼭대기 땅을 매입할 때

경사가 완만하고 조망권이 좋은 땅이나 산꼭대기 분지형 지형의 임야가 좋다. 토지 뒤로는 병풍처럼 산이 둘러싸여 있고, 앞으로 강이나 호수가 있으며, 남향을 바라보고 있는 입지의 땅을 명당으로 불린다. 특히 임야는 강을 바라보고 있지 않더라도 주변에 계곡이나 개울을 끼고 있으면 그 가치가 더 높아진다. 산 밑에 집을 지을 경우 산사태의 위험은 없는지, 또 계곡을 끼고 집을 지을 경우에는 여름 장마철에 계곡물이 많이 불어서 넘칠 위험은 없는지 등 만일의 위험에 대해서도 점검해야 한다.

경사가 너무 급격한 땅은 개발허가를 받기도 어려울 뿐더러 토목공사비가 많이 들기 때문에 사전에 투자비를 꼼꼼하게 계산해 봐야 한다.

반대로 주변 지역보다 지대가 낮거나 패인 분지는 토목공사 비용은 많이 들지만 지대가 높은 곳에 새둥지처럼 아늑하게 감싸여 형성된 분지는 오히려 장점이 된다. 산꼭대기까지 도로를 내는 데 드는 비용을 감안해서 사업성만 보장된다면 오히려 산꼭대기 분지가 천혜의 전원주택지나 휴양지가 될 수 있다.

## 자갈이 적고 남동향 땅

토질은 자갈과 암반이 적고 배수가 잘 되는 남동향 땅을 선택해야 한다. 돌이나 자갈이 많이 섞인 땅이나 암반이 나올 우려가 높다. 이런 땅은 공사비가 많이 들어가는 데다 개발이 쉽지 않다. 자갈은 없으나 너무 검붉은 땅 또한 차지고 단단해서 공사하는 데 어려움이 있어 나쁘다. 산임에도 비가 조금만 오면 땅에 흥건히 물이 고이고, 장마철에는 도랑이 패이기도 하는 땅은 배수에 문제가 있을 수 있으므로 주의해야 한다.

동절기가 긴 강원도나 경기도 북쪽에 위치한 임야는 기후 조건도 매우 중요하다. 강설량이 많고 평균 일조량이 부족하며 겨울이 긴 곳은 아무래도 다양한 용도로 활용하는 데 있어 제약이 많다. 이런 임야를 개발할 때는 인근에 스키장 등의 겨울 스포츠시설이 설치된 레저, 위락시설이 가까운 곳을 선택한다.

또 고도가 높은 곳에 위치한 땅은 남향, 동향, 남동향 건물을 지을 수 있다. 겨울이 길고 춥기 때문에 눈이 많이 오거나 기온이 많이 떨어지면 진입도로 등에 눈이 쌓이거나 얼어서 쉽게 녹지 않는 경우도 많다.

## 부지 모양과 토지의 폭

부지는 정사각형, 직사각형, 도로와 접한 면이 넓은 땅의 활용도가 높다. 토지 활용도가 가장 높고, 집을 짓기 좋은 땅의 모양은 정사각형이다. 그러나 근린생활시설 등을 고려할 때는 꼭 정사각형이 아니라 대지에 접한 면이 넓은 직사각형 부지도 좋다. 가장 중요한 것은 토지의 폭이다.

직사각형 부지의 경우 건물 폭이 보통 8~10m 정도는 확보되어야 하므로 길쭉한 부지라면 건축에 적당한 폭이 나오는지 확인해야 한다. 보통 부정형의 토지는 활용도가 낮기 때문에 값이 싸지만 임야는 개발 업종에 따라 주변 지형과 지세를 잘 활용할 수도 있다. 특히 큰 나무나 울창한 숲을 자연조경으로 활용해 단지조성 비용을 줄일 수도 있다.

## 도로 진입 수월, 개발계획 풍부한 땅

도로 진입이 수월하거나 향후 도로 개선계획이 있고, 생활편의시설과 거리가 가까운 곳을 고른다.

전원주택으로 개발하든 휴양 및 관광단지로 개발하든 도로망이 잘 정비되어 있고 도로 접근성이 좋다면 무엇으로 개발하든 부가가치가 크다. 또한 개발은 홀로서기가 안 된다.

대상 부지의 입지 여건은 물론, 주변 지역이 계속 개발되고 있거나 장래에 대규모 관광단지나 택지개발 등이 예정되어 있다면 금상첨화다. 이런 지역은 가만히 앉아 있어도 도로가 신설, 확장되고 교통 여건이 좋아지는 것은 물론, 유동인구와 배후 수요층이 늘어나게 되므로 어떤 사업을 하든지 투자가치가 있다.

전원주택지나 사람들이 많이 이용하는 위락시설은 진입도로뿐만 아니라 대중교통망과의 연계성도 중요하다. 자가용 이용이 어려울 때가 있으므로 철도나 고속버스를 이용할 수 있으면 더없이 좋고, 가까운 관광지나 시내를 왕래할 수 있는 대중버스 노선 등이 잘 갖추어져 있다면 그만큼 부지의 매력은 커진다.

## 임야를 매매할 때 입목의 처리

입목이란 토지에 부착된 수목의 집단으로서 그 소유자가 입목에 관한 법률에 의하여 소유권보존등기를 받은 것(입목에 관한 법률 제2조)을 말한다.

입목은 부동산으로 보며, 토지와 분리하여 양도하거나 저당권의 목적으로 할 수 있다. 또 토지소유권 또는 지상권의 처분의 효력은 입목에 미치지 아니한다. (동법 제3조)

입목이 수목의 집단으로서 소유권보존등기를 받을 수 있는 것은 입목에 관한 법률에 의한 입목등록원부에 등록된 것에 한한다. (동법 제8조) 즉 입목이란 지상에 있는 수목 중에서 별도의 입목등기를 하였거나 팻말, 울타리 등 관습상 명인 방법으로 공시한 것만을 말하는 법률적 용어다. 그렇지 않은 것은 법률상 입목이 아니며 따라서 입목에 관한 법률의 적용을 받지 아니하는데, 흔히 이 점을 혼동하고 있는 경우가 많다.

임야를 매매할 때 별도로 입목등기나 명인 방법이 없다면 그 산에 있는 수목은 산의 부속물로서 원칙적으로 매수인에게 귀속된다고 보아야 한다. 따라서 과수원 수목등 유실수에 관해 별도로 소유를 주장해 대금을 받으려면 임야매매계약서에 특약으로 지상 수목에 관한 소유권 유보 여부 및 별도 대금 지급 여부를 명문으로 기재해야 한다.

만일 계약서에 이런 특약조항이 없다면 그 수목은 당연히 매수인에게 귀속된다고 보아야 하는 것이다. 임야를 매매할 때 또는 중개할 때 유의하여야 할 사항이다.

이와 같이 입목이란 토지에 부착된 수목의 집단으로서 그 소유자가 입목법에 의하여 소유권보존등기를 받은 것을 말하는데, 입목을 토지로

부터 독립한 부동산으로 간주하여 소유권 및 저당권 등의 일정한 권리관계를 법적 절차에 따라 기재하는 것 또는 그 기재 자체를 입목등기라 한다.

## 자연적 여건

### 지형

예로부터 선조들은 좋은 땅을 말할 때 '배산임수'라는 말을 흔히 썼다. '뒤로는 산이 있고 앞으로는 개울이 흐르는 땅'을 말하는데, 거기에 남향의 부지는 아직도 유효한 최적의 입지 조건이다. 주의해야 할 것은 하천 등이 주택부지와 너무 가까운 것은 피해야 한다는 것이다. 하천 등이 주택부지와 너무 가까우면 평상시에는 물이 넘치지 않는다 하더라도 여름철 장마 때에는 일시적으로 범람할 수 있기 때문이다.

그러므로 사전에 그런 문제를 방지하기 위해 그 지역에 대해서 잘 아는 인근 지역 주민들의 의견을 충분히 수렴하는 것이 좋다.

산 좋고 물 좋은 곳은 사실 그리 많지 않다. 또 무조건 강이나 호수가 가깝다고 좋은 것만도 아니다. 강이나 호수, 계곡 가까이에 건물이 있으면 장마나 홍수 때 수해를 입을 위험이 있고, 습기가 많고 안개가 많아서 적합하지 않다. 그저 앞이 탁 트이고 강이나 호수를 멀리서 바라보기에 좋을 정도의 조망권을 가진 위치면 적합하다.

산이나 절벽 바로 아래 집을 지을 경우에는 산사태의 위험은 없는지, 또 계곡을 끼고 집을 지을 경우에는 여름 장마철에 계곡물이 많이 불어서 넘치게 되는 위험은 없는지 등 만일의 위험도 점검해야 한다.

요즘은 자연환경이나 풍치를 중요하게 생각하기 때문에 평지보다는 오히려 지대가 높고, 경사진 땅을 선호하기도 한다. 최근에 개발하는 전원주택지를 보면 임야의 지형과 지세를 그대로 살리고, 주변 숲을 최대한 활용하여 자연스럽게 단지를 조성하는 경우도 많다. 그러나 경사가 너무 급격한 땅은 개발허가를 받기도 어려울 뿐더러 토목공사 비용이 많이 들고 생활에 오히려 불편할 수도 있으므로 사전에 꼼꼼하게 투자비를 계산해 봐야 한다.

반대로 주변 지역보다 지대가 낮거나 패인 분지는 어떨까? 토목공사에 들어가는 비용은 커지지만 지대가 높은 곳에 새둥지처럼 아늑하게 형성된 분지는 오히려 장점이 된다. 산꼭대기까지 도로를 내는 데 드는 비용을 감안해서 사업성만 보장된다면 오히려 산꼭대기 분지가 천혜의 전원주택지나 휴양지가 될 수 있다.

좋은 산지는 경사가 완만하고 조망권이 좋은 땅이나 산꼭대기 분지형 지형을 찾는다. 전원주택지나 개발 적지를 찾게 될 때 가장 먼저 떠올리는 것은 배산임수형 땅이다. 뒤로는 병풍처럼 산이 둘러싸여 있고, 앞으로 강이나 호수가 있으며, 남향을 바라보고 있는 입지의 땅을 예부터 최고로 쳤다. 특히 임야는 강을 바라보고 있지 않더라도 주변에 계곡이나 개울을 끼고 있으면 그 가치가 더 높아진다.

하지만 여기서 간과할 수 없는 주의해야 할 점은 숲이 울창하고 보존가치가 높은 임야는 피하는 것이 좋다는 것이다. 용도상 이용·개발이 어렵거나 규제가 있는지를 사전에 검토해야 한다. 이를 위해 토지이용계획확인원이나 임야도 등의 공부를 떼서 용도지역과 지목, 면적, 토지 모양 등을 확인해야 한다.

### 지반의 상태

가급적이면 '본 땅'이 좋다.

풍수에서는 "수맥이 흐르는 곳이나 수맥이 모이는 터는 기가 빠져 아프거나 안 좋은 일들이 생긴다."고 하는 말이 있다. 지반의 상태를 점검할 때 잊지 말아야 한다. 믿는 수요자들이 많다면 더 이상 미신이 아니다.

### 경사도

경사도는 당연히 완만한 경사도가 최적이다. 임야에서는 급경사일 경우 전용허가를 얻기가 쉽지 않고 토목공사비도 많이 소요되어 건축공사비의 증가 요인이 된다.

반대로 주변 지역보다 낮은 지역에 위치하는 경우에는 성토를 하여야 하는 문제점을 안고 있기도 하다.

여기서 주의해야 할 점은 산지관리법에서 규정하고 있는 내용은 법이 규정하고 있는 최고 한도이기 때문에 각 지방자치단체의 도시계획 조례를 살펴봐야 한다는 것이다. 예를 들면 여주군의 경우 경사도를 15도로 규정하고 있으며, 양평군의 경우에는 경사도 20도 이하로 규정하고 있다.

지자체마다 다른 개발행위허가기준을 가지고 있기에 반드시 해당 지자체의 조례를 참조하여야 하고, 토목설계·측량설계사무소의 조언을 얻은 후 매입하는 것이 바람직하다.

## 토질

자갈이 너무 많거나 토질이 푸석푸석하고 검은 진흙이 많으면 가급적 피하고 토질이 굳고 단단한 땅이 좋다. 임야의 수종을 보면 지반, 지질을 대충 알 수 있다. 토질이 좋은 임야의 경우 활엽수보다는 침엽수(소나무 등)가 많고, 지반이 암반의 경우 활엽수가 많다.

침엽수와 활엽수가 각기 절반 정도 비율로 자생하고 있으며 침엽수의 수형이 곧게 자라고 있다면 토질이 좋은 임야다. 반대로 수형이 구부러져 힘들게 자라고 있는 모습이라면 암반은 아니더라도 단단한 지질로 되어 있다고 보면 거의 맞다.

활엽수가 많은 임야를 구입하여 토목공사를 한다면 암반을 깨야 하기 때문에 공사비도 많이 들고 공사 후 법면에 암반층이 드러나서 보기도 흉하다. 이런 법면에는 잔디 또는 풀씨를 뿌려도 잘 자라지 못해서 집을 지어도 보기에 흉하다. 이러한 임야는 토목공사를 하여 평지를 만들기 위한 토공사보다는 경사지 주택을 짓는 방법을 택하는 것이 자연과 어우러져 건축하는 방법이 될 것이다. (곁들여서 버드나무가 많으면 습지다.)

토질은 개발 비용과 밀접한 연관이 있다. 암반 등이 많고 공사를 시행할 때 재해 발생이 우려되는 산지나 돌산은 토목공사비와 개발 이용이 추가적으로 더 들 수 있기에 화강암 등과 같은 암반이 주종을 이루고 있는 임야는 피해야 한다.

## 형상

산의 형세가 비뚤어지거나 부서진 모양을 이룬 곳은 좋지 않다. 무엇보다도 산줄기가 끊어지지 않아야 한다. 산에는 임상(산림의 하층에서 생육하고 있는 관목·초본·이끼 등의 하층식생의 총칭)이 너무 많으면 전용하기가 쉽지 않으므로 임상이 많은 곳은 또한 피해야 한다.

부지는 정사각형이나 직사각형, 도로와 접한 면이 넓은 땅이 활용도 높다. 토지 활용도가 가장 높고, 집짓기 좋은 땅의 모양은 정사각형이다. 그러나 근린생활시설 등을 고려할 때는 꼭 정사각형이 아니라 대지에 접한 면이 넓은 직사각형 부지도 좋다.

가장 중요한 것은 토지의 폭이다. 직사각형 부지의 경우 건물 폭이 보통 8~10m 정도는 확보되어야 하므로 부지가 길쭉하다면 건축에 적당한 폭이 나오는지 확인해야 한다.

부정형이라도 단점이 있는 것만은 아니다. 보통 부정형 토지는 활용도가 낮기 때문에 값이 싸지만, 임야는 개발 업종에 따라 주변 지형과 지세를 잘 활용해서 개발할 수도 있다.

## 기후 조건

너무 춥거나 너무 더운 지역, 일조시간, 강수 및 강설량, 안개 등 지역적으로 기후 조건에 차이가 있을 수 있으므로 본인의 취향을 고려하여 선택하여야 한다.

동절기가 긴 강원도나 경기도 북쪽에 위치한 임야는 기후 조건도 매우 중요하다. 강설량이 많고 평균 일조량이 부족하며 겨울이 긴 곳은 아무래도 임야를 개발해서 다양한 용도로 활용하는 데 제약이 많다.

이런 임야를 개발할 때는 인근에 스키장 등의 겨울 스포츠시설이 설치된 레저, 위락시설이 가까운 곳을 선택한다. 또 고도가 높은 곳에 위치한 땅은 남향, 동향, 남동향 건물을 지을 수 있다.

겨울이 길고 춥기 때문에 눈이 많이 오거나 기온이 많이 떨어지면 진입 도로 등에 눈이 쌓이거나 얼어서 쉽게 녹지 않는 경우도 많다.

### 저수지, 강, 계곡 등

물이 있는 곳이면 풍경이 아름답고 사람들이 모이는 곳이라 지역적으로 토지 가격이 높게 형성될 소지가 많다. 반면 습도가 높고 안개 때문에 일조량이 떨어지는 취약성도 있으므로 신중히 검토해야 한다.

### 돌이 많은 임야의 경우 유심히 봐야 할 점

지름이 2~3미터 정도의 큰 돌이 임야 전체에 널렸다면 주변 여건과 조망권, 도로 여건만 좋으면 뒤도 돌아보지 말고 가격을 흥정해 구입하는 게 좋을 것이다. 문제는 지름 15㎝ 이하의 작은 돌이 임야에 가득 채워져 있는 경우다. 이런 임야는 거의 습지대 또는 우천기에 계곡으로 변하거나 토질이 검은 점토 성질을 띠고 있는 것으로 토목공사에 어려움이 많고 잔디를 심어도 뿌리를 내리기가 어려운 토질이다.

또한 지표면부터 깊이 1, 2m 지하까지 전체가 비가 많이 오면 물이 흘러다닌다고 보아도 된다. 상단부에서 흘러내려오는 물을 분산시킬 수 있는 방법이 없다면 습지에 집을 짓고 살아야 함을 각오해야 한다.

### 자연적인 조경재료가 많은 임야면 금상첨화

개발을 해보지 않은 사람들은 임야에 돌이 많으면 못 쓰는 토지로 판단하고, 소나무가 많으면 훼손이 안 돼 인·허가에 어려움이 있는 것으로 생각하는 경우가 많다.

소나무와 벚나무 같은 조경수가 많으면 벌목할 필요 없이 분을 떠서 잘 보호하였다가 조경수로 활용하면 된다. 인·허가는 소나무의 수령 및 수량에 관계 없이 관리지역이면 허가에 전혀 문제가 없다.

자연석은 최근 들어 품귀 현상을 빚어서 매우 비싼 값으로 팔리는 경우가 많다. 개발행위허가를 받은 토지라도 지름이 15㎝ 이상의 자연석은 현장에서 반출이 안 된다. 돌이 크면 경계석 또는 정원에 스테이지석으로 사용하고 지름이 15㎝ 이하의 돌이라도 이용할 수 있는 용도가 많다. 특히 큰 나무나 울창한 숲을 자연 조경으로 활용해 단지 조성 비용을 줄일 수도 있다.

### 최종 배수구(하수처리)가 있는 임야여야 함을 확인하라

일반적으로 임야는 마을과 멀리 떨어져 있기 때문에 하수시설이 접하여 있는 곳이 드물다. 이런 경우 임야에 건축하여 건축물에서 배출되는 오폐수를 임야와 접한 구거와 연결하여 배출하게 되는데, 매입하여야 할 임야와 접하여 구거가 없다면 추후 건물을 짓고 오폐수의 최종 배출 지점이 타인의 사유지가 되는 경우가 많다.

난감한 경우다. 최종 배출구의 토지소유자가 이를 저지한다면 막을 방법이 없다. 추후 주택을 건축할 경우 최종 하수 배출구를 어디로 내야 하는지를 확인하고 배출할 수 있는 구거가 없다면 이에 대한 해결 방안을 매도인으로부터 받은 다음에 구입하여야 한다.

### 배수로 확보 왜 중요한가?

건물의 정화조에서 걸러진 오폐수는 배수로를 통하여 폐수처리장이나 하천으로 흘러간다. 배수로가 없으면 정화조에서 흘러나온 오수는 갈 곳이 없다. 그래서 배수로가 없으면 건축허가를 받지 못한다.

시골 지역에는 배수로가 없는 땅이 무척 많다. 이런 곳에서는 오수가 흘러가는 구거가 공동 배수로 역할을 한다. 그만큼 시골의 농지와 산지에서는 구거가 중요한 역할을 하는 것이다. 그래서 배수로와 연결되지 않은 땅을 구입한 경우에는 구거를 확보하는 것이 무엇보다 중요하다.

배수로를 확보하는 방법은 구거에 연결되는 땅을 사서 그 땅에 배수관을 묻는 것이다. 구거가 멀리 떨어진 땅이라면 상당한 면적의 땅을 매입해야 할 것이다. (임야의 경우) 배수관로가 묻히는 부분의 땅만을 살 수는 없을 것이기 때문이다.

이러한 경우에도 토지사용승낙서는 유용하다. 토지사용승낙서를 받으면 그 땅 밑에 배수관을 묻을 수 있다. 하지만 땅 주인은 토지사용승낙서에 상당한 대가를 요구할 것이다. 그만큼 구거와 연결된 땅과 그렇지 않은 땅의 가치는 크게 차이가 나는 것이다.

배수관은 도로나 배수시설의 유지관리에 지장이 없는 장소에 매설하도록 해야 하며, 안쪽 지름이 200m 이상이어야 한다. 옆의 땅 주인들도 건축하려고 하는 움직임을 보인다면, 공동으로 구거까지 배수관을 묻거나 토지사용승낙에 대한 대가를 함께 지불하면 좋다. 비용이 절약될 것이기 때문이다.

## 사회적 여건

### 도로 여건

도시로 출퇴근을 하는 시간이 1시간 이내이어야 하고, 1시간 이내에 도달할 수 있으려면 도로망이 잘 정비되어 있어야 한다. 그러므로 고속도로 톨게이트나 국도로 쉽게 접근할 수 있는 지역이 적절하다.

만약 주 도로가 하나일 경우에는 교통체증이나 교통사고로 인해 시간이 소요될 소지가 있으므로 대체도로가 있는지를 살펴보는 것도 좋다. 도로 진입이 수월하고 생활편의시설과의 거리가 가까운 곳을 고른다.

대지든 농지든 임야든 개발 가능한 토지는 교통망과 진입도로 조건이 투자가치를 판단하는 데 있어서 아주 중요하다. 전원주택으로 개발하든 휴양 및 관광단지로 개발하든 도로망이 잘 정비되어 있고 도로 접근성이 좋다면 무엇으로 개발하든 부가가치가 크다. 주로 고속도로 톨게이트나 국도로 진입하기 수월하고, 인근 지역과 연결되는 도로망이 잘 발달된 곳이 교통체증에도 차량 분산 역할을 톡톡히 하기 때문에 유리하다.

고속도로 IC나 국도와 바로 인접하지 않더라도 도로 여건에서 대상 부지까지 진입하는 데 어려움이 없고, 고속도로나 국도까지의 거리가 너무 멀지 않다면 문제가 없다.

### 대중교통 여건

버스나 지하철 또는 기차 등으로 대중교통 수단과 연계될 수 있는 지역인지를 꼼꼼히 살펴보는 세심함도 필요하다. 자가용 이용이 어려울 때 철도나 고속버스를 이용할 수 있으면 더없이 좋고, 가까운 관광지나 시내를 왕래할 수 있는 대중버스 노선 등이 잘 갖추어져 있다면 부지의 매력은 더 커진다. 전원주택지나 사람들이 많이 이용하는 위락시설은 진입도로뿐만 아니라 대중 교통망과의 연계성도 중요하다.

### 교육 여건

초·중·고등학교 등이 근방에 있는 지역이 좋다. 누구나 전원생활을 꿈꾸고 있지만 막상 실행하지 못하는 이유 중에 가장 큰 요인이 자녀의 교육문제이기 때문이다.

### 의료시설 여건

의료시설의 접근성은 상당히 중요한 요인이며 점점 더 중요해질 것이다. 갑작스런 비상사태가 생길 수 있기 때문이기도 하지만 인근에 입지하고 있으면 부가가치를 높이는 요인이 될 수 있기 때문이다.

의료시설은 가까울수록 좋다. 갑작스런 돌발사태가 생기거나 위험한 일이 생겼을 때 의료시설을 바로 이용할 수 있는 위치여야 한다.

### 위험 · 혐오시설

위험한 물질을 제조하는 공장, 소음을 많이 발생시키는 공장, 악취를 배출하는 공장 등이 인근에 입지하고 있다면 당연히 주택지의 가치를 떨어뜨리는 요인이 된다. 따라서 위험, 혐오시설의 입지 여부를 꼼꼼히 살펴보아야 한다.

임야는 쾌적한 자연환경이 가장 중요한 경쟁력이므로 환경에 저해가 되는 공장, 위험물질을 제조하는 공장, 소음과 악취를 발산하는 공장, 대규모 공원묘지가 근접한 땅 등은 요주의 대상이다. 특히 주변에 축산농가가 있거나 화학약품 공장 등이 있다면 계절에 따라 바람을 타고 냄새가 실려올 우려는 없는지도 세심하게 살펴야 한다.

저지대에 위치한 전원주택은 위쪽에 축사나 농장 등이 있을 경우 냄새뿐만 아니라 오염물질이 땅속에 스며들기 때문에 우물을 파더라도 깊이 파지 않으면 오염된 물을 마시게 될 수 있으므로 당연히 마이너스 요인이 된다. 현장을 직접 확인해야 하는 이유다.

### 근린상업시설의 입지

생필품을 원활하게 조달할 수 있도록 배후 지역에 근린상업시설들이 발달되어 있어야 한다. 실제로 생활을 하는 사람으로서는 쇼핑을 할 수 있는 시설과의 거리가 매우 중요하다. 장기체류형 시설이나 전원주택 단지는 읍내에서 생필품을 조달하기 쉽고, 자동차로 20분 이내 거리에 대형 쇼핑시설 등을 이용할 수 있다면 금상첨화다.


## 인문적 여건

### 지역주민의 성향

사람은 혼자서 살 수 없으므로 전원생활은 지역 주민과의 교류가 상당히 중요하다. 농촌지역은 도시의 개방적인 지역성과는 달리 씨족사회의 향토색이 짙은 배타적인 성격을 가지고 있는 경우가 많다. 따라서 외지인에게 배타적인 성향이 있는지를 살펴보아야 한다. 그러나 무엇보다 지역 주민과 융화할 수 있는 마음가짐이 더욱 필요하다.

인근 주민들과 행정기관이 지역개발에 호의적인 곳이 유리하다. 개발은 땅만 사는 게 아니라, 그 지역에 뿌리를 내리고 살거나 지역을 기반으로 사업을 한다는 것을 의미한다.

그 지역에 거주하는 사람들과의 융화는 사업 성공의 중요한 조건이다. 특히 전원주택지의 경우에는 지역 주민들과의 교류가 상당히 중요한 요소이다. 보수적이고 폐쇄적인 씨족 중심의 마을이나 외지인에게 배타적인 성향을 가진 주민들이 사는 곳은 개발에 항상 민원이 따른다. 사전에 충분히 주민들과의 접촉을 통해 친분을 쌓아두고 협조를 받을 수 있는 분위기를 조성하는 것이 무엇보다도 중요하다.

### 주변 지역의 개발 여부

주변 지역에 대규모 개발계획이 있으면 도로 여건이 좋아지고 지역이 발달하게 되어 투자가치가 그만큼 증가하게 되는 요인이 된다. 교통 여건이 좋아지고, 관광자원이 풍부한 지역을 선택한다.

개발은 홀로서기가 안 된다. 대상 부지의 입지 여건은 물론, 주변 지역이 계속 개발되고 있거나 장래에 대규모 관광단지나 택지개발 등이 예정되어 있다면 금상첨화이다.

이런 지역은 가만히 앉아 있어도 도로가 신설, 확장되고 교통 여건이 좋아지는 것은 물론, 유동인구와 배후 수요층이 늘어나게 되므로 어떤 사업을 하든지 투자가치가 있다.

### 휴양시설 등의 입지 여건

주말 나들이를 할 수 있는 장소가 인근에 있다면 좋다. 짜증나는 교통 체증에서 벗어나 쾌적한 휴식을 취할 수 있는 요인이 된다.

요즘은 지방자치 단체별로 마을의 역사와 문화를 관광상품으로 적극 개발하고 있고, 마을을 하나의 문화적 개념으로 테마파크로서 부각시키려는 경향이 있다. 이렇게 인근에 연계되는 관광, 휴양시설이나 외지인을 끌어들일 수 있는 그 지방 고유의 관광상품이나 이벤트가 있는 곳이라면 개발의 효과도 더욱 커진다.

# 개발 여건은 있는가?

## 정사각형의 부지

직사각형이나 부정형 부지의 경우에는 여유 공지 등이 많아 좋기는 하지만 주택을 짓기에는 적정하지 않은 경우가 흔히 있다. 물론 평형을 어떻게 하느냐의 여부에 따라 달라지지만 국민주택 규모를 고려한다면 주택의 폭은 8~10m 이상은 확보해야 한다. 따라서 부지의 형상은 정사각형의 정형이나 이와 비슷한 부지의 형상이 투자가치가 높게 형성된다.

구입할 임야의 지형에 따라 토목공사비가 달라진다. 임야를 구입하여 주택을 짓기 위한 토목공사를 할 경우, 지형이 오목형이라면 공사비가 적게 들어가고 볼록형이라면 공사비가 많이 들어간다. 오목형일 경우 매립만 하면 되지만 볼록형일 경우 부지를 둘러가며 석축 또는 옹벽을 설치하여야 하기 때문이다. 그래야 법면을 최소화 할 수 있다. 또한 오목형의 경우, 가용 면적이 많이 나오고 볼록형의 경우 법면이 많이 생겨 가용 면적도 적게 나온다.

가급적 오목형을 선택하여야 하며, 오목형을 선택할 경우 우천시 반드시 빗물을 배출할 수 있는 지목상 구거 또는 자연상태의 골짜기가 부지 하단에 접하고 있는지 확인하여야 한다.

## 대지의 최소 폭

국민주택 규모를 고려한다면 일반적으로 아파트의 경우에는 10~12m 이상의 주택 폭이 나오는데, 그 이하가 되면 평면 계획이 흐트러질 수도 있다. 이 경우에는 실내 인테리어로 해결해야 하는 경우나 혁신적인 평면 설계를 시도하는 것도 하나의 방법이다. 따라서 대지의 최소 폭은 조경과 주차 여건 등을 감안한다면 최소한 25m 이상을 확보할 수 있는 부지가 다른 부지에 비하여 선호도가 높다.

### 도로폭

주택을 건축할 수 있으려면 최소한 4m 이상의 도로와 접해 있어야 한다. 도로가 인접되어 있지 않는 맹지의 경우에는 건축허가를 받을 수 없기 때문이다.

건축법에서는 모든 건축물은 4m 이상 도로에 접해야 하고 도로에 접한 대지의 길이는 2m 이상이어야 한다고 규정하고 있다. 또한 연면적이 600평 이상인 경우에는 6m 이상의 도로에 접해야 하고 도로에 접한 대지의 길이는 6m 이상이거나 4m 이상 2곳에 접해야 한다고 규정하고 있다.

답사한 임야가 200~500평 정도의 소규모가 아닌 큰 평수에서 분할하여 구입한다면 반드시 도로가 접할 수 있는 여건이 되어 있는지를 보아야 한다. 도로를 개설하여야 하는 경우 보통 도로 개설 필지 소유자로부터 토지사용승낙서(인감증명서 첨부)를 교부 받는데, 지적상 도로가 아닌 개설하여야 할 도로의 경우, 개설도로를 본인이 구입하려는 주택지까지 연결할 수 있는 인·허가를 받아 도로 허가권을 본인으로 확보하여 두는 것이 유리하다.

간혹 큰 토지를 구입할 경우 도로를 개설하여 준다는 조건만으로 계약을 한다면 도로가 개설된 후에도 도로 허가 또는 소유자가 타인 명의로 되어 있다면 도로 부지의 소유권자가 타인에게 도로 부지를 매각했을 때 분쟁이 발생되는 경우가 많다.

개설될 도로가 구입하는 임야에서 분할되는 도로가 아닌 타인의 농지 또는 임야를 매도인이 토지사용승낙서를 받아 개설하는 조건으로 토지를 매입할 경우, 매도인에게 요청하여 개설하려는 도로를 매입하여 소유권을 확보하기 전에는 계약을 하지 않는 것이 좋다. 이로 인해 분쟁이 발생할 경우의 수가 너무나 많기 때문이다

가장 안전한 방법은 도로까지 매입하는 것이 가장 좋은 방법이다.

임야는 대체로 마을에 접해 있어도 진입도로나 도로 조건이 건축하기에 적합하지 않은 곳이 많기 때문에 도로 여건을 꼭 살펴야 한다. 만약 도로 여건이 여의치 않으면 진입도로 개설이나 도로 확장 등에 필요한 토지의 손실과 공사비용 등을 감안해서 매입금액의 경제성을 따져봐야 한다.

### 부지 방향

부지 방향은 전통적으로 남향이 일반적이다. 남향 중에서도 정남향보다는 남동향이 좋은 걸로 나타나고 있지만 최근에는 방향보다는 풍경을 선호하는 경향이 두드러진다. 냉난방시설이 변변치 못했던 과거 조건에 따른 것인데, 지금은 중요한 고려 사항에서 제외되는 추세다. 물론 겨울에 난방비가 많이 드는 단점은 여전히 남는다.

### 입지

마을과 멀리 떨어져 있는 경우에는 상수도와 전기 설치 등을 위하여 초과되는 개발 비용이 만만치 않을 수 있으므로 이 점도 유념하여 임야를 매입해야 할 것이다.

## 토목공사

토목공사가 잘 되어야 제대로 된 멋진 집을 지을 수 있다. 즉 건축하기 전 토목공사를 어떻게 했느냐에 따라 부동산의 가치가 결정된다고 해도 과언이 아니다. 토목공사를 잘못하면 땅의 가치가 깎이는 것은 물론 비용 또한 과도하게 지출된다. 비용이 증가하면 그만큼 향후 매도할 때에도 차익이 줄어들 수밖에 없다.

물론 가급적 토목공사를 할 필요가 없는 땅을 골라야 하지만 그런 땅은 대개 주변 토지 시세보다 비싸다. 그래서 대부분은 싼 맛에 토목공사가 필요한 땅을 매입하게 된다. 하지만 토목공사에 대해 전혀 모르거나 자신이 없다면 아예 건드리지 말고 내버려 뒀다가 나중에 천천히 계획을 세워 한꺼번에 공사를 진행하는 게 좋다.

섣불리 손을 대다 잘못되면 실패한 성형수술처럼 아니한 것만도 못하게 되거나 아예 되돌릴 수 없을 정도로 최악의 상황에 빠질 수도 있기 때문이다. 즉 철저한 계획이 먼저다.

토목공사는 굴삭기 등 중장비와 인력을 불러야 하기 때문에 사실 건축주가 애초 생각한 것보다 훨씬 많은 비용이 든다. 주머니 사정에 따라 찔끔찔끔 공사를 하게 되면 계획을 세워 한꺼번에 하는 것보다 결과적으로 훨씬 더 많은 비용이 든다.

따라서 토목공사는 건축주가 주관을 가지고 철저하게 계획하고 준비한 뒤에 한꺼번에 시행하는 게 바람직하다. 제대로 된 토목공사의 시발점은 개발행위허가 단계로 거슬러 올라간다. 특히 개발행위 허가를 대행하는 토목측량회사 선택이 매우 중요하다. 이 회사가 어떤 자세로 업무에 임하느냐에 따라 토목공사의 성패가 결정되기도 하기 때문이다.

제대로 된 토목측량회사는 건축주가 의뢰한 산지전용 허가를 대행할 때 건축주가 보유한 토지의 전체 모양과 개발 대상 필지의 모양을 함께 고민한다. 전체 필지 중 의뢰받은 토지의 위치와 조건을 감안해 번거롭더라도 때에 따라서는 합필도 하고, 택지로 개발할 토목공사 대상 필지의 위치가 나쁜 경우 의뢰인과 전용면적 및 위치를 조정한다.

하지만 대부분의 토목측량회사는 그저 관행대로 단순히 지적도에 나온 지번과 전용하고자 하는 면적만 가지고 전용허가를 받고 토목설계를 한다. 인·허가가 완료되면 대행 수수료를 모두 받을 수 있기에 오직 인·허가에만 매달린다. 만약 이 과정에서 잘못된 상황을 확인했을 때는 비용이 더 들고 기간이 오래 걸리더라도 다시 원점에서 토목설계를 하는 편이 낫다. 때론 개정된 법 등에 대한 토목측량회사의 무지로 인해 건축주가 피해를 보는 경우도 있다.

또한 외지인인 건축주가 직장생활 등 여러 가지 사유로 인해 토목측량회사에 전용허가 대행을 의뢰하면서 현지 토목업체 선정까지 부탁하는 경우에도 주의할 점이 있다. 건축주가 토목과 건축에 대해 모른다는 점을 악용해 과다한 토목설계로 토목업체에게 일감을 몰아주고 리베이트를 받아 챙기는 경우도 있기 때문이다.

건축주가 직접 직영 방식으로 토목공사를 진행할 때는 실력 있고 믿을 만한 중장비 기사를 만나는 게 관건이다. 중장비 기사의 능력에 따라 계획했던 토목공사가 제대로 진행될 수도 있고 반대로 큰 차질을 빚을 수도 있다. 만약 건축주가 주먹구구식으로 생각나는 대로 현장에서 굴삭기 기사에게 작업을 지시하게 되면 많은 문제가 발생한다. 굴삭기 기사는 그저 건축주가 시키는 대로 작업하는데, 설상가상 경험이 부족한 굴삭기 기사라면 작업 성과가 현저히 떨어진다. 결국 이틀이면 끝날 일이 사흘, 나흘이 되고 그에 따른 추가 비용이 발생하게 된다.

임야의 전용허가를 받아 건축을 하게 될 경우, 사전에 자신의 땅에 대한 많은 공부를 하고 준비를 한 후에 토목공사를 진행해야 한다.

토목공사는 되도록 지적도상 직선으로 단순하게 작업을 하는 것이 요령이다. 부지가 현재 생긴 대로 토목공사를 하는 것이 아니라 지적도상 최대한 반듯하게 작업하는 게 좋다. 새로 토목공사를 하는 원형지 땅이라면 우기에 대비해 배수로를 확실하게 개설해야 나중에 골머리를 앓지 않는다. 또한 현장에 있는 흙, 돌, 나무를 최대한 활용해 반출입을 최소화한다.


## 중요한 행정적 여건

### 지적공부 확인

토지이용계획확인원, 지적도 그리고 토지대장 등은 반드시 확인하여야 한다. 농림지역인지 관리지역인지 임야는 보전임지인지 아닌지도 반드시 확인해야 한다.

보전임지에는 산림전용허가가 매우 까다롭기 때문이기도 하지만 실무에서는 거의 불가능한 것이 현실이다. 또 산림전용이 가능한 지역일지라도 임상이 좋거나 입목본수도가 50% 이상이거나 경사도가 심한 경우에는 산림전용허가를 받기가 매우 까다롭다. 따라서 숲이 울창하고 보존가치가 높은 임야는 피하는 것이 좋다.

용도상 이용 개발이 어렵거나 규제가 있는지를 사전에 검토한다. 이를 위해 토지이용계획확인원이나 임야도 등의 공부를 발급받아 용도지역과 지목, 면적, 토지 모양 등을 확인해야 하며, 이는 지역에 따라 법률을 적용하는 것이 다르기 때문에 반드시 확인해야 하는 문제다.

### 현황지목 파악

'지목'이란 "토지의 이용 상황을 표시하는 것"으로 토지대장과 지적도 또는 임야도에서 확인할 수 있지만 지적공부에 등재되어 있는 지목은 공부상 지목이고 실제로 이용하고 있는 지목은 현황 지목이다.

하지만 공부상 지목과 현황 지목이 다를 수 있으니 반드시 현황 지목에 대한 개념을 숙지해야 한다. 따라서 현장 답사도 필수다. 임야나 지방 토지는 공부상 기재된 용도와 이용현황이 다른 경우가 있다.

반드시 현장 실사를 통해 토지 면적, 경계선, 이용실태 등을 조사해야 한다. 산림전용이 가능한 지역일지라도 임상이 좋거나 입목본수도가 50% 이상으로 숲이 울창하거나 경사가 심한 경우에는 산지전용 허가를 얻기가 매우 어렵다.

### 특별 규제

어느 지역이든지 지역마다 적용되는 특별규제 제도가 있게 마련이다. 특히 수도권 팔당상수원 인접 지역은 세심한 주의를 해야 한다. 특히 팔당상수원수질보전 특별대책 제1권역과 제2권역에 포함되는 양평, 광주 용인, 남양주, 여주, 가평, 이천 지역 등은 사전에 관할 행정기관을 방문

해서 취득 제한이나 개발 규제 내용을 알아보고, 허가 여부를 확실히 해
둘 필요가 있다.

### 행정기관의 태도가 중요

똑같은 사업이라도 지역개발에 대한 행정기관의 자세에 따라 사업 추
진이 쉽기도 하고, 어려워지기도 한다.

사전에 담당부서나 공무원 등을 접촉하여 협조를 받을 수 있도록 사
업에 대한 설명을 충분히 해 두는 것이 필요하다.

## 등고선도 확인과 경계측량은 필수

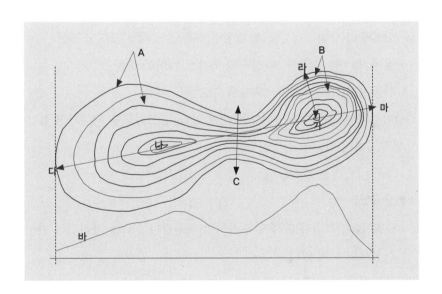

## 등고선과 지형의 관계

| 등고선의 특색 | | 지형 |
|---|---|---|
| 간격 | 좁다 | 급경사 |
| | 넓다 | 완경사 |
| 굽이 | 산 정상 쪽을 향한다 | 계곡 |
| | 정상에서 먼쪽을 향한다 | 능선 |

응용 문제 : 등고선의 간격이 좁게 나타나는 곳의 지형 은?

- 급경사          → 간격이 좁을수록
- 완경사          → 간격이 넓을수록
- 산봉우리(산정)     → 원 모양을 이루면서 작게 그려진 부분
- 골짜기(계곡)      → 봉우리 쪽으로 굽어든 부분
- 산등성이(능선)     → 바깥쪽으로 내민 부분

임야투자의 기본은 등고선도 이해에 있다. 등고선도를 이해하면 쉽게 투자가치 판독이 가능하다.

▶ **주곡선**

- 주로 많이 그린다고 해서 주곡선이라 칭한다. "B"를 가리키며 가는 실선으로 되어 있다.
- 주곡선과 다음 주곡선의 간격은 25,000 : 1 지도에서는 10m, 50,000 : 1 지도에서는 20m를 나타낸다.

## ▶ 계곡선

- B의 형태로 굵은 선으로 되어 있다.
- 계곡선과 계곡선의 간격은 25,000 : 1 지도에서는 100m, 50,000 : 1 지도에서는 200m이다.
- 주곡선 5개마다 하나씩 그리는 것이 계곡선이다.

▶ 능선 : "가 :" 지점에서 "나" 지점 사이가 산의 능선이다.

▶ 계곡 : C 선이 계곡으로 물이 흐를 것으로 예상된다.

▶ "가" 지점에서 "다" 방향으로는 경사가 완만하다고 볼 수 있다. 주곡선과 다음 주곡선의 간격이 넓으면 경사가 완만한 것이다.

▶ "가" 지점에서 "라" "마" 방향은 급경사임. 주곡선과 주곡선의 간격이 좁으면 급경사를 나타낸다.

▶ 위 등고선대로라면 "바"와 같은 산의 형태를 짐작할 수 있다.

▶ 따라서 위 등고선을 가진 임야라면 "나" 지점에서부터 "다" 지점은 개발의 여지가 있으나 "가" 지점부터 "라" "마" 지점은 개발하기가 곤란하다.

▶ 위의 등고선도가 50,000 : 1 지도이고 "바" 선의 끝 지점에 도로가 있다면 표고차는 "가" 지점이 200m이고 "나" 지점이 140m임을 알 수 있다.

※ 표고차란 해발과는 상관없이 발을 딛고 서 있는 곳에서부터 산의 정상까지의 높이를 말한다

## 지적도와 등고선을 확인하라

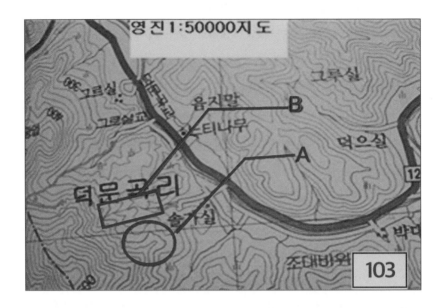

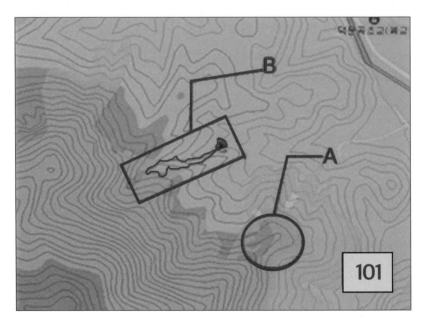

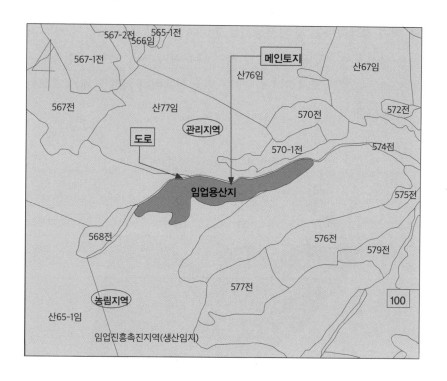

## 경계측량 후 지형측량은 필수

　단순 구입이 아닌 개발을 하기 위한 매입시 부지의 등고(콘타)를 확실히 알아야 도로계획 및 공사계획과 비용산출이 가능한데, 이러한 경우는 경계측량 및 지형측량을 꼭 하여야 한다.

　지형측량을 하여야 할 필요상황이 발생하면 먼저 지적공사에 경계측량을 의뢰하고 사설 측량사무실에 의뢰하여 지형측량을 실시한다. 경계측량을 하지 않고 지형측량을 실시할 경우 정확한 지형측량이 나오지 않기 때문에 비용이 들더라도 경계와 지형측량은 필수임을 강조하고 싶다. 이때 경계측량은 꼭 지적공사를 통하여 하여야 한다. 모든 경계의 기준은 지적공사 측량을 기준으로 하기 때문이다. 기준 없는 지형측량은 추후 재공사 또는 득하였던 인·허가를 변경하여야 하는 문제가 발생되기 때문이다.

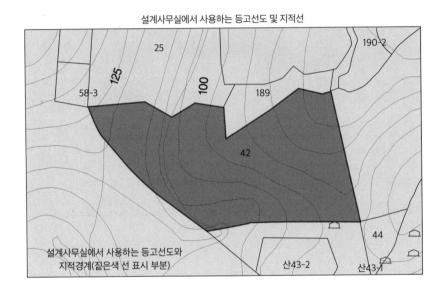
설계사무실에서 사용하는 등고선도 및 지적선

위 사례는 실제 사례로 매입 전 설계사무실 지형도에는 묘지가 없으나 추후 경계측량 확인 결과 묘지가 경계에 들어온 것이 대략 5개가 넘는 것으로 확인되었다.

# 스마트 산지투자, 산지정보시스템(FLIS) 이용하기

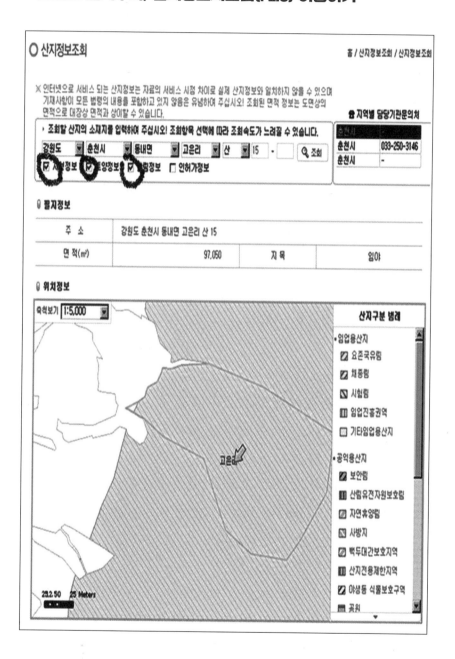

우선 산지정보시스템(http://www.forestland.go.kr/efmis/)은 산림청에서 정보 제공하는 사이트로 작년부터 일반인도 모든 정보를 볼 수 있도록 시스템 구축이 완료됐다. 검색창에서 '산지정보시스템'을 입력하면 바로가기 사이트로 접속할 수 있다.

## 임야 매입을 검토할 때의 유의사항

임야를 매입하려면 일단 가장 중요한 기준점은 토지이용계획확인원의 검토를 잘 해야 한다는 것이다. 토지이용계획확인원에서 가장 기본적인 것은 용도지역이 관리지역인지 농림인지의 구분이며 만일, 혼합이됐을 경우 어느 쪽이 얼마나 차지하고 있는지 관할 군청에 방문해 눈으로 지도상의 구분선이 어떻게 되어 있는지 면적은 어떻게 되는지 확인하는 것이다.

그리고 준보전산지, 보전산지에 대한 기준이 토지이용계획확인원에 나와 있기는 하지만 좀 애매모호하다. 서류를 작성하는 공무원의 기준에 따라 같은 경우라도 다르게 표시되어 있는 경우가 다반사이기 때문이다.

준보전산지라고 적어 놓거나 보전산지 중 생산인지 공익인지 구분하여 표기하면 좋은데, 사례들을 보면 준보전산지는 그냥 해당 없음(거의 관리지역이다.)이나 농림은 보전산지라고만 표기하고 내용은 생산인지 공익인지 표시가 없는 경우가 많다.

어떤 경우에는 구분도 없이 그냥 "산림과에 문의하시오." 라고만 적혀 있는 경우도 있다. 일반 민원인이 이해하기 애매모호하게 기입해 놓은 게 비일비재하다.

답답한 상황이 되는 경우인데, 거의 담당자에게 가서 상담을 하면 "관리지역은 준보전산지인데…, 농림지역이 많아…, 보전산지로 표시했네요…." 하는 식으로 모호한 경우가 많다.

특별한 경우(토지이용계획확인원상에 다른 제한사항이 표기된 경우)를 제외하고는 거의 민원인의 기준에 맞춰 처리해 준다. 안 된다고 했다가 시끄러워지면 곤란하므로 일단 그렇게 반응하는 것이겠지만, 어느 지역은 괜히 된다고 처리해 줬다가 민원이 발생할 소지가 있겠다 싶으면 일단 "안 되겠네요" 쪽으로 해석하고 시작하는 공무원들도 있다. 민원인이 일을 벌리지 않으면 일단 책임질 필요가 없기 때문이다.

토지이용계획확인원과 현장 상황이 이해가 되지 않는다면 하루라도 시간을 내서 관할 군청 담당자에게 토지이용계획확인원과 임야도를 보여주면서 상담하고 확신이 섰을 때 계약하는 것이 차후 자신이 생각하고 있는 용도로 활용할 때 후회가 없다. 상당 금액의 자금이 묶이는 마당에 그 정도 수고를 마다한다면 위험한 생각이 아닐까 생각된다. 토지이용계획확인원으로 간단한 경우는 그런 수고를 피할 수 있다.

여러 가지가 혼합된 임야라면 꼭 수고를 마다하지 않는 부지런함이 필요하다.

토지를 자신 있게 매입하는 방법은 충분한 지식 축적을 통해 현장 상황과 서류상의 관련 사항들을 비교하여 얼마나 빠른 시간 내에 좋은 매물인지 나쁜 매물인지를 판단하는 능력의 배양이다.

어떻게 보면 참 쉬운데, 어떻게 보면 참 어려운 이야기다. 이를 해석할 수 있는 능력이 부족한 상태에서 매입하는 것은 운에 맡기는 나태함일 것이다. 그래서 현장 상황이나 서류가 모두 단순하게 구분되는 토지가 비싼 것이다.

주의해야 할 것은 명칭은 관리지역일지라도 현장에 나가서 보면 분명 관리지역인데 경사도가 만만치 않아 개발을 하기에 힘든 경우가 가끔 있다. 이는 관리지역과 농림을 구분하여 표시했던 당시의 공무원이 현장에 답사를 대충 '주마간산'격으로 하고 사무실에서 자로 줄을 그은 경우이다.

관리지역이라 개발이 가능하지만 토목공사비가 토지 가격보다 더 들어가는 경우라 개발이 불가한 경우도 있다는 것이다.

## 임야를 매수할 때 필수적으로 확인해야 하는 사항

| 확인사항 | 확인자료 | 비고 |
|---|---|---|
| 면적확인 | 등기부등본 토지 (임야)대장 | · 임야의 경우 상당한 면적 차이 있음<br>· '매매 대금의 지불은 실측 면적 기준'이라는 계약상의 약정 사항 제시<br>· 일필지 일부의 거래의 경우 사후 실측에 의해 정산하도록 특약사항 둠 |
| 지목확인 | 등기부등본 토지(임야)대장 현장 확인 및 사진 | · 형질변경 허가는 공부보다 현황 중요시<br>· 현장 사진 통하여 공부상 지목과 현황 지목 비교 |
| 경계확인 | 지적대장 지적도 (임야)도 현장 확인 | · 임야는 능선, 계곡, 도로, 하천 등을 기준으로 확인<br>· 대상 토지를 인접 필지에서 사용하고 있는 부분의 유무를 지적도 현황, 면적, 실측에 의해 확인 |
| 형태확인 (지형, 지세) | 지적도(임야도) 1/5,000 항측도 현장 확인 | · 용도 지역 변경을 수반하는 입지의 경우, 토지 형태에 유의<br>· 지형은 지적도에 의하여 판단하되 상당히 불규칙한 경우 용도변경이 곤란하므로 구입 면적에서 제외시키는 것이 좋을 듯 (매도자와의 합의 어려움) |

| 인접도로 확인 | 지적도(임야도) 1/5,000<br>항측도 측량 도면 현장 확인 | · 인접 도로는 건축법과 관련, 허가 심사 기준이 중요<br>· 인접 도로가 건축법상 기준보다 좁거나 대상 토지가 맹지일 경우, 진입로 확보 후 매입하여야 |
|---|---|---|
| 지반의 형태와 구성 | 지적도(임야도) 1/5,000<br>항측도<br>지질도 | · 지반의 상태는 조성의 난이도 및 비용, 용수 개발, 건축시 지반의 견고성 등에 영향 |
| 체납 여부 | 등기부등본<br>제세 완납 증명서 기타납세 관련 자료 | · 재산세 등의 체납이 있는 경우, 등기부등본에 압류 등이 설정될 수도 있음.<br>· 본의 아니게 매수자에게 승계한 경우 있으므로 이에 대비한 약정 및 관계 관청에의 확인 필요 |

## 임야를 매수할 때의 체크 포인트

임야를 구입하고자 할 때 일반적으로 검토해야 할 9가지 검토사항을 소개한다.

① 대상 임야가 특별한 목적이 없다면 보전임지가 아니어야 한다.

임야를 매입할 때 고려해야 할 사항은 보전산지(공익임지, 생산임지)인지 준보전산지인지를 따져보는 것이다. 즉 다시 결론적으로 말하자면 산지관리법상 준보전임지가 활용도가 많다.

보전산지는 말 그대로 자연환경을 보전하기 위해 산림청이 산지관리법에 근거해 개발을 제한하는 임야다. 임야의 난개발을 막기 위한 것으로 보전산지로 정해진 지역에서는 임업과 농업 부문의 공익적 시설물을 제외한 모든 개발 목적으로의 이용을 금지한다.

보전산지는 공익임지와 생산임지로 나뉜다. 공익임지란 자연을 그대로 보전하기 위해 지정한 순수 임야를 말하고 생산임지는 수목 연구, 채종들을 위한 생산성에 중심을 둔 지역이다.

반면 준보전산지는 이러한 제약이 별반 크지 않아 비교적 자유롭게 개발할 수 있는 산지를 말한다. 임야는 농지에 비해 땅값은 저렴한 반면 개발 여하에 따라 가치가 달라지기 때문에 투자자들에게는 항상 관심의 대상이 된다.

준보전산지는 개발이 자유로워 산지전용 허가를 받아 전원주택단지나 기타 관광자원 등으로의 개발이 가능하다.

토지에 투자를 하는 것은 보유하고 있다가 매매 또는 개발 수익을 얻기 위한 목적이 크다. 경사도가 25%를 넘는 경우나 암석, 기타 개발 여건이 불리한 경우는 피하도록 한다. 또한 임야의 경사도, 주변 환경 등 여러 여건이 좋다고 하더라도 개발제한구역 등 보전 목적이 강한 임야는 피해야 한다. 보전 목적으로 설정한 임야를 굳이 개발해야 할 이유도 없지만 절대 개발 수요가 발생하지 않는다는 뜻이다.

공익 목적의 임야의 경우 개발 계획에서 제외되기 때문에 투자와 동시에 한숨을 내쉴 수밖에 없다. 보전임지는 공익목적 등 특별한 경우가 아니면 개발허가가 나지 않는다. 보전임지는 대개 백두대간 보호지역, 문화재 보호구역, 공원지역, 계곡보전, 관광지역, 희귀식물 및 천연기념물 보존지역, 상수원보호구역 등 산림을 보전하기 위한 지역이다.

준보전산지는 개발을 목적으로 하지 않더라도 지역과의 연계 개발을 염두에 두어 시세차익을 노릴 수도 있다. 그렇지 않은 보전산지를 소유하게 될 경우라면 공익용 임지보다는 생산용 임지가 활용할 수 있는 측면이 많다.

간혹 언론 보도에서 임야 소유주들이 일부러 나무를 말려 죽여 못쓰게 만든다는 식의 내용을 접하게 되는데, 이것은 보전산지를 준보전산지로 전환하기 위한 편법이다. 산림청은 10년마다 보전산지와 준보전산지의 타당성 조사를 하고 있다. 보전 가치가 떨어지면 자연히 보전산지가 준보전산지로 전환된다는 점을 악용한 예들이다.

그러나 임야에 대한 규제는 갈수록 강도를 더해간다. 자연환경보전의 척도를 따졌을 때 임야의 비중이 높은 까닭이다. 그래서 단순히 산지관리법의 규제만 받는 것이 아니라 여타 다른 부문에서의 개발제한 장치들이 하나 둘 늘어가고 있는 추세다.

② 산지전용제한지역이 아니어야 한다.

산림청의 산지전용제한지역으로 고시되어 있지 않아야 된다. 산지전용제한지역에서는 원칙적으로 개발행위가 엄격히 제한되어 있다.

③ 산림법상 보안림이나 사방지로 지정되어 있지 않고 또 과거 국고보조를 받아 조성한 조림지가 아니어야 한다. 홍수 피해가 났던 임야인지도 조사해 보아야 한다.

④ 산의 경사도가 25도를 넘지 않아야 한다.

종전에는 경사도가 45도까지도 개발을 허용했으나 이제는 준보전임지라도 경사 25도 이상의 가파른 산은 개발허가를 받기 어렵다. 경사가 25도를 넘는다면 개발 자체가 쉽지 않다.

지방 조례에 따라 다르긴 하겠지만 임야 개발에 경사도를 제한하고 있는 것은 사실이다. 반대로 경사가 25도 이하인 임야는 개발이 가능하다는 것으로 풀이 된다.

경사가 너무 가파른 땅은 개발허가를 받기도 어려울 뿐더러 토목공사비도 많이 들기 때문에 사전에 꼼꼼하게 투자비를 계산해야 한다.

이밖에도 주변 지역보다 지대가 낮거나 패였다면 토목공사 비용이 많이 들지만 고지대에서의 분지는 장점으로 작용하기도 하는 이점이 있다는 것도 알아둬야 한다.

⑤ 산에 있는 나무의 상태를 살펴보아야 한다.

산에 자라는 나무의 수종과 밀도나 크기도 산지전용 허가의 한 가지 기준이 된다. 산에 있는 나무의 수종(나무 종류)을 "입목구성"이라고 하며 나무 평균 나이가 50년 이상이나 활엽수림이 50% 이하이어야 한다. (50% 이상인 경우는 드물다. 또 나무의 밀도와 크기를 "입목축적"이라고 하며 임야가 소재한 시·군의 평균치보다 50%를 넘게 울창하거나 나무가 크면 허가가 안 된다.)

입목구성이란 나무의 평균 나이와 활엽수림이 전체 나무 중 차지하는 비율이다. 평균 나이가 50년 이상인 활엽수림이 전체의 50% 이하여야 한다. 또 입목축적은 단위면적 당 나무가 얼마나 조밀하게 심겨 있는지, 나무의 크기는 어느 정도인지를 말하는 것이다. 나무의 밀도 크기가 시·군의 평균치보다 50% 이하여야 한다.

⑥ 임야 내에 묘지가 없거나 적어야 한다.

남의 땅에 쓴 묘지 또한 함부로 훼손하거나 이장할 수 없으므로 후일 개발시에 시간과 돈이 추가로 지출된다. 너무 많은 묘지를 쓴 임야는 좋지 않다. 개발에 들어가기 전에 분묘기지권이 성립되면 많은 제약이 돌아온다는 것이 상식이다. 일반적으로 분묘를 옮기는 것을 꺼려할 뿐 아니라 묘지를 이전하려면 신경 써야 할 부분이 많다. 이와 함께 묘지 이전을 조건으로 계약을 할 때 정확하게 알고 해야 한다.

구두상 합의가 아닌, 계약서상 중도금 납부 이전에 묘지 이전을 완료한다는 특약을 명시해야 향후 발생할 수 있는 문제를 피해나갈 수 있기 때문이다.

그러나 역으로 분묘기지권을 역이용하여 싸게 매입 후 이 문제를 해결하면 매우 커다란 수익을 올릴 수 있다.


⑦ 진입도로 문제는 늘 핵심적인 확인 사항이다.

토목공사나 임야 개발시 건축물을 짓기 위하여는 진입로는 필수적인 것이다. 따라서 임야는 국도나 지방도 등 기존 도로에 붙은 것이 좋다. 임야에 투자하길 원한다면 도로에 대한 확인을 반드시 거쳐야 한다.

건축법상 부지가 최소한 5m 이상 도로와 접해야 하고 도로에 접한 대지의 길이는 2m 이상이어야 한다. 또한 도로에 접한 대지의 길이는 6m 이상이거나 4m 이상 2곳에 접해야 건축허가를 받을 수 있다.

임야는 대체로 마을에 접해 있어도 진입도로나 도로 조건이 건축하기에 적합하지 않은 곳이 많기 때문에 도로 여건을 반드시 살펴야 할 필요성이 있다.

이 밖에도 진입도로 개설이나 도로 확장 등에 필요한 토지의 손실과 공사비용 등을 감안해 매입 금액의 경제성도 따져 봐야 한다.


⑧ 임야 소유권자부터 확인하라.

좋은 임야를 고르는 방법 중 가장 먼저 이뤄져야 하는 것은 임야의 소유권자에 대한 정보를 얻는 것이다. 좋은 땅이라고 생각하고 투자에 나섰지만 해당 임야가 종중 땅이라면 결국 낭패를 볼 수 있기 때문이다.

해당 임야에 대한 정보는 부동산 전문가에게서 일차적으로 얻어낼 수는 있지만 실제 거주 지역민들의 정보 또한 무시할 수가 없다.

임야를 매입한 뒤 문제가 생길 수 있는지 여부를 마을 이장 등 주민들에게 물어보는 과정이 반드시 필요한 것이다.

정리하자면 임야투자가 단순한 묻어두기 투자나 장기보유 목적이라면 위의 사항을 전부 충족하지 않아도 괜찮을 수 있다. 반면 특정 목적을 위한 매입이라면 그 사업에 해당하는 규제가 없는지는 추가로 검토해 볼 일이다.

| 구분 | 세분 | 개념 | 토지이용 |
|---|---|---|---|
| 보전<br>산지 | 산지전용<br>제한지역 | 공공의 이익증진을 위하여 보전이 특히 필요하다고 인정되는 산지 | 법에서 정한 예외적인 사항을 제외하고 토지의 1차적인 이용 또한 제한 받음 |
| | 공익용산지 | 임업생산과 함께 재해방지, 수자원보호, 자연생태계보전,자연경관보전, 국민보건휴양증진 등의 공익기능을 위하여 필요한 산지 | 법에서 정한 예외적인 사항을 제외하고 토지를 1차적인 목적으로만 이용가능 (농어가주택 신축 불가) |
| | 임업용산지 | 산림자원의 조성과 임업경영기반의 구축 등 임업생산기능의 증진을 위하여 필요한 산지 | 법에서 정한 예외적인 사항을 제외하고 토지를 1차적인 목적으로만 이용가능 (농어가주택 신축 가능) |
| 준보전산지 | | 보전산지 이외의 산지 | 보전이 원칙이지만 제한적 개발 허용 |

## 임야의 투자 가치 판독법

개발이 가능한 산지는 15도 미만의 완경사인 땅이다. 단, 입목본수와 연접개발제한에 주의해야 한다. 예시를 들자면 다음과 같다.

투자대상지는 관리지역 내의 준보전산지이며 매도인은 3,000평 전체를 평당 20만 원에 매도하기를 원한다, 인근 지역에서 유사한 거래 사례를 볼 수 없고 대상지와 유사한 입지의 전원주택용 토지의 가격은 평당 100만 원에 거래되고 있다.

토지개발 경험이 많은 투자자가 대상지의 입목본수도, 경사도, 연접개발제한등 개발시의 제한요소들을 검토해본 결과 전체 3,000평 중 1,000평만이 개발(전용)이 가능하고 토목측량설계사무소에서 구체적인 토목공사비와 인허가 비용 견적을 받아본 결과 약 1억 원의 추가비용이 필요했다.

이 투자자는 예상수익률이 30%이면 각종 금융비용 등을 감안한 실현수익률은 10% 정도라는 것을 경험적으로 알고 있기 때문에 투자 유무를 결정하는 예상수익률은 30%이다. 이 투자자의 투자결정 유무를 예상해 보라.

### ▶▶▶ 풀이

예상수익 = 총매출액 - 총비용(취득원가 + 취등록세 + 토목공사비 + 인허가비용)

총매출액= 1,000평 X 100만 원 = 10억 원

총비용 = 취득원가 + 취등록세 + 토목공사비 + 인허가비용

= (3,000평 X 20만 원)+(3,000평 X 20만 원 X 4.6%)+ 10,000만 원

= 7억 2,760만 원

예상수익 = 10억 원 - 7억 2,760만 원 = 2억 7,240만 원

예상수익률 = 2억 7,260만 원 ÷ 7억 2,760만 원 = 37%

# 임야는 매입 후 반드시 등록전환신청을 하라

임야도를 발급받아 경계선을 보면 왠지 직선이 아닌 곡선처럼 보이는 부분이 많이 있을 것이다. 그만큼 임야의 지적선이 정확하지 않다는 얘기다. 축척이 1/6,000이기 때문에 정확한 경계선을 나타내기 힘들다.

그래서 임야를 매입한 뒤에 잘 관리하려면 등록전환을 꼭 해 두는 게 좋다. 등록전환비용도 세금계산서가 발행되기 때문에 구입 비용으로 인정되므로 꼭 영수증을 보관해야 한다. 양도를 할 때 공제를 받을 수 있는 금액이다. 임야는 도면과 다르게 측량점과 면적이 측량 시점에 따라 변경될 수 있다.

## 지적선이 변경되는 경우의 사유

실제 임야는 경계측량을 신청해 측량 말목을 표시해보면 현장에서는 곡선 같은 부분이 디테일하게 표시되며 의외의 지적 경계가 표시되는 것을 흔히 볼 수 있다. 간혹 임야를 경계 측량 후 몇 년 있다가 다시 경계측량을 해보면 종종 지적 경계가 변해 있는 경우도 발생하게 된다. 이런 경우는 접면의 임야가 등록전환이 되어 임야도가 아닌 지적도에 표기를 옮겼기 때문이다.

등록전환을 한 임야를 우선적으로 지적선을 표기하면서 면적을 맞추어 가다 보면 등록전환을 하는 임야의 지적선이 디테일하게 변경되면서 접면 임야의 지적 선도 변경되어 확정되지만 접면 임야는 등록전환을 하지 않았기 때문에 축척이 1/6,000인 도면에서는 확인이 안 되는 것이다. 그래서 등록전환은 남보다 먼저 하는 것이 유리하다.


## 면적까지 변경될 수 있다


임야도(축척 1/6,000)에 표기된 지적선은 다만 구분을 하기 위한 선이라고 보면 된다. 정확한 선이 아니다. 다만 최근에는 지적측량이 상당히 정확해지고 있는데, 문제는 면적 맞추기다. 등록전환이 안 된 임야를 경계측량을 해보면 간혹 지적공사 직원들에게 이 실제 면적이 안 나온다는 말을 듣게 된다. 구입할 때 대장에 기재된 면적의 값을 다 주고 구입했는데, 면적이 감소한다니 억울한 일이다.

이런 억울한 일을 당하지 않으려면 주변 임야가 먼저 등록전환하기전에 먼저 해야 한다. 먼저 등록전환을 하다보면 면적이 늘어나는 경우도 많다. 먼저 등록전환을 하는 사람이 유리한 것이다.

정리하자면 주변보다 늦게 하면 면적이 줄어들 확률이 많다는 것은 분명한 사실이다. 대부분의 사람들이 임야를 분할하여 구입하고 건축인·허가를 받고나서 준공 시점에 임야를 토지로 등록전환 신청을 하는데 이런 경우 면적이 증감되면 설계 변경을 또 받아야 하는 번거로움도 생기게 된다.

등록전환은 보통 인·허가를 득한 임야나 준공 시점에 신청을 할 수 있는 것으로 알고 있어 뒤늦게 하는 경우도 많이 있다.

하단 2개의 그림은 실례로 〈그림 1〉의 임야를 〈그림 2〉의 토지로 등록전환한 것인데 〈그림 1〉의 파란색 원으로 표시된 부분은 직선이었으나 〈그림 2〉의 등록전환이 된 후 꺾어지는 선이 2군데(A. B) 생기면서 약

30평의 면적이 감소한 사례다.

임야는 등록전환을 하여도 지목은 변동이 없고 표기 도면만 축척 1/6,000에서 축척 1/1,200로 옮겨지는 것이다

〈그림 1〉

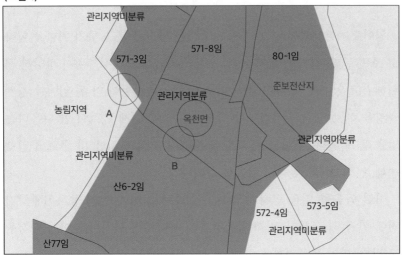

〈그림 2〉

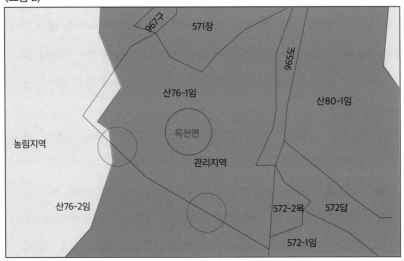

설계사무실에서 사용하는 등고선도와 지적경계(파란색 표시 부분)

등록전환은 경계측량을 하면서 함께 신청하면 된다. 위의 리스크를 줄일 수 있는 방법은 매매계약을 하면서 계약서에 면적과 평당 가격을 기재한 뒤 단서 조항에 등록전환을 하여 면적이 줄어든다면 줄어드는 면적의 매매대금은 반환한다는 단서를 달아 놓는 것이 좋다.


## 토임과 토지의 등록전환

토임이란 지목이 임야이면서도 토지대장과 지적도에 등재된 토지를 말한다. 따라서 토임은 지번에 있어서도 앞에 '산'이 붙지 않는다. 토임이 되는 것은 임야가 지적법상 등록전환을 한 것이다.

임야가 1/3,000~1/6,000 임야도에 등록되어 있다가 1/1,200 지적도에 옮겨지는 것을 등록전환이라고 하는데, 이렇게 1/1,200 지적도에 등록된 임야를 속칭 토임이라고 한다.

토임의 특징을 보면 예전부터 사실상 형질 변경이 되었거나, 대개 언덕이라 할 만큼 지세가 낮고 따라서 대개 논밭이나 마을 주변에 소재하므로 임야도에 등재를 아니하고 지적도에 등재한다.

임야를 등록전환하려면 농지, 대지, 기타 목적으로 형질변경 허가를 받아 준공을 한 후 지목변경과 함께 등록전환을 하게 된다. 그러나 지목은 임야임에도 실제로는 오래 전 불법 개간으로 농지로 사용되는 경우도 있는데, 이런 경우는 현황에 입각하여 농지로 등록전환이 될 수도 있다.

토지의 등록전환이란 임야대장과 임야도에 등록된 토지를 토지대장과 지적도에 옮겨 등록하는 것으로서 대체로 토지의 형질변경, 지목변경으로 인하여 발생한다. 등록전환은 축척이 작은 임야도의 등록지를 축척이 큰 지적도에 옮겨 토지에 관한 정밀성을 높임으로써 지적관리를 합리화하려는 데 그 목적이 있다.

등록전환을 신청할 수 있는 토지는 산지관리법·건축법 등 관계 법령에 의한 토지의 형질변경 또는 건축물의 사용승인 등으로 인하여 지목을 변경하여야 할 토지를 대상으로 하는 것이 원칙이다. 다만 대부분의 토지가 등록전환이 되어 나머지 토지를 임야도에 계속 존치하는 것이 불합리한 경우와 임야도에 등록된 토지가 사실상 형질변경이 되었으나 지목변경을 할 수 없는 경우 또는 도시관리계획선에 따라 토지를 분할하는 경우에는 지목변경 없이 등록전환을 신청할 수 있다. (구 지적법 시행령 제13조)

등록전환 대상에는 지목변경을 수반하는 등록전환과 지목변경을 수반하지 않는 등록전환의 두 가지 경우가 있다.

① 지목변경을 수반하는 등록전환
등록전환 신청은 원칙적으로 산지관리법, 건축법 등 관계 법령에 의한 토지의 형질변경 또는 건축물의 사용승인 등으로 지목을 변경하여야 할 토지가 그 대상이다.

② 지목변경을 수반하지 않는 등록전환
다음에 해당하는 경우에는 지목의 변경 없이 임야대장에 등록된 지목으로 등록전환을 신청할 수 있다.
• 대부분의 토지가 등록전환이 되어 나머지 토지를 임야도에 계속 존

치하는 것이 불합리한 경우

- 임야도에 등록된 토지가 사실상 형질변경이 되었으나 지목변경을 할 수 없는 경우
- 도시계획선에 따라 토지를 분할하는 경우

등록전환을 할 토지가 있을 때에는 토지소유자는 그날로부터 60일 내에 소관청에 등록전환을 신청하여야 한다. 토지소유자가 등록전환을 신청하고자 하는 때에는 먼저 측량을 하여 측량성과도를 발급받고 등록전환 사유를 기재한 신청서에 관계 법령에 의한 토지의 형질변경 등의 공사가 준공되었음을 증명하는 서류의 사본을 첨부하여 소관청에 제출하여야 한다.

## 토임의 개발

토임의 개발을 할 때는 필요에 따라 임야에 관한 산지규정을 적용하거나 혹은 농지법의 규정을 적용하여 전용 후 주택을 지을 수 있다. 임야를 주장하는 경우에는 산지전용 허가와 건축신고로서 신축을 하게 되고, 농지를 주장하는 경우에는 먼저 농지(밭)로 지목변경을 한 후에 농지전용 및 건축신고로서 주택을 지을 수 있다.

만약 집을 짓고자 하는 경우라면 일반적으로 임야를 주장하여 바로 산지전용을 하는 것이 농지 전용보다 절차도 간단하고, 비용도 적게 들 것이다. 농지 전용 비용의 부담과 지목변경의 번거로운 절차를 거치지 않아도 되기 때문이다. 다만 어느 경우에나 집을 짓고 나면 주택부지는

바로 대지로 지목변경이 된다.

| 처리기간 | • 신규등록일 : 3일<br>• 토지(임야) 지목변경 : 5일<br>• 토지(임야) 합병 : 5일<br>• 바다로 된 토지의 말소 : 3일 | • 토지(임야)분할 : 3일<br>• 등록전환 : 3일<br>• 등록사항 정정 : 3일 |
|---|---|---|
| 수수료 | • 토지(임야 )신규등록 : 1,400원<br>(1필지)<br>• 토지(임야) 지목변경 : 1,000원<br>• 토지(임야) 합병 : 1,000원(합병<br>전 1필지)<br>• 바다로 된 토지의 등록말소 : 무료 | • 토지(임야)분할 : 1,400원(분할 후 필지)<br>• 등록전환 : 1,400원(1필지)<br>• 법 제26조의 규정에 의한 토지이동신청 : 1,400<br>원(1필지)<br>• 등록사항정정 : 무료 |
| 신청인 | 처리기관 (담당부서) |
| | 시·군·구 (지적업무담당부서) |

```
신청서 제출  ──▶  접수
                  │
                  ▼
                 확인
                  │
                  ▼
                 결재
                  │
                  ▼
   통지   ──▶    정리
```

| 전산접수<br>번호 | □토자(임야)신규등록 □토지(임야)개발<br>□토지(임야)지목변경 □등록전환<br>□토지(임야)합병 □토지(임야)등록사항정정 □기타( ) | | | | | | | **신청서** | |
|---|---|---|---|---|---|---|---|---|---|

| 소유자 | 성명 | | | (주민)등록번호 | | | 처리기간 | | |
|---|---|---|---|---|---|---|---|---|---|
| | 주소 | | | 전화번호 | | | 뒤쪽참조 | | |

| 토지소재 | | 이동 전 | | | 이동 후 | | | 토지이동<br>결의일자 | 토지의<br>이동사유 |
|---|---|---|---|---|---|---|---|---|---|
| 읍면 | 리 | 지번 | 지목 | 면적(㎡) | 지번 | 지목 | 면적(㎡) | | |
| | | | | | | | | | |
| | | | | | | | | | |
| | | | | | | | | | |
| | | | | | | | | | |

위와 같이 관계 증빙서류를 첨부하여 신청합니다.


년   월   일


신청인     (서명 또는 인)


○○○군수 귀하

| 결재 | 실무자 | 담당 | 과장 | | 수입증지<br>첨부란 |
|---|---|---|---|---|---|
| | | | | | |

## 임야의 활용도 판정

부동산 실무에서의 효율성이란 사용 용도와 사업성의 가치를 판단하는 것이 핵심이다. 즉 부동산 전문가로서의 실무적 효율성이란 경험과 현실성을 바탕으로 부동산의 사업적 가치를 창출해낼 수 있는지에 있다. 즉 어떻게 하면 쓸모 있고, 좋은 부동산인지를 가려내는 것이 근본적인 문제에 해당된다.

이것은 현장 답사를 할 때 필수적인 조건에 해당하고, 만일 점검 관계 및 판단을 소홀히 하거나 착오가 발생할 때는 큰 낭패를 볼 수도 있다. 이것은 지적도나 기타 서류상으로 공시되는 것이 아니므로 현장을 밟아보지 않고는 확인할 수 없는 것이다.

### 산지의 투자 가치 판독을 위한 세부 사항

| | |
|---|---|
| ① 철탑 : 30%<br>② 무허가 : 50%<br>③ 송수관 : 60%<br>④ 군사보호 : 20%<br>⑤ 개발제한 : 15%<br>⑥ 묘지 : 50% | **지상권이 설치되어 있는 것을 확인하여 사용 범위를 판단해 본다.**<br>부동산 궁합상 지상권이 설치된 곳에서의 효율성이란 철탑이 서 있는 임야를 매수하기 위해서 과연 사업성은 있는가, 사업성이 있다면 그 효율성은 어느 정도에 해당하는가, 그것을 언뜻 파악하기 곤란하고 ,난감하리라 생각한다.<br>그러나 간단하게 효율성을 가지고 판단하면 쉽다. 부동산의 경험과 실전 경력으로 판단했을 때,30%의 효율성이란 임야의 실용성이나 부동산의 가치가 30%밖에는 쓸모가 없다는 결론이 나온다. 그러므로 임야를 매수하기 전에 철탑이 서 있는 부동산이라면 위와 같이 판단하고 접근하면 손해를 줄일 수 있다.<br>따라서 70%의 부동산은 무용지물이 되는 경우가 많다.부동산에 무허가 주택이 산재해 있다면 이러한 부동산의 효율성이 50%에 해당한다고 하였으므로 비효율적인 50%는 무허가주택을 철거하는 비용이나 보상 관계로 지급되는 관계가 있을 수 있으므로 50%의 효율성으로 생각해야 한다. |

| | |
|---|---|
| ① 왕복 8 차선이상 150%<br>② 왕복 4 차선 100%<br>③ 왕복 2 차선 50%<br>④ 왕복 1 차선 25%<br>④ 농로 10%<br>⑤ 인도 5%<br>⑥ 1차선으로 붙은 토지에 대형 건물의 수지 효율성은 부족함. | **도로만을 보고 할 것인가, 안 할 것인가를 판단해본다**<br>부동산의 운명 및 부동산 답사시 고려해야 할 실질적인 도로의 효율성이란, 도로에 따라서 약간의 차이가 있지만 대부분 다음과 같은 효율을 설정하면 된다.<br>왕복 8차선 이상 150%, 왕복 4차선 100%, 왕복 2차선 50%, 왕복 1차선 25%, 농로 10%, 인도 5%, 왕복 4차선(편도 2차선)을 100%라고 기준했을 때 기준에 해당하는 도로를 기준도로라 하고 이것을 중심으로 수지를 살펴야 한다.<br>수지를 살피는 관계는 수지에서 발산되는 영향력의 한계가 주변의 부동산 편입비율 및 흡수, 발전되는 속도와 범위 등을 가늠하게 되는 관계라 할 수 있다.이것은 도로에 유통되는 인구, 차량 등을 고려해보는 것이다.<br>그러므로 왕복 8차선의 도로의 실질적인 효율성은 150%이므로 도로에서 나오는 수지의 영향력은 150%의 활용성이 있다고 보아야 한다. 왕복 2차선의 도로의 효율성은 50%에 지나지 않는다 하였으므로 수지의 영향력은 50%에 해당하고 주변의 부동산은 50%의 활용성이 작용하게 된다. |
| ① 10° : 100%<br>② 20° : 80%<br>③ 25° : 70%<br>④ 30° : 0%<br>⑥ 45° : 20%<br>⑦ 60° : 10% | **임야의 경사도만 보고도 사용 가능을 판단해본다.**<br>임야의 경사도의 실전적 효율성을 논하는 것은 부동산의 투자시 투자하려는 목적과 계획상에서 차질이 생기지 않게 하기 위해서 경사도만 파악해보아도 쉽게 판단하는 컨설팅 법이다.<br>임야의 경사도와 효율성을 눈으로 짐작하여 아래와 같은 각도가 형성되는 곳에서 부동산의 미래적 한계성을 파악하는 것이다. 임야는 경사도에 따라서 개발목적을 달성할 수 있는가를 판단하게 된다. 임야의 효율성이 50% 이하는 한계성에 봉착할 수 있으므로 주의해야 한다. 즉 산의 각도가 30도 이상으로 진행하면 개발시키기 어렵다는 말이 된다. |
| ① 남향 100%<br>② 동남향 80%<br>③ 남서향 60%<br>④ 북동향 40%<br>⑤ 서향 30%<br>⑥ 북향 20%<br>⑦ 북서향 10% | **방위만 보고도 사용 용도에 맞는지 판단해본다.**<br>부동산의 방위로 실전적인 효율성을 판단하는 관계는 매우 중요하다. 임야에서는 더욱 그러합니다 주택의 방위도 같다. 이것은 다르게 효율성을 파악해보면 묘지를 쓰려고 임야를 매수하는 경우의 묘지에 대한 임야의 효율적인 사업성은 위 효율성과 같다고 할 수 있다.<br>그러므로 남향에 해당하는 임야를 매수했다면 그것은 100%의 효율성을 안고 있다고 보아도 무방하다. 다른 개념으로 사용하면 동남향의 임야는 남향의 임야에 20% 떨어지는 효율성을 가지므로 부동산의 가격도 남향 임야에 20% 아래의 가격으로 산정할 수도 있다. |
| 도로보다 20~30㎝ 높다면 : 100%<br>도로와 수평인 경우 : 80%<br>도로보다 20~30㎝ 낮다면 : 70%<br>도로보다 1m 낮은 경우 : 50%<br>도로보다 2m 낮은 경우 : 30%<br>도로보다 2m 이상 낮다면 : 5% | **도로와의 구배만 보아도 부동산의 가치를 판단해본다.**<br>도로에서부터 높낮이가 크면 클수록 부동산의 효율성은 떨어진다 그러므로 낭떠러지 식의 부동산은 그만큼 경제적인 가치도 떨어지게 마련이다.<br>도로에서 1m 이상 낮은 지역의 부동산은 50%의 효율성을 말하므로 나머지 50%는 비효율성에 해당하므로 그러한 부분도 고려해야 한다. 이것은 부동산을 개발하려 할 때에는 비효율성에 해당하는 부분은 매립해야 하므로 매립에 대한 경비를 먼저 계산해야 한다. |

## 산지구분도

한 필지의 임야에 보전산지와 준보전산지가 함께 있을 수 있다. 또 공익용 산지와 임업용 산지가 함께 있기도 하다. 이것을 구분하여 볼 수 있는 것이 바로 '산지구분도'다.

산지구분도에 관한 문제는 다음 기사의 사례를 통해 볼 수 있다.

### 사례

서울 A 부동산 개발업체 김 모 사장은 전원주택 건립을 위해 강원도 횡성군의 관리지역 땅 1만 평을 계약했다. 김 사장은 당시 토지이용계획확인원을 발급해볼 때는 개발 가능한 관리지역인 것을 확인하고 중도금까지 치렀다.

그러나 김 사장이 잔금을 내기 위해 최근 다시 토지이용계획확인원을 떼보니 일부가 농림지역으로 나오는 황당한 상황을 맞았다. 김 사장이 매입하려던 땅이 불과 한 달도 안 돼 관리지역에서 일부가 농림지역으로 '둔갑'한 것이다.

김 사장은 "땅 주인에게 항의했지만 계약금을 포기하고 계약을 해지하든지, 아니면 군청에 이의를 제기하라는 말만 들었다."고 했다.

개발이 어느 정도 가능한 관리지역과 달리 농림지역은 농지법 또는 산림법에 의해 개발이 제한되기 때문에 땅값이 5~10배 차이가 난다.

이 같은 일이 발생한 것은 횡성군이 행정자치부 감사에서 보전산지가 개발되는 등 산지 이용에 문제가 있다는 지적을 받고 산림청의 '산지이용구분도'에 따라 새로운 임야도를 만들었기 때문이다.

산지이용구분도는 산림청에서 보전산지(용도지역으로는 통상 농림지역이 됨)와 준보전산지(관리지역)를 구분한 것으로 1/25,000 축적인 산지이용 구분도 를 그대로 사용할 수 없어 임야도(1/6,000 축척)로 옮겨 사용한다. 산지이용 구분도는 10년마다 한 번씩 산림청이 만들어 지자체에 공급한다.

횡성군은 종전 산지이용 구분도를 수작업(산지이용구분도를 확대경으로 보면서 손으로 임야도에 선을 그어 작성하는 것)을 통해 임야도로 만들어 사용했기 때문에 이들 두 지도 간에 오차가 있었다.

이에 횡성군은 컴퓨터(CAD 작업)로 제작된 새로운 임야도를 만들어 사용하면서 용도지역도 새 임야도에 따라 분류한 것이다.

1/25,000 지도 축적인 산지이용 구분도에서 1mm 오차가 생기면 실제로는 25m 차이, 1/6,000 축적인 임야도에서는 1mm 오차가 나면 실제는 6m 차이가 나게 된다.

물론 농림지역 땅이 관리지역으로 가치가 높게 바뀐 경우는 아무런 이의를 제기하지 않지만 용도지역이 불리하게 변경된 경우는 민원이 발생하고 있는 것이다.

횡성군청 관계자는 "하루에 10여 건 민원이 제기되고 있다."면서 "특히 매매 과정에서 용도지역이 바뀐 것을 모르고 구입할 때엔 이의 제기가 강하다."고 말했다.


**이의신청이 받아들여질 가능성이 있는 요건**

① 경사도 25도 미만인 산지

② 준보전산지와 접하여 있는 보전산지

③ 입목의 보전가치가 낮은 산지

④ 접한 산림 또는 토지가 개발이 되어 주택 등의 건축물이 들어서 있

는 지역과 접한 산지

⑤ 인근 지역이 개발되어 도시화 되어가는 이행 지역의 산지

⑥ 기타

본래 산지의 조사가 잘못되어 준보전산지로서의 지정이 타당한데도 보전산지로 되어 있는 산지의 이의신청은 언제나 가능하다. 이의신청을 관할 군청에 제출하면 행정처에서는 담당자를 보내 파악하도록 되어 있으며, 담당자의 의견을 첨부하여 산림청으로 이송하게 되며, 산림의 용도를 변경하여 준다.

연중 몇 번이라는 횟수를 정하여 놓은 것은 아니라 일 년에 한 번을 할 수도 있고 이의신청 건수가 너무 많으면 몇 번에 걸쳐 조사하여 처리하기도 한다.

# PART 2

# 임야개발의 방법과
# 조건 분석

# 임야개발에서 점검해야 할 것들

## 임야를 매입할 때 주의할 점

"개발을 목적으로 임야를 매입할 때는 주의해야 할 점들이 많다. 정리를 해보면 다음과 같은 요소들이다.

1. 산지전용으로 인해 임도가 단절되지 않아야 한다.
2. 조림이 잘된 우량한 산림이 많이 포함되지 말아야 한다.
3. 자연생태기능 유지에 현저한 장애가 발생되지 않아야 한다.
4. 재해발생이 우려되지 않아야 한다.
5. 산림과 수질보전 기능을 해할 우려가 없어야 한다.
6. 성토나 절토 경사면의 수평투영 면적이 1/2을 초과하지 않아야 한다.
7. 산지의 정상에서 하단까지 50% 미만에만 허가가 가능하다. (높이

100미터 이내 제외)

8. 건축물의 높이 제한이 있다.

9. 전용하고자 하는 산지의 평균경사도가 25도 이하이고 입목 축적이 150% 이하여야 한다.

10. 50년생 이상인 활엽수림의 비율이 50% 이하여야 한다.

11. 단독주택의 경우에는 자기 소유의 산지여야 한다.

12. 묘지 중심에서 5미터는 계획부지에서 제외해야 한다.

13. 준공검사 또는 사용 개시가 되지 않은 계획상의 도로를 이용하여 전용이 불가하다. (편승 불가)


흔히 부동산 전문가라고 말하는 이들이 계획관리지역의 임야를 추천하는 예를 많이 볼 수 있다.

필자는 이처럼 용도를 기준으로 하는 투자 방법에는 동의하지 않는다. 이것은 순전히 추천을 위한 추천에 불과하기 때문이다.


필자는 보전산지든 준보전산지든 내가 활용할 수 있는 최상의 노하우를 갖고만 있다면 오히려 규제가 강해서 값이 싼 토지가 더 좋다고 생각하는 쪽이다.

같은 임야라도 계획관리지역 임야는 산지관리법 규정뿐만 아니라 조례에 의한 개발행위허가에 의해 경사도와 입목본수도를 따진다.

보전관리나 생산관리지역의 임야는 산지관리법의 규정을 적용한다. 산지전용 허가에는 경사도를 25도 정도로 두고 있지만, 개발행위허가는 지자체마다 차이는 있지만 대개 10도 내지 20도 이내이다.

경사도를 산정할 때는 토지를 적정 구간으로 나누어서 각 구간의 최고, 최저점 간의 경사를 산출한다. 구간 내 경사도 중에서 최대값을 대표 경사값으로 산출하므로 산지관리법상에서 적용하고 있는 산출 방법과는 현저한 차이가 있다.

다시 말하면, 계획관리지역의 임야는 조례와 산지관리법 둘 다 적용을 받는다는 것이다. 아이러니한 현실이다. 거기에다가 조례상의 입목본수도는 지자체마다 차이가 있으며, 50% 이상은 불가한 것으로 정해둔 지자체도 있다.

입목본수도라 함은 쉽게 말해서 자라고 있는 입목의 수나 양(체적)을 해당 임야의 적절한 나무 수나 재적(입목본수 기준표)에 대한 비율로 나타낸 것이다. 영림기술자나 산림조합에서 주로 조사를 하는 편이다.

산지관리법에서는 입목 축적의 150%를 기준으로 적용한다. 물론 입목본수도와 축적의 차이는 있지만은 그래도 한층 강화된 내용이다.

산지전용의 세부허가기준에 대하여 한번 정리해 보자.

물론 해당 규정에 다 나오는 내용이지만 쉽게 풀어본다는 데에 의의를 두고자 한다. 더더욱 중요한 것은 임야 자체의 물리적 현황을 잘 살펴야 한다. 토목공사 중 암반으로 인해 엄청난 고생을 했던 기억이 있기 때문이다.

돈 아깝다고 생각 말고 금액이 큰 공사를 염두에 두고 있다면, 사전에 지반조사를 반드시 해 두라고 권하고 싶다.

# 산림 형질변경과 산지전용

"관리지역 임야인데 형질변경허가를 받았다면 일반 나대지로 볼 수 있습니까?"

예전에 이런 문의 전화를 종종 받았던 적이 있다. 더불어 "형질변경허가? 산지전용 허가는 아니고?"란 생각이 들었다.

무슨 말인가 하면 사실 일반적으로 임야(산지)에 있어서 산지전용 허가는 어찌 보면 더 생소한 표현이고 그냥 형질변경허가란 단어를 더 많이 사용하고 있다. 그러나 임야(산지)에 있어서 형질변경허가와 전용허가는 엄밀하게 말해 다른 개념이다. 2003년 10월 산지관리법이 시행되면서 더욱 더 그렇다고 할 수 있다.

임야(산지)의 예전 평가에 있어서도 임야(산지)의 경우 최소한 토지형질변경허가만 받으면 나대지에 준한 가치를 적용받도록 입력되어 있어 약간의 오해의 소지가 있을 수 있다.

과연 형질변경허가를 받으면 모두 개발이 가능한 나대지 상태로 볼 수 있는 것일까?

이 참에 "형질변경"과 "전용"에 대한 개념 정리를 한번 해보고 이와 관련하여 산지전용법 시행에 따른 임야(산지)의 담보물 평가에서 일부 유의할 점에 대해 알아보도록 하자.

## 형질변경과 전용의 개념

토지의 형질변경이라 함은 말 그대로 토지의 형태나 그 구성 요소의 성질을 물리적으로 변경하는 것으로서 국토의 계획 및 이용에 관한 법률(이하 국토법)에서는 제51조 제3항에서 "절토·성토·정지·포장 등의 방법으로 토지의 형상을 변경하는 행위와 공유수면의 매립(경작을 위한 토지의 형질변경을 제외한다.)"이라 정의하고 있다.(토석 채취와 물건 적치 행위와는 또다시 구별된다.)

이에 반해 '전용'은 본래의 용도와 다른 용도로 사용하거나(즉 용도외 사용으로 인한 지목의 변화) 또는 그에 수반하여 당해 토지의 형질변경을 하는 것을 말하며 산지관리법 제2조 제2호는 "산지전용이라 함은 산지를 조림·육림 및 토석의 굴취·채취 그 밖에 대통령령이 정하는 임산물 생산의 용도 외로 사용하거나 이를 위하여 산지의 형질을 변경하는 것을 말한다."고 규정하고 있다. 요컨대 전용은 ① '원래 용도 외 사용'을 의미하거나 ② '원래 용도 외 사용'과 '형질변경'을 의미하는 것이라 이해하면 된다.

이렇듯 형질변경과 전용은 서로 다른 개념이며 농지도 그렇지만 임야(산지)의 경우에도 형질변경을 하였다고 해서 반드시 그 임야(산지)가 개발 가능한 나대지 상태로 볼 수 있는 것은 아니라는 것이다.

| 처리기간 | | |
|---|---|---|

| □ 토지형질변경<br>□ 토석 채취 | 허가신청서 | |
|---|---|---|

| 신청인 | 성명 | | 주민등록번호 | |
|---|---|---|---|---|
| | 주소 | | | |

<table>
<tr><td rowspan="6">신청내용</td><td>위치</td><td colspan="5">(별첨도면표시)</td></tr>
<tr><td>도시형질변경</td><td>구분</td><td></td><td>면적</td><td></td><td>m²</td></tr>
<tr><td>위치</td><td colspan="5">(별첨도면표시)</td></tr>
<tr><td>토석의 채취</td><td>구분</td><td>면적</td><td>m²</td><td>수량</td><td>m²</td></tr>
<tr><td>허가를 받고</td><td colspan="5"></td></tr>
<tr><td>사업기간</td><td>착공</td><td></td><td>준공</td><td colspan="2">( 월간)</td></tr>
</table>

| 신청지현황 | 토지의 현황 | | 임목현황 | | 기타특기사항 |
|---|---|---|---|---|---|
| | 경사도 | 도 | 입목본수도 | % | |
| | 토질 | 토 | 주요수종 | | |
| | 유효토심 | m | 혼효율 | % | |
| | 비옥토 | 상·중·하 | 임목지 | m² | |
| | 토석매장량 | m² | 무임목지 | m² | |

| 이해관계인 | |
|---|---|

도시계획법 제21조 및 동 시행령 제20조 제1항 제2호의 규정에 의하여 위와 같이 신청합니다.

년 월 일

신청인 (인)

귀하

| <첨부서류><br>1. 위치도<br>2. 사업계획도서<br>3. 조경계획도서<br>4. 기타 신청사항을 증명하는 서류 | 수수료 |
|---|---|
| | 없음 |

바로 개발 가능한 용도로 파악하기 위해서는 "전용"을 해야 하는 것이다.(농지도 마찬가지 개념이 성립한다. 소위 답을 갈아 업으면 형질변경이 된 것이지만 전으로 용도변경, 즉 전용이 된 것은 아니다.)

## 산지전용법의 제정 취지와 임야(산지)의 평가에서 유의할 사항

과거에는 통상 임야(산지)는 면적에 대비 매입 단가가 싸고 개발 부대 비용(대체조림비 등) 또한 농지에 비해 쌌기 때문에 전 국토에 걸쳐 원가 대비 높은 개발 이익을 추구하는 투자자들에 의해 무분별한 개발 등이 이루어졌었던 게 사실이었다.

이에 정부는 임야(산지)의 종합적이고 체계적인 관리를 통하여 난개발을 방지하고자 '2002년 12월 30일 기존의 산림법에서 산지관리제도를 분리하여 보다 체계적인 산지관리법을 신설하게 되었다.

그러므로 기본적으로 임야(산지)에 적용되는 법률은 산림법과 산지관리법이라는 점, 그 중 임야(산지)가 속한 산림의 자원증식 및 임업에 대한 기본적인 사항은 산림법이 규정하고 임야(산지)의 개발, 행위제한 등 규제에 관한 것은 전적으로 산지관리법으로 규정하고 있다는 점을 명확히 구분할 수 있어야 하겠다. 즉 산지관리법이 제정되기 전에는 임야(산지)의 전용과 형질변경에 대한 용어의 구분 없이 형질변경행위 등에 대해서 산림법에서 일체 규정하였으나 산지관리법의 제정 및 시행 이후에는 산지관리법에서 별도로 개발행위 등과 관련한 산지전용에 대해 상세히 규율하고 있는 것이다

### ▶▶▶ 2002년 제정된 산지관리법 주요 골자

#### 1. 용어 변경 등

기존의 보전임지는 보전산지로 준보전임지는 준보전산지로 변경되었으며, 대체조림비는 대체산림자원 조성비로 또한 기존의 산림형질변경허가 등의 용어도 산지전용 허가로 사실상 바뀐 셈이 되었다.

#### 2. 산지전용제한지역 신설

주요 산줄기의 능선부로서 자연경관 및 산림생태계의 보전을 위하여 필요한 산지 등으로서 공공의 이익증진을 위하여 보전이 특히 필요한 산지는 산지전용을 제한하는 산지전용제한지역으로 지정하여 종전보다 더 개발에 많은 제한을 받도록 했다.

#### 3. 산지전용인허가 체계 일원화

종전에는 산지를 타 용도로 이용하고자 할 경우 보전임지는 보전임지전용허가 또는 협의, 준보전임지는 산림형질변경허가 또는 신고 등 전용절차가 복잡했으나 이 산지관리법 시행으로 산지전용 허가 또는 신고로 일원화해 시행되도록 했다.

#### 4. 산지관리위원회 구성

산지전용 허가기준을 구체적으로 정하는 등 산지전용 허가의 투명성을 높이고 보전산지가 포함되는 일정 규모 이상의 산지전용 허가 시에는 미리 산지관리위원회의 심의를 거쳐, 대규모의 산지전용이 신중하게 이뤄질 수 있도록 했다.

#### 5. 산지전용 허가 후의 복구준공검사개선

종전에는 산림형질변경 등이 완료된 때에 복구준공검사를 받도록 하였으나, 산지전용의 목적사업이 완료된 때에 복구준공검사를 받도록 함으로써 산지를 목적대로 이용하도록 규정하고 있다.

이에 따라, 산림법은 [제5장 산림의 보호 제1절 산림의 형질변경 등]이라는 제목 하에 제90조 내지 제96조에서 단순히 입목벌채와 임산물의 굴취·채취에 관해서만 규정하고 있을 뿐 개발행위 등과는 거의 무관한 규정이 되어버렸다. 즉 산림의 형질변경허가행위는 더 이상 개발행위와의 100% 연관성을 보장하지 못한다는 것이다

### 산림법에서 산지관리법으로 이관된 주요 내용

참고로 국토법 제5장과 동 시행령 제5장은 개발행위의 허가에 대한 규정이다. 그 중 토지의 형질변경도 일정 규모 이상의 건축물의 건축 또는 공작물의 설치와 더불어 당연히 개발행위의 허가의 대상으로 하고 있고, 다만 관리지역 및 농림지역, 자연환경보전지역의 산림지역에서의 개발행위 허가는 산지관리법의 규정을 따르도록 되어 있다. (국토법 제56조 제3항) 이를 보면 산지관리법은 도시지역 내 임야(산지)에는 적용이 되는 것이 아님을 알 수 있다

| 산림법 | | 산지관리법 | |
|---|---|---|---|
| 내용 | 근거 | 내용 | 근거 |
| 산림의 이용 구분 | 법 제16조 | 산지의 구분 | 법 제4조 |
| 보전임지의 지정·해제 | 법 제16조 및 제16의 2, 법 17조 | 보전산지의 지정·해제 | 법 제4조 |
| 보전임지의 전용 | 법 제18조 | 산지전용 허가 등 | 법 제14조 내지 제21조 |
| 산림의 형질변경 | 법 제90조 | | |
| 대체조림비 | 법 제20조의 2 | 대체산림자원 조성비 | 법 제19조 |

# 산지전용(형질변경)의 근거와 실무 절차

## 산지전용 허가

### ▶ 미리 알아두어야 할 사항

대통령이 정하는 면적 이상의 산지(보전산지가 대통령이 정하는 비율이나 면적 이상으로 포함)를 전용하고자 하는 때에는 중앙산지관리위원회의 심의를 거쳐야 한다.

- 50만 ㎡ 이상의 산지
- 산지의 면적이 1백 만 ㎡ 이상인 때에는 당해 산지 중 보전산지가 30/100 포함되는 경우
- 산지의 면적이 50만 ㎡ 이상, 1백 만 ㎡ 미만인 때에는 당해 산지 중 보전산지가 50만 ㎡ 이상 포함되는 경우

### ▶근거 법령

산지관리법 제14조 및 동법 시행령 제20조

### ▶구비서류

- 신청서 1부
- 사업계획서(산지전용의 목적, 사업기간, 산지전용을 하고자 하는 산지의 이용계획, 토사 처리계획 및 피해방지계획 등) 1부
- 전용을 하고자 하는 산지의 지번, 지목, 면적, 소유자 등이 표시된 산지 내역서 1부
- 산지의 소유권을 증명하는 서류 또는 산지전용승낙서

- 산지전용 예정지가 표시된 임야도 사본 및 1/25,000의 지형도
- 지적법의 규정에 따라 지적측량을 주된 업무로 하여 설립된 비영리법인 또는 측량법의 규정에 의한 측량업자가 측량한 1/6,000, 1/1,200의 산지전용 예정지 실측도 1부
- 영림기술자가 조사, 작성한 입목축적조사서 1부
- 복구대상 산지의 종단도 및 횡단도와 복구 방법이 포함된 복구계획서 1부

### ▶접수/처리

- 산림청 : 산지전용 면적 100ha 이상, 보전산지 10ha 이상의 경우
- 임업연구원·국립수목원 : 산지전용 면적 100ha 미만, 보전산지 10ha 미만의 임업연구원 및 국립수목원 소관 국유림의 경우
- 지방산림관리청 : 산지전용 면적 20~100ha 미만, 보전산지 1~10ha 미만의 산림청소관 국유림의 경우
- 국유림관리소 : 산지전용 면적 20ha 미만, 보전산지 1ha 미만의 산림청 소관 국유림의 경우
- 특별시·광역시·도 : 산지전용 면적 20~100ha 미만, 보전산지 1~10ha 미만의 공·사유림 및 산림청 소관 이외의 국유림의 경우
- 시·군·구 : 산지전용 면적 20ha 미만, 보전산지 1ha 미만의 공·사유림 및 산림청 소관 이외의 국유림의 경우

임야의 경우는 농림지역, 즉 보전산지(공익용·임업용)에 대해서만 '산지전용 허가'라고 하며 관리지역 내의 임야, 즉 준보전산지에 대해서는 '산림형질변경허가'라고 한다.

물론 보전산지의 전용도 넓은 의미에서는 형질변경이라는 점에서 같다. 하지만 행정절차에 있어 보전산지전용과 준보전산지 형질변경허가는 다르다.

이는 다음과 같다. 즉 준보전산지만이 형질변경이 가능하다. 우선 농업이나 임업에 종사하지 않는 도시민의 보전산지전용신청은 불가능하다. 이는 농지의 경우와 동일하다. 즉 농림지역에 속한 땅은 그것이 농업진흥지역 내에 있는 땅이든 또는 농림지역 내의 보전산지에 속하는 땅이든 논·밭·임야 여부에 관계 없이 외지인의 전용허가가 원천적으로 불가능함을 뜻한다.

따라서 도시민이 전원주택을 지을 수 있는 임야는 관리지역 내에 있는 준보전산지밖에 없다. 준보전산지는 농지전용허가시와 마찬가지로 소유권이전등기가 되어 있지 않은 상태에서도 현지로 거주지를 옮기지 않고 산림형질변경허가를 받아 전원주택을 지을 수 있다.

이때 소유권이전 절차는 농지전용허가의 경우와 같다. 즉 토지매매계약을 체결한 다음 땅값의 상당 부분을 미리 지불하고 지주로부터 토지사용승낙서를 받아 산림형질변경허가를 받아내면 이후 토지거래허가를 거쳐 소유권 이전등기가 가능해진다.

상기의 방법으로 전원주택을 지을 경우, 비용 대비 효율성을 도모할 수 있는 이점도 있다. 다시 말해 상대적으로 가격이 싼 임야를 전용하여 대지로 지목을 바꾸는 것이 농지 등을 전용하는 것보다 비용이 적게 든다는 것이다. 따라서 가능한 경우 산림형질변경을 통한 지목의 용도변경을 적극 고려할 필요가 있다.

산림형질변경 허가시의 사업기간은 1년 이내로 제한되며, 허가를 받은 날로부터 3개월 안에 사업에 착수하지 않거나 사업에 착수한 후 6개월 이상 공사를 중단할 경우 허가가 취소된다. 사업기간은 농지전용보다 훨씬 촉박하다. 따라서 늦어도 1년 안에는 대지조성 공사를 끝내고 지목을 대지로 변경 완료하여야 한다.

임야는 농지의 형질변경허가와는 달리 형질변경허가를 받은 후 권리승계가 가능하며, 산림형질변경 도중에라도 소정의 절차를 거쳐 제3자에게 허가 지위를 승계할 수 있다. 또 농지의 경우에는 전용허가를 받은 후 8년 이내에는 다른 용도로의 변경이 금지되지만, 임야의 경우에는 제한기간이 5년이다.

따라서 일단은 전원주택을 지을 목적으로 산림형질변경허가를 받았더라도 이후에 마음이 바뀔 경우 펜션, 카페 등으로 비교적 자유롭게 용도 변경을 할 수 있다.


## 산지전용 허가의 조건

### 산지전용 허가 기준

산지전용 허가를 받으려면 산지전용 허가가 기준에 적합하여야 하며 중요한 몇 가지 기준을 예시하면 아래와 같다.

### 평균경사도

전용하고자 하는 산지의 평균경사도가 25도 이하일 것. 단, 원형으로 보전하는 산지는 평균 경사도의 산정 대상에서 제외할 수 있다. (스키장업의 시설 35도)

### 입목축적

전용하고자 하는 산지의 1ha 당 입목축적이 임업통계연보상의 관할 시·군·자치구의 1ha 당 입목축적의 150% 이하일 것. 단, 솎아베기 또는 인위적인 벌채를 실시한 후 5년이 지나지 않은 때에는 그 솎아베기 또는 벌채 전의 입목축적으로 환산하여 적용한다.

### 활엽수림 비율

전용하고자 하는 산지 안에 생육하고 있는 50년생 이상인 활엽수림의 비율이 50% 이하일 것.

### 그 외의 기준

- 산지전용으로 인한 절개면은 토질에 따라 적정한 경사도와 높이를 유지하여 붕괴의 위험이 없어야 하며, 산지전용으로 인하여 주변의 산림과 단절되는 등 산림생태계가 고립되지 않아야 한다. 단, 생태 통로 등을 설치하는 경우에는 그렇게 하지 않는다.
- 장사 및 묘지에 관한 법률에 의한 화장장·납골시설·장례식장·법인 묘지, 폐기물처리시설 등을 도로 또는 철도로부터 보이는 지역에 설치하는 경우에는 차폐림을 조성해야 한다.

### 입목본수도

입목본수도는 현재 자라고 있는 입목의 본수나 재적을 그 임지의 적 절한 본수나 재적에 대한 비율로 나타낸 것이다. 입목본수도란 나무의

일생 정도를 이르는 말로서 나무가 산에 얼마나 빽빽하게 들어차 있는
지를 따지는 것이며, 이 수치가 50%를 넘으면 산지전용 허가가 잘 나지
않고 수치가 그 이상일 때는 수림 상태가 좋은 것으로 판단해 개발보다
보호를 우선시 하게 된다.

### 입목축적의 등급 구분

입목본수도는 현재 자라고 있는 입목의 본수나 재적을 그 임지의 적
절한 본수나 재적에 대한 비율로 나타낸 것이다. 입목본수도란 나무의
일생 정도를 이르는 말로서 나무가 산에 얼마나 빽빽하게 들어차 있는
지를 따지는 것이며, 이 수치가 50%를 넘으면 산지전용 허가가 잘 나지
않고 수치가 그 이상일 때는 수림 상태가 좋은 것으로 판단해 개발보다
보호를 우선시하게 된다.

## 입목축적의 등급 구분

| 1영급 | 입목지로서 수령 1~10년생 입목의 수관 점유 비율이 50% 이상인 임분 |
|---|---|
| 2영급 | 입목지로서 수령 11~20년생 입목의 수관 점유 비율이 50% 이상인 임분 |
| 3영급 | 입목지로서 수령 21~30년생 입목의 수관 점유 비율이 50% 이상인 임분 |
| 4영급 | 입목지로서 수령 31~40년생 입목의 수관 점유 비율이 50% 이상인 임분 |
| 5영급 | 입목지로서 수령 31~40년생 입목의 수관 점유 비율이 50% 이상인 임분 |
| 6영급 | 입목지로서 수령 51 년생 이상 입목의 수관 점유 비율이 50% 이상인 임분 |

※ 개발시 중요하므로 위의 내용을 잘 파악하여 산지를 구입해야 한다.

입목이라는 말은 서 있는 상태의 나무를 말하고, 축척도라는 말은 지도를 표시할 때 축소된 정도를 표시하는 말이다. 임업에서는 나무의 체적이 자꾸 성장하므로 축적이라는 말이 쓰인다.

입목축적이라면 일정 면적에 있는 나무의 체적을 말한다. 그래서 입목축적을 보면 그 숲이 어느 정도 울창한지를 알 수 있다. 대부분 1ha(10,000㎡) 내에 얼마나 많은 체적의 나무가 들어 있는가를 1ha 당 입목축적이라고 말하는데, 입목축적이란 그곳에 서 있는 나무의 체적을 다 합한 양을 뜻한다.

입목축적이 150이라고 했다면 단위가 생략된 것인데 대부분 150㎡/ha를 의미한다. 그래서 1ha의 면적에 150㎡의 나무가 있다는 의미다.

## 입목축적의 조사 방법과 내용

### 예시 1. 인천시 : 입목본수도 50% 미만

임야 1,000㎡에 직경 10㎝(표준 입목 : 140그루) 나무가 69그루 이하인 경우 허가 가능 (2012. 4. 14일까지는 생산 보전관리지역, 농림지역은 150%)

- 직경 6㎝인 경우 표준 입목 204그루 (101그루인 경우 허가 가능)
- 직경 20㎝인 경우 표준 입목 63그루 (32그루인 경우 허가 가능)

### 예시 2. 김포·파주시

개발행위허가 대상 토지 및 해당 토지의 경계로부터 50m 이내에 위치하는 주변 토지의 총 입목본수도가 50% 미만인 경우. 개발부지와 농지나 기존 개발지와 연접된 곳을 개발하는 경우에는 가능하나 산 속에 있는 임야를 개발할 때는 인천과 같다.

### 입목본수도 조사 방법

| 시·도 | 입목본수도 | |
|---|---|---|
| 인천·광주 | 70% 이상 | 경기 : 평택 50% (경계 10m)·의정부·구리·하남(50%) |
| 부산·울산 | 70% 이상 | 강원 : 춘천 65%. 홍천 (녹지지역 50%) |
| 서울(대전) | 51%(50) 미만 녹지지역 41%(40) 미만 | 충북 : 청양·부여 (50%) 충남 : 괴산·보은·옥천·증평 (50%) 경북 : 경주·군위·봉화·상주·영덕·영양·울릉·울진·청도·청양 |
| 김포·파주 | 50% 미만(주변 50m) | (50%) 포항·칠곡 (60%) 전북 : 전주·진안·무주 (50%) |
| 고양시 | 시 평균(87.16%) 이하 | |

## 입목본수도 조사 방법

대통령령 별표 2, 영 별표 3의 2, 영 별표 4 및 이 규정의 별표에 따른 입목축적의 조사는 다음 각 호에 따른다.

1. 조사 방법은 표준지 조사 또는 전수조사 방법으로 한다.

2. 조사 대상은 가슴높이 지름이 6cm 이상인 입목으로 한다. 이 경우 가슴높이 지름의 측정은 2cm 범위를 하나의 직경 단위로 묶어 짝수로 표시하는 2cm 괄약조사 방법을 적용한다.

3. 수고는 수종별 가슴높이 지름별로 측정하여 평균 수고를 산출한다.

4. 입목축적은 다음 각 목의 방법으로 산출하되, 산불 발생·솎아베기 또는 인위적인 벌채를 실시한 후 5년이 지나지 아니한 때에는 그 산불 발생·솎아베기 또는 벌채 전의 입목축적으로 환산하여 조사·작성한 시점까지의 생장률을 반영한다.

가. 전수 조사의 경우 : 입목간 재적표상의 단목 재적에 조사 본수를 곱하여 산출.

나. 표준지 조사의 경우: 다음 방법에 따라 산출.

입목축적 = 표준지 재적 합계 × (산지에서의 지역 등의 협의 신청 면적 또는

산지전용 허가·산지 일시사용허가 신청 면적) / 표준지 총 면적

② 표준지는 그 임상이 "산지에서의 지역 등의 협의 및 산지전용 허가·산지 일시사용허가"를 신청하려는 산림 전체를 대표할 만한 개소에서 선정한다.

③ 제1항 제1호에 따른 표준지는 다음 각 호의 기준에 모두 적합하여야 하며, 전체 표준지를 합산한 면적은 "산지에서의 지역 등의 협의 및 산지전용 허가·산지일시사용허가"를 신청하려는 면적의 5퍼센트 이상이어야 한다.

1. 1개 표준지의 면적 : 수평투영면적 400㎡ 이상

2. 표준지의 개소 수

가. 5만 ㎡ 미만 : 5개소 이상

나. 5만 ㎡ 이상 10만 ㎡ 미만 : 10개소 이상

다. 10만 ㎡ 이상 20만 ㎡ 미만 : 15개소 이상

라. 20만 ㎡ 이상 : 20개소 이상

## 입목과 산지전용의 관계

입목이란 토지에 부착된 수목의 집단으로서 그 소유자가 입목에 관한 법률에 의하여 소유권보존등기를 받은 것(입목에 관한 법률 제2조)을 말한다.

입목은 부동산으로 보며, 토지와 분리하여 양도하거나 저당권의 목

적으로 할 수 있다. 또 토지소유권 또는 지상권의 처분의 효력은 입목에 미치지 아니한다. (동법 제3조).

입목이 수목의 집단으로서 소유권보존등기를 받을 수 있는 것은 입목에 관한 법률에 의한 입목등록원부에 등록된 것에 한한다. (동법 제8조)즉 입목이란 지상에 있는 수목 중에서 별도의 입목등기를 하였거나 팻말·울타리 등 관습상 명인방법으로 공시한 것만을 말하는 법률적 용어이다. 그렇지 않은 것은 법률상 입목이 아니며, 따라서 입목에 관한 법률의 적용을 받지 아니한다.

임야를 매매할 때 별도 입목등기나 명인방법이 없다면 그 산에 있는 수목은 산의 부속물로서 원칙적으로 매수인에게 귀속된다고 보아야 한다.

따라서 과수원 수목 등 유실수에 관해 별도로 소유를 주장해 대금을 받으려면 임야매매계약서에 특약으로 지상 수목에 관한 소유권 유보 여부 및 별도 대금 지급 여부를 명문으로 기재해야 한다. 만일 계약서에 이런 특약 조항이 없다면 그 수목은 당연히 매수인에게 귀속된다고 보아야 하는 것이다.

이 점은 임야의 매매 또는 중개시 유의하여야 할 사항이다.

## 개발행위의 허가 조건과 경사도

어느 땅을 개발하려면 우선 행정관청의 인·허가를 받아야 하며, 그 인·허가는 땅의 지목과 개발 종류에 따라 근거되는 법의 규정에 따라야 한다. 개발행위허가 심사기준으로는 우선 개발 목적과 개발 면적, 개발 범위 등의 적정성, 용도지역과 건폐율, 용적률, 건축법상 진입도로의 확보 등이 있으며, 각종 관련 개별법상 특별규제에 적합하여야 한다.

또한 이러한 개발행위의 허가기준의 하나로 반드시 점검하여야 할 것으로 땅의 경사도를 들 수 있다.

경사도란 어떤 지형을 이루는 지면의 경사를 각도 또는 퍼센트로 나타낸 것을 말한다. 경사도는 특히 임야에 있어서 산지전용 허가나 신고 등의 심사기준의 하나로서 매우 중요하다. 어느 임야를 개발하고자 할 때 지자체 조례에서 정한 경사도보다 가파른 산지는 개발행위허가가 나지 않으므로 각별한 주의를 기울여야 한다.

농지에 있어서는 반대로 경사도가 심한 것은 개발행위허가의 특례를 받는다.

농지에서는 경사도가 제법 있는 것(15% 이상)은 농업생산성이 크게 떨어진다고 보아 따로 한계농지(혹은 영농 여건이 불리한 농지)로 분류하여 농업경영 외의 용도로 그 활용도를 넓게 한다.

### 임야의 평균경사도 산정 필요성

산지관리법 제14조 제1항의 규정에 의하면 산지전용을 하고자 하는 경우에는 그 용도를 정하여 허가를 받아야 하며, 구비서류에는 산지전용 허가를 받고자 하는 산지의 평균경사도 조사서도 포함되어 있다.

평균경사도 조사서의 작성자 범위는 산림자원의 조성 및 관리에 관한 법률 시행령 제30조 제1항 규정에 의한 "산림공학기술자" 또는 국가기술자격법 제2조 및 동법 시행규칙 별표 5의 규정에 의한 산림공학기사(개정된 국가기술자격법령상 산림기사)·토목기사·측량 및 지형공간정보기사 이상의 자격증 소지자가 조사·작성한 것으로 한정하고 있다. 통상 토목설계사무소나 산림법인에서 수행하고 있다.

### 평균경사도 산정 방법

평균경사도의 산정 방법에는 실측에 의한 방법과 수치지형도를 이용하는 두 가지 방법이 있다.

평균경사도 측정은 원칙적으로 수치지형도를 이용하여 산출한다. 다만, 수치지형도가 현실과 맞지 않거나 수치지형도가 없는 지역은 실측으로 산출할 수 있다. [산림청 고시]

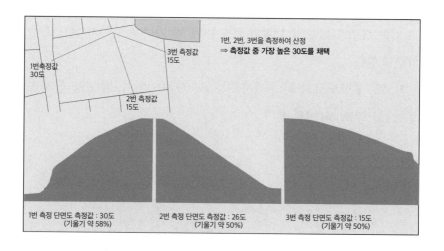

실측에 의한 경우 평균 경사 분석도는 현황측량 도면을 바탕으로 한다.

평균경사도를 측정하려면 허가를 받고자 하는 지역의 일정 경사 지역2~3개소의 경사를 측정하여 평균값을 산정한다.

조사 요령은 허가를 받고자 하는 지역을 10×10m 격자로 구분하고, 각각의 10×10m 안의 경사값을 측정하고 산정된 각각의 경사값들의 합을 격자 수로 나누어 평균값을 구한다.

## 경사도를 규제하는 두 가지 방법

현행 각 지자체 조례에 따르면 경사도를 규제하는 데는 도度와 %의 두 가지 방법을 쓰고 있다.

대부분의 시·군·구에서는 15도에서 25도까지로 규제하지만 인천광역시에서는 30%로 규정한다. 인천광역시에 속하는 강화군에서도 30%가 적용된다.

농어촌정비법은 한계농지의 구별기준으로 농지의 경사도가 15%로 규정하여, 경사도가 15% 이상으로 농업생산성이 현저하게 떨어지는 농지를 한계농지로 부른다. 자칫 경사도 15도 이상을 한계농지로 잘못 알고 있는 경우가 있는데, 15%와 15도는 두 배 가까운 차이가 나므로, 주의를 요한다.

참고로 일반도로의 최대 경사도는 12%(6.84도)이며, 임도 등 산지 도로는 13~17%(9.64도)로 본다.

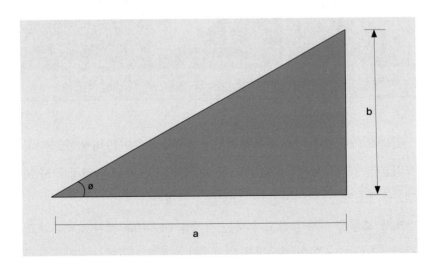

위 그림에서 ø는 경사도(각도)이며, 경사도 %는 b/a(%)다.

**경사도 %와 경사각과의 관계 표**

| 경사도 | 각도 | 경사도 | 각도 | 경사도 | 각도 | 경사도 | 각도 |
|---|---|---|---|---|---|---|---|
| 4% | 2.3 | 14% | 8.0 | 25% | 14.. | 35% | 19.3 |
| 5% | 2.9 | 15% | 8.5 | 26% | 14.6 | 36% | 19.8 |
| 6% | 3.4 | 16% | 9.1 | 27% | 15.1 | 37% | 20.3 |
| 7% | 4.0 | 17% | 9.6 | 28% | 15.6 | 38% | 20.8 |
| 8% | 4.6 | 18% | 10.2 | 29% | 16.2 | 39% | 21.3 |
| 9% | 5.1 | 19% | 10.8 | 30% | 16.7 | 40% | 21.8 |
| 10% | 5.7 | 20% | 11.3 | 31% | 17.2 | 41% | 22.3 |
| 11% | 6.3 | 21% | 11.9 | 32% | 17.7 | 42% | 22.8 |
| 12% | 6.8 | 22% | 12.4 | 33% | 18.3 | 43% | 23.3 |
| 13% | 7.4 | 23% | 13.0 | 33% | 18.3 | 44% | 23.7 |
| 14% | 8.0 | 24% | 13.5 | 34% | 18.8 | 45% | 24.2 |

수치지형도에 의하는 경우에는 국토지리정보원에서 발급한 1/5,000지형도의 수치 전산 파일을 이용하여 분석한다. 평균경사 분석도에 축척과 방위를 표시하며, 10m×10m 격자를 기준으로 평균경사도를 산출하는 것은 실측에 의한 경우와 동일하다.

### 평균경사도 조사서

다음으로는 경사도 조사서에 대하여 알아보도록 하자.

산지관리법 시행규칙에는 별도의 정해진 양식이 없다, 통상 지자체별로 공통된 양식을 쓰고 있는데, 경기도 광주시의 도시계획조례에 나와 있는 평균경사도 조사서의 양식을 게시한다

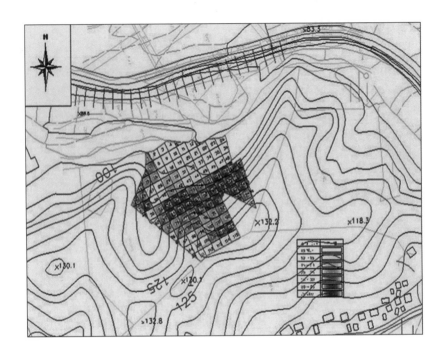

## 개발 가능한 임야의 경사도는 25도가 한계

현행 산지관리법상 개발 가능한 임야의 경사도는 최대 25도로 되어
있다. 다만 스키장과 광업 채굴을 위한 광산이나 채석장은 35도까지로
허용한다. 골프장도 역시 25도의 규제를 받는다.

그러나 이 규정은 법이 정한 최고 한도일 뿐, 각 행정구역별로 지방자
치단체 조례에 위임하여 그 이상으로 엄격하게 규제하도록 할 수 있게
하였다. 즉 경사도 25도는 최대 허용한도이며, 지자체에서는 이 한도 이
상으로 완화할 수는 없다. 단지 강화하는 것만 허용될 뿐이다.

예를 들어 용인시에서 임야나 농지를 개발하려면 경사도가 17.5도까
지만 허용된다. (용인시 도시계획 조례)

## 임야의 경사와 표고 분석

**경사도 산정 방식**

• 관리지역 세분화에 따른 변경(웅진군 사례)
용도 지역별 건폐율, 용적률 및 건축 가능한 건축물의 용도변경

| 구분 | 건폐율 | 용적률 | 임야부지 내 건축행위 |
|------|--------|--------|----------------------|
| 관리지역 세분 이전 | 40% | 80% | 산지전용 허가 대상 |
| 계획관리지역 | 40% | 100% | 산지전용 및 개발행위허가 대상 |
| 생산관리지역 | 20% | 80% | 산지전용 허가 대상 |
| 보전관리지역 | 20% | 80% | 산지전 용허가 대상 |

• 계획관리지역 임야의 개발행위허가 신청시 유의사항
개발행위허가 대상자의 최대 경사도가 30%(16.7도) 이상은 허가 불가.
(경사도 산정시 대상 토지를 적정 구간으로 나누어 각 구간의 최고, 최저점 간의 경사도를 산출하여. 구간
내 경사도 중 최대값을 신청지의 대표 경사값으로 산출하므로 산지관리법 규정의 경사도 산출 방법과 차이
가 있음.)

면적이 큰 토지의 계획을 수립하기 위한 기초조사 중 가장 중요한 조사가 경사와 표고 분석이다. 경사 분석을 통하여 개발이 가능한 지역의 면적과 위치를 확인한다.

이 경사 분석은 개발이 가능한 구역을 설정하고 계획하며 설정된 구역과 구역을 연결하는 도로와 각종 시설물의 입지를 결정하는 데 중요한 역할을 한다. 때에 따라서는 경사 분석을 마친 후 계획할 테마의 큰 틀을 결정할 수 있는 힌트를 얻기도 한다. 그만큼 중요한 분석이다.

표고 분석은 인·허가 가능 구역을 설정하고 표고 분석에 따라 개발구역의 순위의 차순을 나누는 중요한 정보를 얻게 된다. 또한 표고 분석은 대상지의 기후, 식생 등에 대한 주요한 정보를 얻게 되며, 개발에 따른 시설물의 설치가 가능한지 여부를 결정할 수 있는 중요한 정보 또한 얻게 된다

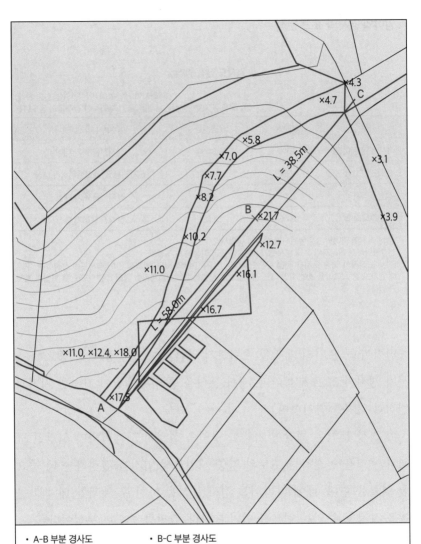

- A-B 부분 경사도
  높이 = A(최고점) - B(중간점)
  16.0 - 11.0 = 4.0m
  거리 = 58.0m
  경사도 = 4.0 ÷ 58.0 = 6.90%

- B-C 부분 경사도
  높이 = B(중간점) - B(최저점)
  11.0 - 4.6 = 6.4m
  거리 = 38.5m
  경사도 = 6.4 ÷ 38.5 = 16.62%

- 개발행위허가 대상지의 임목본수도가 51% 이상은 허가 불가. (임야에 나무가 듬성듬성 있어야 함.)
※입목본수도란 현재 자라고 있는 입목의 그루 수나 체적을 그 임지의 적절한 그루 수나 체적에 대한 비율로 나타낸 것임.

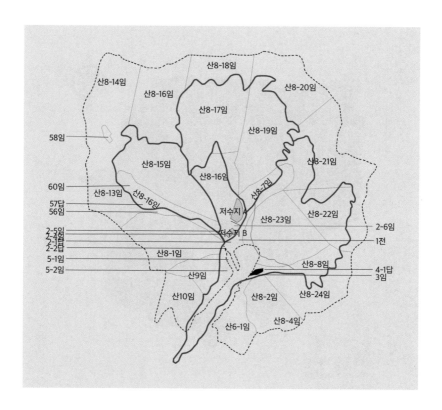

위 2가지 분석을 마친 후 대략 경사도 0~25, 30도 정도의 구역 위치 정보를 얻고 나면 대상지의 재미있는 모양이 눈에 들어온다. 이 모양은 추진하게 될 다양한 테마를 연결하는 고리로 작용되는 경우의 예가 많다

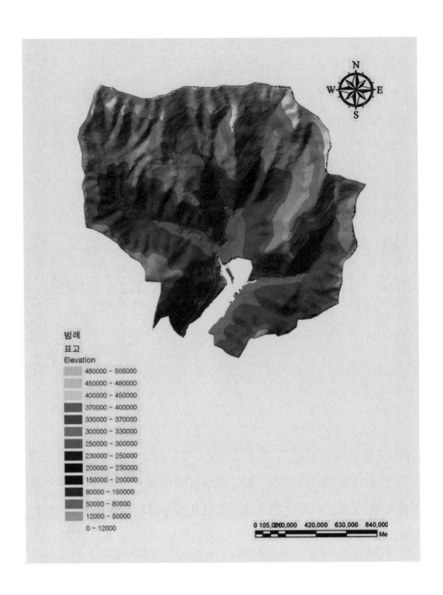

범례
표고
Elevation

| | |
|---|---|
| | 480000 ~ 505000 |
| | 450000 ~ 480000 |
| | 400000 ~ 450000 |
| | 370000 ~ 400000 |
| | 330000 ~ 370000 |
| | 300000 ~ 330000 |
| | 250000 ~ 300000 |
| | 230000 ~ 250000 |
| | 200000 ~ 230000 |
| | 150000 ~ 200000 |
| | 80000 ~ 150000 |
| | 50000 ~ 80000 |
| | 12000 ~ 50000 |
| | 0 ~ 12000 |

0 105,000 210,000   420,000   630,000   840,000
Me

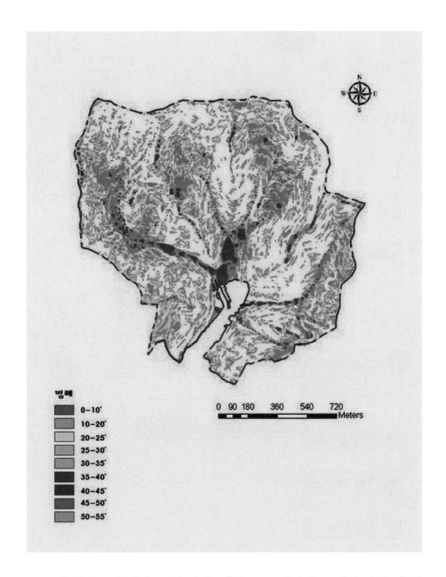

범례

0-10°
10-20°
20-25°
25-30°
30-35°
35-40°
40-45°
45-50°
50-55°

0  90 180     360     540     720
Meters

※ 위 분석표에 따라 78만 평 중 경사 25도 미만의 토지가 과연 몇 평
이나 나올까?

한번 맞춰 보도록 하자.

약 1~2만 평 차이로만 맞춘다면 꽤 전문가라고 할 수 있을 것이다

## 광주시 도시계획조례

[별지 제1호서식]

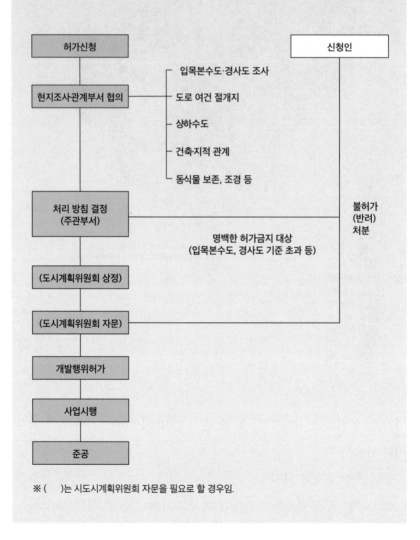

허가신청      신청인

현지조사관계부서 협의
- 입목본수도·경사도 조사
- 도로 여건 절개지
- 상하수도
- 건축지적 관계
- 동식물 보존, 조경 등

처리 방침 결정
(주관부서)

명백한 허가금지 대상
(입목본수도, 경사도 기준 초과 등)

불허가
(반려)
처분

(도시계획위원회 상정)

(도시계획위원회 자문)

개발행위허가

사업시행

준공

※ (　)는 시도시계획위원회 자문을 필요로 할 경우임.

[별지 제1호서식]

# 개발행위지 평균경사도 조사서

| 소재지 | |
|---|---|
| 신청면적 | |
| 평균경사도 | |

| 구분 | 면적(m²) | 구성비(%) | 평균경사도 | 비고 |
|---|---|---|---|---|
| 10˚이상 15˚미만 | | | | |
| 15˚이상 20˚미만 | | | | |
| 20˚이상 25˚미만 | | | | |
| 25˚이상 30˚미만 | | | | |
| 30˚이상 35˚미만 | | | | |
| 35˚이상 40˚미만 | | | | |
| 40˚이상 | | | | |

붙임 : 1. 평규 경사도분석도
      2. 원본파일 cd(수치지형도를 이용하여 산출하는 경우에 한함)
      3. 작성자 자격증 사본

년    월    일

제출인 :    (인)

작성자    (인)

광주시장 귀하

※ 평균경사도 조서서는 산림자원의 조성 및 관리엑 관한 법률 시행령 제30조제1항에 따른 산림공학기
술자격법 시행규칙 제4조에 따른 산림기사·토목기사·측량 및 지형공간정보기사 이상의 자격증 소지
자가 조사·작성하여야 한다.

# 평균경사 분석도 작성 방법

## 1. 실측으로 산출하는 경우

(1) 평균경사 분석도는 현황측량 도면을 바탕으로 한다.
(2) 평균경사 분석도에 축척과 방위를 표시한다.
(3) 10m×10m 격자를 기준으로 평균경사도를 산출한다.
(4) 측량점은 변곡점 및 경사가 급하게 변하는 경계선을 포함한다.
(5) 평균 경사도의 산출 근거와 절차를 제시한다.

## 2. 수치지형도를 이용하여 산출하는 경우

(1) 국토지리정보원에서 발급한 1/5,000 지형도의 수치 전산 파일을 이용하여 분석한다.
(2) 평균경사 분석도에 축척과 방위를 표시한다.
(3) 10m×10m 격자를 기준으로 평균경사도를 산출한다.
(4) 수치전산파일의 등고선 단위나 수치를 변경할 수 없다. 다만, 필요한 경우 2.5m 간격의 간곡선 또는 1.25m 간격의 조곡선을 추가할 수 있다.
(5) 평균경사도의 산출 근거와 절차를 구체적으로 제시한다. 이 경우 사용 프로그램, 좌표 범위, 분석절차를 포함하여 작성한다.
(6) 평균경사도 조사도의 범례는 5단위로 구분한다.
(7) 수치 전산 파일 작성 고시일 이후 현지의 지형이 변경될 경우 변경된 지형의 평균경사도는 실측으로 산출한다.

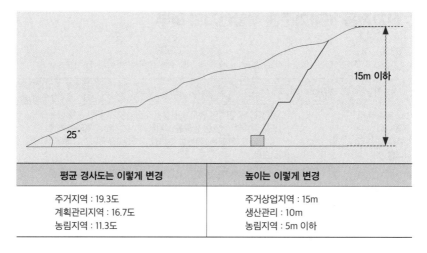

| 평균 경사도는 이렇게 변경 | 높이는 이렇게 변경 |
|---|---|
| 주거지역 : 19.3도<br>계획관리지역 : 16.7도<br>농림지역 : 11.3도 | 주거상업지역 : 15m<br>생산관리 : 10m<br>농림지역 : 5m 이하 |

경사도는 실제 개발에 착수했을 때 문제 발생의 소지를 가지고 있다.

경사가 심하면 개발도 어려울 뿐더러 사실상 임야의 보존 상태가 잘 이루어져 있기 때문에 산지전용 허가를 받기도 어렵다.

일반적으로는 25도 미만의 경사도가 가장 적당한 수준이며 그 이상의 심한 경사라면 좀 더 신중한 판단이 요구된다.

## 산지전용 상세 허가기준

1. 행위 제한 사항에 부합되는지의 여부

▶ 산지전용제한지역(법 제10조, 시행령 제10조, 시행규칙 제6조):

▶ 임업용 산지(법 제12조 제1항, 시행령 제12조, 시행규칙 제8조):

▶ 공익용 산지(법 제12조 제2항, 시행령 제13조, 시행규칙 제9조):

주) 사업목적을 관련 조문에서 확인하여 "적합" 또는 "부적합"으로 기재

# 산지전용 허가기준에 적합한지의 여부

(법 제 18 조, 시행령 제 20 조 및 관련 별표 4, 시행규칙 제 18 조, 산지전용 허가기준의 세부검토기준에 관한 규정)

| 허가기준 | 적용범위 | 세부기준 | 검토의견 |
|---|---|---|---|
| 인근 산림의 경영·관리에 큰 지장을 주지 아니할 것 | 공통 | 산지전용으로 인하여 임도가 단절되지 아니할 것. 다만, 단절되는 임도를 대체할 수 있는 임도를 설치하거나 산지전용 후에도 계속하여 임도에 대체되는 기능을 수행할 수 있는 경우에는 그러하지 아니한다. | |
| 집단적인 조림 성공지 등 우량한 산림이 많이 포함되지 아니할 것 | 관광휴양시설또는 30 만㎡ 이상의 산지전용 | 당해 사업계획부지 중 2만 ㎡ 이상 집단화된 산지(조림성공지 또는 형질우량한 천염림)로서 그 입목축적이 산림기본통계상 당해 시·군·구의 평균입목축적의 150% 이상인 산지가 차지하는 비율이 100분의 20(산업단지·택지·집단묘지·대중골프장의 경우에는 100분의 30)을 초과하여서는 안 된다. 이 경우 산불 발생·솎아베기 또는 벌채 전의 입목축적으로 환산하여 적용한다. 다만, 국가·지방자치단체·정부투자기관이 시행하는 공용·공공용사업인 경우에는 그러하지 아니한다. | |
| 희귀 야생동·식물의 보전 등 산림의 자연생태적 기능유지에 현저한 장애가 발생되지 아니할 것 | 공통 | 개체수나 자생지가 감소되고 있어 계속적으로 보호·관리가 필요한 야생동·식물이 집단적으로 서식하는 산지 또는 산림자원의 조성 및 관리에 관한 법률 제19조 제1항에 따라 지정된 수형목 및 동법 제67조의 규정에 따라 지정된 보호수가 생육하는 산지가 편입되지 아니할 것. 다만, 원형으로 보전하거나 생육에 지장이 없도록 이식하는 경우에는 그러하지 아니한다. | |
| 토사의 유출, 붕괴 등 재해발생이 우려되지 아니할 것 | 공통 | 산지의 경사도, 모암, 산림상태 등 농림부령이 정하는 산사태위험지 판정 기준표상의 위험요인에 따라 산사태가 발생할 가능성이 높은 것으로 판정된 지역 또는 산사태가 발생한 지역이 아닐 것. 다만, 재해방지시설의 설치를 조건으로 허가하는 경우에는 그러하지 아니한다. | |
| | 2만㎡ 이상의 산지전용 | 산지전용으로 인하여 홍수시 하류지역의 유량 상승에 현저한 영향을 미치거나 토사 유출이 우려되지 아니할 것. 다만, 홍수조절지 또는 침사지를 설치하는 경우에는 그러하지 아니한다. | |
| 산림의 수원 함양 및 수질보전 기능을 크게 해치지 아니할 것 | 공통 | 전용하려는 산지는 상수원보호구역 또는 취수장(산수원보호구역 미고시지역의 경우를 말한다)으로부터 상류 방향 유하거리 10킬로미터 안으로서 하천 양안 경계로부터 500미터 안에 위치하여 상수원·취수원 등의 수량 및 수질에 영향을 미치지 아니할 것. 다만, 다음의 어느 하나에 해당하는 시설을 설치하는 경우에는 그러하지 아니한다.<br>(1) 하수도법 제2조 제9호·제10호·제13호에 따른 공공 하수처리시설·분뇨처리시설·개인 하수처리시설<br>(2) 가축분뇨의 관리 및 이용에 관한 법률 제2조 제8호에 따른 처리시설<br>(3) 도수로·침사지 등 산림의 수원함양 및 수질보전을 위한 시설 | |

| | | |
|---|---|---|
| 산지의 형태 및 입목의 구성 등의 특성으로 인하여 보호할 가치가 있는 산림에 해당되지 아니할 것 | 660㎡ 이상의 산지전용으로서 국가 또는 지방자치단체가 직접 시행하는 공용·공공용시설 및 재해복구기설이 아닌 시설 | 가. 전용하고자 하는 산지의 평균경사도가 20도(체육시설의 설치·이용에 관한 법률 제10조 제1항의 규정에 의한 스키장업의 시설을 설치하는 경우 또는 광업법에 의한 채광의 경우에는 평균경사도 35도) 이하일 것.<br> 다만, 법 제8조에 따른 산지에서의 구역 등의 지정 협의를 거친 경우로서 평균경사도 기준이 검토된 경우에는 평균경사도의 산정 대상에서 제외할 수 있다.<br>나. 전용하고자 하는 산지의 ha당 입목축적이 산림기본통계상의 관할 시·군·자치구의 ha당 입목축적의 150퍼센트 이하일 것.<br> 다만, 산불발생, 솎아베기 또는벌채 전의 입축목적으로 환산하여 적용되고, 법 제8조에 따른 산지에서의 구역 등의 조정 협의를 거친 경우로서 입목축적조사기준이 검토된 경우에는 입목축적조사 대상에서 제외할 수 있다.<br>다. 전용하고자 하는 산지 안에 생육하고 있는 50년생 이상인 활엽수림의 비율이 50퍼센트 이하일 것, |
| 사업계획 및 산지전용 면적이 적정하고, 산지적용방법이 자연경관 및 산림훼손을 최소화하고 산지전용 후의 복구에 지장을 줄 우려가 없을 것 | 공통 | 가. 산지전용행위와 관련된 사업계획의 내용이 구체적이고 타당하여야 하며, 허가신청자가 허가를 받은 후 지체없이 산지전용의 목적사업 시행이 가능할 것<br>나. 목적사업의 성격, 주변경관, 설치하고자 하는 시설물의 배치 등을 고려할 때 전용하고자 하는 산지의 면적이 과다하게 포함되지 아니할 것<br>다. 산지전용 면적 중 산지전용으로 발생되는 절·성토 경사면의 수평투영면적이 100분의 50을 초과하여서는 아닌 된다. 다만, 국방·군사시설, 사방시설, 그 밖에 이에 준하는 국토보전시설, 송·배선철탑, 방송·통신시설, 도로, 철도, 스키장, 채광을 위한 산지전용인 경우에는 그러하지 아니하다.<br>라. 도로를 시설하기 위하여 산지전용을 하는 경우, 다음의 어느 하나에 해당하는 대책을 수립하여 사업계획에 반영하여야 한다.<br>  (1) 비탈면 안정과 경관훼손 저감을 위한 보호공 및 녹화공법 채택<br>  (2) 장대비탈면이 발생할 때에는 터널(개착, 피암 등)·교량 설치 등 저감 방안 마련<br>마. 절·성토면의 기울기(절·성토면의 높이에 대한 수평거리의 비율을 말한다)는 절·성토면의 붕괴를 방지하기 위하여 토질에 따라 다음의 요건을 충족하여야 한다. 다만, 지질조사를 실시한 결과 안전한 것으로 인정되거나 옹벽·파일·앵커 등 재해방지시설을 설치하여 안전한 것으로 인정되는 경우에는 그러하지 아니한다.<br>  (1) 경암인 경우의 기울기는 1 : 0.5 이하일 것<br>  (2) 풍화암인 경우의 기울기는 1 : 0.5 이하일 것<br>  (3) 토사인 경우의 기울기는 1 : 1.0 이하일 것<br>  (4) 성토지의 석력·토충인 경우의 기울기는 1 : 1.0 이하일 것<br>바. 절·성토면으로 인하여 재해 등이 우려되는 경우에는 다음의 1에 해당하는 보호조치가 사업계획에 반영되어야 한다.<br>  (1) 충분한 규목의 배수시설의 설치<br>  (2) 비사 또는 낙성방지시설의 설치 |

| | | |
|---|---|---|
| 사업계획 및 산지 전용 면적이 적정하고, 산지적용방법이 자연경관 및 산림훼손을 최소화하고 산지전용 후의 복구에 지장을 줄 우려가 없을 것 | 공통 | 사. 산지전용 후 발생되는 절·성토면의 수직높이는 15미터 이하가 되도록 사업계획에 반영 되어야 한다. 다만, 다음 어느 하나에 해당하는 경우에는 그러하지 아니한다.<br>　(1) 다른 법령에서 절·성토면의 수직높이를 특별히 정하고 있는 경우<br>바. 절·성토면으로 인하여 재해 등이 우려되는 경우에는 다음의 1에 해당하는 보호조치가 사업계획에 반영되어야 한다.<br>　(1) 충분한 규모의 배수시설의 설치<br>　(2) 비사 또는 낙석방지시설의 설치<br>사. 산지전용 후 발생되는 절·성토면의 수직 높이는 15 미터 이하가 되도록 사업계획에 반영되어야 한다. 다만, 다음 어느 하나에 해당하는 경우에는 그러하지 아니한다.<br>　(1) 다른 법령에서 절·성토면의 수 직높이를 특별히 정하고 있는 경우<br>　(2) 계단식 산지전용(가능한 기존의 지형을 유지하기 위하여 산지의 경사면을 따라 계단을 사업부지로 하여 목적사업의 시설물을 설치하는 것을 말한다.)인 경우 이 경우 계단에 조성되는 사업부지의 너비(소단의 너비를 제외한다)는 각각 15m 이상이어야 한다.<br>자. 산지의 경관으로 보전하기 위하여 전용하고자 하는 산지는 당해 산지의 표고(산자락 하단부를 기준으로 한 산정부의 높이로서 지반고를 말한다. 이하 이 목에서 같다)의 100분의 50 미만에 위하여야 한다. 다만, 다음 각호의 어느 하나에 해당하는 경우에는 그러하지 아니한다.<br>　(1) 국방·군사시설, 도로, 철도, 댐, 사방시설 그 밖에 이에 준하는 국토보전시설, 기상관측시설, 송·배전철탑, 방송통신시설, 공원시설, 수목원, 자연휴양림, 스키장, 채광을 위한 산지전용인 경우<br>　(2) 당해 산지의 표고가 100미터 미만인 경우<br>차. 산지전용을 하여 시설하는 건축물의 높이는 16미터 이하를 원칙으로 한다. 다만, 다음 각호의 어느 하나에 해당하는 경우에는 그러하지 아니한다.<br>　(1) 국토의 계획 및 이용에 관한 법률 제36조 제 1항 제1호에 따른 주거지역, 상업지역, 공업지역과 제49조에 따른 지구단위계획을 수립하여 지구단위계획구역안에서 허용되는 건축물을 건축하고자 하는 경우<br>　(2) 국토의 계획 및 이용에 관한 법률 제2조 제7호에 따른 도시계획시설을 설치하고자 하는 경우<br>카. 전용하고자 하는 산지의 규모가 산지관리법 시행규칙 제18조에서 정하는 기준에 적합할 것<br>타. 장사 등에 관한 법률에 의한 화장장·납골시설·공설묘지·법인묘지·장례식장 또는 폐기물관리법에 의한 폐기물처리시설을 도로 또는 철로로부터 보이는 지역에 설치하는 경우에는 차폐림을 조성할 것<br>파. 사업부지 안에 원형으로 존치되거나 조성되는 산람 또는 녹지에 대하여 적정한 관리계획이 수립될 것<br>하. 이미 산지전용 허가를 받아 산지전용을 하고 있는 사업계획지의 계획상의 도로(준공검사 또는 사용개시 전의 도로를 포함한다)를 이용하여 산지전용을 하는 것이 아닐 것 |

| | | |
|---|---|---|
| 사업계획 및 산지전용 면적이 적정하고, 산지적용방법이 자연경관 및 산림훼손을 최소화하고 산지전용 후의 복구에 지장을 줄 우려가 없을 것 | 공통 | 거. 건축법 시행령 별표1 제1호의 규정에 의한 단독주택을 시설할 목적으로 산지전용하는 경우에는 자기소유의 산지에 한할 것<br>너. 사방사업법 제3조 제2항의 규정에 의한 해안사방사업에 따라 조성된 산림이 사업계획부지 안에 편입되지 아니할 것. 다만, 원형으로 보전하거나 시설물로 인하여 인근의 수목 생육에 지장이 없다고 인정되는 경우에는 그러하지 아니한다.<br>더. 분묘의 중심점으로부터 5미터 안의 산지가 사업계획부지에 편입되지 아니할 것. 다만, 장사 등에 관한 법률 제2조 제9항의 규정에 의한 연고자 동의를 받거나 연고자가 없는 분묘인 경우에는 그러하지 아니한다.<br>러. 해안의 경관 및 해안 산림생태계의 보전에 지장을 초래하지 아니할 것 |
| 사업계획 및 산지전용 면적이 적정하고, 산지적용방법이 자연경관 및 산림훼손을 최소화하고 산지전용 후의 복구에 지장을 줄 우려가 없을 것 | 관광휴양지시설 또는 30만㎡ 이상의 산지전용 | 가. 당해 사업계획부지에 편입되는 보전산지의 면적이 사업계획부지 총면적의 100분의 50을 초과하여서는 아니 된다. 다만, 관할 시군구 자치구의 행정구역 면적에 대한 보전산지면적의 비율이 100분의 50을 초과하는 경우 다음 기분에 따라 보전산지를 추가하여 편입할 수 있다.<br>(1) 보전산지 면적비율이 50% 초과 ~ 55% 이하인 지역 : 5% 추가<br>(2) 보전산지 면적비율이 55% 초과 ~ 60% 이하인 지역 : 10% 추가<br>(3) 보전산지 면적비율이 60% 초과 ~ 65% 이하인 지역 : 15 퍼센트추가<br>(4) 보전산지 면적비율이 65% 초과 ~ 70% 이하인 지역 20% 추가<br>(5) 보전산지 면적비율이 70% 초과인 지역 : 25% 추가<br>나. 관할 시 · 군 · 자치구의 행정구역에 대한 산지면적이 비율이 전국 평균 이하인 경우로서 당해 사업계획부지 안에 편입하고자 하는 산지의 평균경사도가 15도 미만이고 평균입목축적(산불 발생 · 솎아베기 또는 인위적인 벌채를 실시한 후 5년이 지나지 아니한 때에는 그 산불 발생 · 솎아베기 또는 벌채 전의 입목축적으로 환산하여 적용한다)이 산림청에서 발간하는 산림청장이 고시하는 산림기본통계상 당해 시 · 군 · 구의 평균입목축적의 75퍼세트 미만인 경우 당해 사업계획부지의 100분의 10 범위 안에서 보전산지를 추가하여 편입할 수 있다.<br>다. 상기의 규정(가, 나)에도 불구하고 다음 어느 하나에 해당하는 경우에는 보전산지 편입 비율을 적용하지 아니한다.<br>(1) 국가 또는 지방자치단체가 시행하는 공용 · 공공용 시설의 설치를 위하여 필요한 경우<br>(2) 스키장, 집단묘지(공설묘지 및 법인묘지에 한한다), 대중골프장을 시설하기 위한 경우<br>마. 골프장 · 관광시설 · 집단묘지 · 납골시설 · 산업단지 · 택지에 편입되는 국유림과 공유림은 다음의 1에 적합하여야 한다.<br>(1) 요존국유림은 편입하여서는 아닌된다. 다만, 다음의 기준에 따라 요존국유림의 일부를 편입할 수 있다 |

| | | |
|---|---|---|
| 사업계획 및 산지 전용 면적이 적정하고, 산지적용 방법이 자연경관 및 산림훼손을 최소화하고 산지전용 후의 복구에 지장을 줄 우려가 없을 것 | 관광휴양지 시설 또는 30만㎡ 이상의 산지전용 | ⒄ 국가·지방자치단체가 직접 시행하는 경우 : 3만 ㎡까지 편입 가능<br>⒅ 관계 중앙행정기관의 장이 외국인의 투자유치를 위하여 요청하는 경우 : 10만 ㎡까지 편입 가능<br>㈐ 국가·지방자치단체·공공기간(공공기관의 운영에 관한 법률 제5조 제3항에 따른 공기업 및 준정부기관을 말한다)이 직접 시행하는 경우로서 요존국유림의 편입이 불가피하다고 인정되고, 요존국유림의 지정목적 달성 및 기능 유지에 지장이 없다면, 원형으로 존치하는 경우 제한 없음<br>⑵ 불요존국유림 및 공유림은 이를 합한 면적(국가 또는 지방자치단체가 목적서업을 위하여 사유림을 매수하여 불요존국유림 또는 공유림이 늘어난 경우에는 그 면적은 제외한다)이 100분의 30 미만으로서 30만 ㎡ 미만이어야 한다. 다만, 국가 또는 지방자치단체가 직접 시행하는 사업을 위하여 불가피한 경우에는 편입비율 기준을 적용하지 아니할 수 있으며 국유림의 경영 및 관리에 관한 법률 제16조 제4항 제2호부터 제5호까지의 규정 및 제7호의 규정에 따라 국유림을 재구분하여 실행하는 사업에 대한 국유림 편입 면적기준은 동법시행령 제11조 및 동법 시행규칙 제18조의 규정에서 정하는 면적으로 할 수 있다.<br>바. 골프장의 경우에는 사업계획부지에 편입되는 산지의 100분의 20을 원형으로 존치하고 홀과 홀간에 산림을 존치하거나 수림대를 조성하여야 한다.<br>사. 스키장의 경우에는 슬로프와 슬로프의 사이에 산지를 원형으로 존치하여야 한다.<br>아. 바목 및 사목 이외의 체육시설, 관광지, 택지의 경우에는 사업계획부지에 편입되는 산지의 100분의 20 이상을 시설물의 사이와 사업계획부지의 경계부에 원형으로 존치하거나 수림대를 조성하여야 한다. 다만, 다른 법률에서 사업계획부지에 편입되는 산지의 원형존치율 또는 수림대의 조성 등을 규정하고 있는 경우로서 불가피하다고 인정되는 경우에는 당해 법률의 규정에 의할 수 있다.<br>자. 산지전용으로 인한 토사의 이동량은 당해 목적사업 달성에 필요한 최소한의 양일 것<br>차. 전용하려는 산지를 대표적으로 조망할 수 있는 지역에 조망점을 선정하고, 조망분석을 실시하여 경관훼손 저감대책을 수립할 것<br>카. 조망분석 산지경관 영행 시뮬레이션을 실시하여 경관훼손 저감대책을 수립할 것(산지전용 면적이 50만 ㎡ 이상인 경우에 한정한다. |
| | 공장 | ⑴ 국토의 계획 및 이용에 관한 법률 제36조에 따른 관리지역 안에서 농공단지 내에 입주가 허용되는 업종의 공장을 설치하기 위하여 전용하려는 경우<br>⑵ 산업집적활성화 및 공장설립에 관한 법률 제9조 제2항에 따라 고시한 공장설립이 가능한 지역 안에서 공장을 설치하기 위하여 전용하려는 경우 |

| | | |
|---|---|---|
| 업계획 및 산지전용 면적이 적정하고, 산지적용 방법이 자연경관 및 산림훼손을 최소화하고 산지전용 후의 복구에 지장을 줄 우려가 없을 것 | 채광 | (3) 국토의 계획 및 이용에 관한 법률 제30조에 따른 주거지역, 상업지역, 생산녹지지역, 자연녹지지역에서 공장을 설치하기 위하여 전용하려는 경우<br>가. 산지전용하고자 하는 면적이 3만 ㎡ 이상일 것. 다만, 다음의 경우에는 그러하지 아니한다.<br>　(1) 굴진 폐광을 조건으로 하는 경우<br>　(2) 산지전용 허가를 받아 채광을 하고 있는 지역에 연접된 산지의 전체면적이 3만 ㎡ 미만이거나 잔여산지에서 계속 채광함으로써 잔여산지가 평탄지로 되는 경우<br>　(3) 산업자원부장관의 요청이 있는 경우로서 안전채광 및 채광 후 복구에 지장이 없다고 인정되는 경우<br>나. 채광은 광산보안법에 따라 이루어질 것<br>　전용하고자 하는 면적이 1만㎡(2 이상의 공장을 함께 건축하거나 기존 공장부지에 접하여 건축하는 경우와 2 이상의 부지가 너비 8미터 미만의 도로에 서로 접하는 경우에는 그 면적의 합계를 말한다) 이상일 것. 다만, 다음의 어느 하나에 해당하는 경우에는 그러하지 아니한다. |
| | 도로 | 가. 산지전용제한지역, 백두대간보호지역, 보안림 또는 산림유전자원보호림, 자연휴양림, 수목원, 채종림에는 터널 또는 교량으로 도로를 시설할 것. 다만, 지형 여건상 우회 노선을 선정하기 어렵거나 터널·교량을 설치할 수 없는 경우 등 불가피한 경우에는 그러하지 아니한다.<br>나. 도를 시설하기 위하여 산지전용을 하는 경우로서 능선방향 단면의 절취고가 당해 도로의 표준터널 단면 유효높이의 3배 이상일 경우에는 지형 여건에 따라 터널 또는 개착 터널을 설치하여 주변 산림과 단절되지 아니하도록 할 것. 다만, 지형 여건 또는 사업수행상 불가피하다고 인정되는 경우에는 그러하지 아니한다.<br>다. 해안에 인접한 산지에 도로를 시설하는 경우에는 당해 도로 시설로 인하여 해안의 유실 또는 해안 형태의 변화를 초래하지 아니할 것 |

주) (1) 준보전산지의 경우에는 허가기준란의 제1호 내지 제3호는 적용하지 않음.
　(2) 관광휴양시설이라 함은 관광진흥법 제2조 제6호 및 동조 제7호의 규정에 의한 관광지 및 관광단지와 동법 제3조 제1항 규정에 의한 등록체육시설업을 하기 위하여 설치하는 시설을 말한다.
　(3) 당해 산지의 필지를 분할하여 660㎡ 미만으로 산지전용하고자 사업계획을 수립한 것으로 인정되는 경우에는 제6호의 적용범위란의 규정에 불구하고 동호 세부기준란의 가목 내지 다목의 규정을 적용할 수 있다
　(4) 전용하고자 하는 산의 지형 여건 또는 사업성격상 위 기준을 적용하는 것이 불합리하다고 인정되는 경우에는 다음 각호의 경우에 한하여 산지관리위원회 심의를 거쳐 완화하여 적용할 수 있다.
　　(개) 제 7호 공통 다목(절·성토 경사면 수평투영면적)
　　(내) 제 7호 공통 사목(절·성토면의 수직높이), 자목(산지의 표고), 차목(건축물 높이)

## 산지관리위원회의 심의대상 여부

• 관련 조문 : 법 제22조 제1항, 시행령 제27조 및 제31조

### 종합의견 작성시 중점 검토사항

• 백두대간보호지역, 보안림 등 산림관계법 및 다른 법률에 따라 행위나 처분 등이 제한된 산지가 사업대상지에 포함되어 있는지의 여부 검토.

⇒ 각 해당 법률에서 정한 행위제한에 저촉되는지의 여부 검토.

• 표고, 경사도, 입목축적 등 산지전용 허가기준에 적합한지의 여부.

⇒ 산지전용 허가기준에 저촉되는지의 여부 검토.

• 구역 등의 정 후 산지전용 허가를 의제받고자 실시계획 협의 요청된 경우에는 편입된 산지면적이 구역등의 지정 협의시의 면적과 일치하는지의 여부.

⇒ 당초 구역 등의 지정 협의시 산지 면적과 실시계획 협의를 요청한 면적을 비교하여 검토.

• 구역 등의 지정 협의시 편입된 산지 면적 중 실제 적용되는 면적에 대하여만 산지전용 협의요청이 되었는지의 여부.

⇒ 구역 등에 편입된 산지를 산지전용 예정지와 원형 존치 예정지로 구분하고 산지전용 예정지에 대한 산림조사서, 평균경사도 등 산지관리법 시행규칙 제10조 규정에 의한 산지전용 허가 구비서류가 제출되었는지 검토

**원형 존치되는 산지는 산지관리법 제21조의 2 규정에 따라 지목변경 제한**

- 전용하고자 하는 산지에 대해서는 5년 이내의 산불 발생·솎아베기 또는 인위적인 벌채 실적을 파악하여 그 산불 발생·솎아베기 또는 벌채 전의 입목축적이 환산하여 적용되었는지 검토

## 복구설계 승인

| 설계서 검토 내용 | 검토의견 | 세부기준 |
|---|---|---|
| 1. 비탈면의 수직높이가 15m 이하로 적정한지 여부 | | |
| 2. 절·성토사면의 녹화를 위한 공법이 적정한지 여부 | | 소단에는 흙( t ≥60)을 덮고, 수목 및 덩굴류를 식재하여 절개사면이 피복되었는지 여부 |
| 3. 소단의 폭 및 높이가 적정한지 여부 | | 최초 소단의 높이는 2m이고, 최초 소단조성 후 절개면의 수직 높이가 5m 이상인 경우 5m 이하의 간격으로 폭 2m 이상의 소단을 설치하였는지 여부 |
| 4. 복구대상지역 안의 건축물·공작물을 철거하는지 여부 | | |
| 5. 목적사업의 수행을 위하여 산지전용되는 산지가 아닌 비탈면은 사방공법으로 복구한 것이 적정한지 여부 | | 건축을 위한 대지를 조성하는 목적의 경우 건축법령에서 정하고 있는 대지의 안전 고려 여부 |
| 6. 경관조성 또는 생태복원이 필요한 지역의 절개사면에 대하여 차폐공법·특수공법으로 녹화한 것이 적정한지 여부 | | |
| 7. 복구설계서에 따라 복구공사를 할 수 있도록 적정한 공사비가 복구설계서에 계상되었는지 여부 | | |
| 8. 토사유출의 우려가 있는 경우에 하류에 토사유출을 방지하기 위한 침사지가 설치되었는지 여부 | | 기타 배수시설이 적정한지 여부 |

3. 연락처
- 문화재청 문화재보존국 보존정책과
- 주소 : (우 :    대전광역시 서구 청사로 ○○○번지
- 전화 : ○○○-○○○-○○○○ / 팩스 : ○○○-○○○-○○○○
- 홈페이지 :       / 전자메일 :

### ▶산림청고시제2012-21호
산지관리법 제38조 및 같은 법 시행규칙 제39조 규정에 의하여 2012년도 복구비 산정기준 금액을 다음과 같이 고시합니다.

년    월    일

산림청장

1만 ㎡당 복구비 산정기준 금액

1. 산지전용(일시사용)허가·신고지
   - 경사도 10도 미만 : 35,962천 원
   - 경사도 10도 이상 20도 미만 : 103,757천 원
   - 경사도 20도 이상 30도 미만 : 138,198천 원
   - 경사도 30도 이상 : 180,016천 원
2. 토석채취(매각)지 및 광물채굴지
   - 경사도 10도 미만 : 112,138천 원
   - 경사도 10도 이상 20도 미만 : 209,130천 원
   - 경사도 20도 이상 30도 미만 : 273,988천 원
   - 경사도 30도 이상 : 331,595천 원
3. 산지관리법 제40조의 2에 따른 산지복구공사감리 대상인 경우에는 엔지니어링사업체가 기준 별 표1에 의한 공사감리 요율에 복구비 산정기준을 곱한 금액을 추가로 예치하여야 한다.

### 부칙

이 고시는 고시한 날부터 시행한다.

### ▶행정중심복합도시건설청고시 제2012-22호
하천점용허가

하천법 제33조 제6항 및 간같은 법 시행령 제38조의 규정에 따라 다음과 같이 하천점용허가 사항을 고시합니다.

년    월    일

행정중심복합도시건설청장

1. 하천의 명칭 : 제천(지방하천)
2. 점용자의 성명 및 주소
   - 성명 :
   - 주소 :

# 산림조사서란 무엇인가?

산지전용 허가 신청시 첨부서류의 대표적인 것으로는 산림조사서, 표고조사서, 경사도조사서 등이 있다. 이 중 산림조사서는 산지전용 대상임야에 수목이 있는 경우, 그 수목의 임종·임상·수종·임령·평균수고·입목축적에 대한 전문가의 현황조사 자료다.

다만, 제4조 제2항 제4호에 따라 산림조사서를 제출한 경우와 660㎡이하로 산지를 전용하려는 경우에는 이를 제출하지 아니할 수 있다.

산림조사서는 2007. 7. 27에 개정된 산지관리법 시행규칙에서 처음으로 등장했다. 그러나 현행 시행규칙에서는 작성 서식을 별도로 규정하고 있지 않다.

산림조사서는 산림자원의 조성 및 관리에 관한 법률 제30조 제1항에 따른 기술 2급 이상의 산림경영기술자가 조사·작성하여야 한다. 산림경영계획서와 달리 산주가 직접 작성할 수는 없다.


## 산지관리법 시행규칙 제10조(산지전용 허가의 신청 등)

② 영 제15조 제1항에서 "농림수산식품부령이 정하는 서류"란 다음 각 호의 서류를 말한다.

6. 산림자원의 조성 및 관리에 관한 법률 시행령 제30조 제1항에 따른 기술 2급 이상의 산림경영기술자가 조사·작성한 것으로서 다음 각 목의 요건을 갖춘 산림조사서 1부 <small>(수목이 있는 경우에 한정하고, 제4조 제2항 제4호에 따라 산림조사서를 제출한 경우와 660㎡ 이하로 산지를 전용하려는 경우에는 제출하지</small>

아니한다.)

　가. 임종·임상·수종·임령·평균수고·입목축적이 포함될 것


## 산지전용시 제출해야 하는 서류

산지전용시 제출하는 구비서류의 종류는 다음과 같다.

### 구비서류

1. 사업계획서 1부

산지전용의 목적, 사업기간, 산지전용을 하려는 산지의 이용계획, 토사처리계획 및 피해방지계획 등이 포함되어야 한다.


2. 산지전용을 하려는 산지의 소유권 또는 사용·수익권을 증명할 수 있는 서류 1부

토지등기부등본으로 확인할 수 없는 경우에 한정하고, 사용·수익권을 증명할 수 있는 서류에는 사용·수익권의 범위 및 기간이 명시되어야 한다.


3. 산지전용예정지가 표시된 축척 1/25,000 이상의 지적이 표시된 지형도 1부

토지이용규제 기본법 제12조에 따라 국토이용정보 체계에 지적이 표시된 지형도의 데이터베이스가 구축되어 있지 아니 하거나 지형과 지적의 불일치로 지형도의 활용이 곤란한 경우에는 지적도

## 산림조사서

## 1. 일반현황

| 소재지 | 읍(면)   리(동)   산   번지 | | | | | | | | |
|---|---|---|---|---|---|---|---|---|---|
| 지종별 면적 | | | 소유별면적 | | | 산지구별 면적 | | | 법정지정림 현황 |
| 합계 | 입목지 | 무립목지 | 국유지 | 공유지 | 사유지 | 보전산지 | | 준보전산지 | 지정사항 | 면적 |
| | | | | | | 임업용 | 공익용 | | | |
| | | | | | | | | | | |

## 2. 산림현황

| 임종 | 임상 | 수종 | 혼용율(%) | 임령 | 영급 | 평균수고 (m) | 평균경급(m) |
|---|---|---|---|---|---|---|---|
| 천연림 | | | | | | | |
| 인공림 | | | | | | | |

| 입목축적조사 | | | | 소재지<br>(시군구)<br>㏊당 평균<br>입목축적(B) | 입목축적 대비(%)<br>(A/B×100) | 비고 |
|---|---|---|---|---|---|---|
| 주요수종 | ㏊당 임목축적<br>(A) | 50년 이상 활엽수 | | | | |
| | | 수종 | 점유면적<br>비율(%) | | | |
| | | | | | | |

## 3. 입목축적

| 구분 | 수형목, 보호<br>수 등 보호<br>가치가 있는<br>산림 | 희귀하거나<br>자연성이<br>높은 산림 | 다양한<br>구조를<br>가지는<br>산림 | 습지 주변<br>산림 | 임연부<br>산림 | 역사적,<br>문화적<br>가치를 가지<br>는 산림 | 자연현상물<br>과 조화를<br>이루는 산림 | 보존가치가 있<br>는 천이단계<br>산림 |
|---|---|---|---|---|---|---|---|---|
| 면적 | | | | | | | | |

붙임
1. 입목축적조사서
2. 사업자등록증 사본
3. 산림경영기술자 자격증 사본
4. 현지조사 사진

년 월 일

제출인 :        (인)

작성지 : 산림경영기술자(○○시장 · 도지사, 번호 :        )        (인)

귀하

※ 비고

1. 산림현황 기재 요령

가. 임정 : 천연림(천), 인공림(인)으로 기록한다.

※ 천연림(천) : 산림이 천연적으로 조성된 임지. 인공림(인) : 산림이 인공적으로 조림된 임지

나. 임상 : 침엽수(침), 활엽수(활), 혼효림(혼)으로 기록한다.

※ 수관점유면적 비율 또는 입목본수비율(체적)에 의하여 구분한다.

- 침엽수림(침) : 침엽수가 75% 이상 점유하고 있는 임분

- 활엽수(활) : 활엽수가 75% 이상 점유하고 있는 임분

- 혼효림(혼) : 침엽수 또는 활엽수가 26~75% 미만 점유하고 있는 임분

다. 수종 : 주요 수종명, 혼효림의 경우는 여러 수종 조사 및 기록 기능

라. 혼효율 : 수관 점유면적 비율 또는 입목본수 비율(재적)에 의하여 100분율로 산정한다.

마. 임령 :

※임분의 최저~최고 수령을 범위를 분모로 하고 평균 수령을 분자로 표시한다. (예 : 10/10~33)

※인공 조림지는 조림년도의 묘령을 기분으로 임령을 산정하고, 그 외 임령 식별이 불분명한 임지
는 생장 나무를 직접 뚫어 보아 임령을 산정한다.

바. 영급 : 10년을 1영급으로 하여 1~X 으로 기록한다.

사. 평균 수고 : 축고기를 이용하여 입목 수고의 최저, 최고를 측정하여 평균 수고를 산출한다.

아. 평균 경급 : 입목의 가슴높이 지름을 측정하여 평균 경급을 산출한다.


2. 산림의 특성 조사 기재요령

가. 보호가치가 있는 산림

### 4. 산지전용 예정지 실측도 1부

측량·수로조사 및 지적에 관한 법률 제44조 제3항에 따른 측량업의 등록을 한 자 또는 같은 법 제58조에 따른 대한지적공사가 측량한 축척 1/6,000, 1/1,200까지의 산지전용 예정지 실측도.

### 5. 산림조사서 1부

산림자원의 조성 및 관리에 관한 법률 시행령 제30조 제1항에 따른 기술 2급 이상의 산림경영기술자가 조사·작성한 산림조사서 (임종·임상·수종·임령·평균수고·입목축적을 포함, 허가신청일 전 2년 이내 조사·작성된 수목이 있는 경우로 한정한다. 다만, 제4조 제2항 제4호에 따라 산림조사서를 제출한 경우와 660㎡ 이하로 산지를 전용하려는 경우에는 이를 제출하지 아니할 수 있다.)

### 6. 복구계획서 1부

복구 대상 산지의 종단도 및 횡단도와 복구공종·공법 및 견취도가 포함된 복구계획서 (복구하여야 할 산지가 있는 경우에 한정한다.)

### 7. 표고 및 평균경사도 조사서 1부

산림자원의 조성 및 관리에 관한 법률 시행령 제30조 제1항에 따른 산림공학기술자 또는 국가기술자격법에 따른 산림기사·토목기사·측량 및 지형공간정보기사 이상의 자격증 소지자가 조사·작성한 표고 및 평균경사도 조사서

(1) 제4조 제2항 제5호에 따라 평균경사도 조사서를 제출한 경우에는 이를 제출하지 아니할 수 있다.

(2) 수치지형도를 이용하여 산출한 경우에는 원본이 저장된 디스크 등

저장 장치를 함께 제출하여야 한다

### 8. 농지원부 사본 1부

농지법 제49조에 따른 농지원부 사본 (산지관리법 시행규칙 제7조 제1호에 따른 농업인임을 증명하여야 하는 경우만 해당한다.)

### 9. 산지전용 타당성 조사에 관한 결과서 1부

산지관리법 제18조의 2에 따른 산지전용 타당성 조사에 관한 결과서 이 경우 해당 결과서는 허가신청일 전 2년 이내에 완료된 산지전용 타당성 조사의 결과서를 말한다

**산지전용 허가 저촉 여부**

| 구분 | 협의기준 | 대상지역 | 저촉여부 |
|------|----------|----------|----------|
| 임토시설 유무 | 임토가 단절되지 아니할 것 | | |
| 집단 조림성공지 및 평균입목축척 등 | 관광휴양시설, 30ha 이상 산지전용시 평균입목축적 150% 이상인 산지가 차지하는 비율이 20% 이하 | | |
| 경사도 | 평균경사도 25도 미만 (국가 및 지자체 시행 공용, 공공용 시설 제외) | | |
| 절·성토 경사면적 | 산지전용 면적 중 절·성토 경사면이 50% 이하(도로·철도·스키장·채광 예외 인정) | | |
| 절개면의 수직높이 | 절개면의 수직 높이는 15m 이하 | | |
| 표고제한 | 당해 산지의 표고 100분의 50 미만에 위치 | | |
| 건축물의 높이 | 건축물의 높이는 16m 이하 | | |
| 연접 제한 면적 | 산지전용 허가지역의 경계 500m 이내 면적과 합산 3ha 이하(산지전용 허가 면적을 기준으로 함) | | |
| 보전산지 비율 | 관광휴양시설, 30 ha 이상 산지전용 시 전체 사업부지의 50% 초과 금지(대중골프장 예외) | | |
| 불요존국유림 + 공유림 | 관광휴양시설, 30ha 이상 산지전용시 사업부지의 20% 미만으로 20ha 이하 | | |
| 채광 | 산지전용 면적이 3ha 이상 예외 인정 | | |
| 공장 | 산지전용 면적이 1ha 이상 예외 인정 | | |

## 산지전용 허가의 세부기준 요약

1. 전용으로 인하여 임도가 단절되지 않아야 한다.

2. 조림이 잘된 우량한 산림이 많이 포함되지 말아야 한다.

3. 자연생태기능 유지에 현저한 장애가 발생되지 않아야 한다.

4. 재해발생의 우려가 없어야 한다.

5. 산림과 수질보전 기능을 해하기 않아야 한다.

6. 성·절토 경사면의 수평투영면적이 1/2을 초과하지 않아야 한다.

7. 산지의 정상에서 하단까지 50% 미만에만 허가 가능. (높이 100미터 이내 제외)

8. 건축물의 높이제한 있음.

9. 전용하고자 하는 산지의 평균경사도가 25도 이하이고 입목축적이 150% 이하일 것.

10. 50년생 이상인 활엽수림의 비율이 50% 이하일 것.

11. 단독주택의 경우에는 자기 소유의 산지이어야 함.

12. 묘지 중심에서 5미터는 계획부지에서 제외할 것.

13. 준공검사 또는 사용 개시가 되지 않은 계획상의 도로를 이용하여 전용 불가. (편승 불가)


전원주택을 지을 경우에는 다른 부분에서 비용이 더 들어갈 수 있으므로 주의해야 한다. 경사지를 평탄하게 만드는 평탄 작업이나 축대나 옹벽의 축성 작업 등이 그것인데, 이 역시 무시할 수 없으므로 이와 같은 점을 충분히 고려한 후 땅을 매입해야 한다

# 2024년도 대체산림자원조성비 부과기준
## [시행 2024. 1. 30] [산림청고시 제2024-12호, 2024. 1. 30, 제정]

산림청(산지정책과), 042-481-4142

1. 대체산림자원조성비 부과금액 계산방법

○ 부과금액 = 산지전용 허가 · 산지일시사용허가 면적 × 만위면적당 금약 *

*단위면적당 금액 = 산지별 ·지역별 단위면적당 산출금액 + 해당 산지 개별공시지가의 100분의 10

2. 산지별 · 지역별 단위면적당 산출금액

○ 준보전산지 :             8,090원/㎡
○ 보전산지 :               10,510원/㎡
○ 산지전용 · 일시사용제한지역 :   10,510원/㎡

3. 개별공시지가 일부 반영비율 : 개별공시지가의 1000분의 10

○ 개별공시지가의 1000분의 10에 해당하는 금약은 최대 8,090원/㎡으로 한정한다.

부칙〈제2024-12호, 2024. 1. 30.〉

이 고시는 고시한 날부터 시행한다.

법제처                               국가법령정보센터

## 임야 종류의 선택

약초 재배는 보전산지 중에서 임업용 산지를 사는 것이 좋다. 또한 산의 경사도나 면적도 사전에 잘 확인하여야 한다.

*임업용 산지는 산지전용 신고만으로 약초재배를 할 수 있다. (공익용 산지는 약초재배 산지전용이 불가능함)


## 산지전용 신고/허가 요건

재배할 약초나 수종, 산지 유형에 따라 다르다.

### 산채 및 야생화 재배

- 전용 신고대상 : 농림어업인이 평균경사도 30도 미만이고 면적이 3,000평 미만인 산지에서 재배할 때.
- 산지전용 허가 대상 : 경사도나 부지 면적이 신고 요건보다 넘는 경우.

### 관상수 재배

- 산지전용 신고 대상 : 농림어업인이 평균경사도 30도 미만이고 1만 평 미만인 산지에서 재배할 때. (단, 산지 안에 생육하는 입목 중 30년 이상 소나무 비율이 10%를 초과하면 안 됨.)
- 산지전용 허가 대상 : 신고 조건에 맞지 않는 경우.

## 주택과 농막 건축

약초 전문재배 임업인은 자기 소유 임업용 산지에 200평 이내 부지에 임업인 주택을 지을 수 있다.

또한 임산물 보관과 작업을 위한 약 60평 미만의 산림경영관리사와 농막을 각각 지을 수 있다. 약 1천 평 미만의 임산물 생산가공시설을 건축할 수 있다.


## 전문 재배에 대한 국가 지원

국가가 인정한 일부 임산물 등에 대하여 특정 지역에 따라 임업 및 산촌진흥촉진에 관한 법률에 따라 임산물 소득원의 생산가공 지원이 있다.

**임산물 소득원의 지원 대상품목(제6조 제1항 관련)**

| | |
|---|---|
| 수실류 | 밤, 감, 잣, 호두, 대추, 은행, 도토리, 개암, 머루, 다래 |
| 버섯류 | 표고, 송이, 목이, 석이 |
| 산나물류 | 더덕, 고사리, 도라지, 취나물, 두릅, 원추리, 죽순 |
| 액초류 | 삼지구엽초, 청출/백출, 애엽, 시호, 작약, 천마, 장뇌, 결명초 |
| 수엽류 | 은행잎, 솔잎, 두충잎, 떡갈잎, 멍개잎 |
| 약용류 | 오미자, 오갈피, 산수유, 구기자, 두충 |
| 수목 부산물류 | 수액, 수피, 수지, 나무뿌리, 나무순 |
| 관상산림 식물류 | 야생화, 자생란, 조경수, 분재, 잔디 |

▶▶▶ **Tip**

임야의 용도는 무궁무진하다. 산의 높이와 기후에 따라 경작할 수 있는 약초의 종류 또한 무궁무진하다.
그렇다면 임야를 매입해 약초를 재배하고자 할 때에는 어떤 조건의 임야가 좋은가?

도로에 붙은 밭이나 마을에 가까운 준보전산지의 임야는 약초를 심고 관리하는 데는 좋으나 땅값에 비해 다소 경제성(효율성)이 떨어질 수 있다.
약초의 재배는 보전산지 중에서 임업용 산지를 사는 것이 좋다.
임업용 산지에서는 산지전용 신고를 함으로써 쉽게 약초를 재배할 수 있기 때문이다. 보전산지 중에서 공익용 산지에서는 약초 재배를 위한 산지전용이 불가능하다.
공익용 산지는 본래부터 도로, 군사, 상수원, 백두대간 보호 등 오로지 공익을 위한 목적으로만 쓸 수 있는 산지이기 때문이다. 따라서 약초재배는 임엽용 산지가 경제적으로도 가장 적당하다고 볼 수 있다.

### ▶▶▶ 임야를 매입할 때의 체크포인트

1. 인근 농지에 비해 얼마나 싸게 살 수 있는가?
2. 토목공사 및 개발비용은 얼마나 드는가?
3. 매입가격과 공사비를 포함한 총 투자비용이 얼마나 차이가 나는가?
4. 산지전용 타당성 평가에서 산림전용 및 개발허가가 가능한 임야인가?
5. 산림의 상태가 자연조경으로서 이용가치가 있는가?
6. 진입도로 확보가 가능한가?

# 임야를 대지로 전용할 때 필요한 절차

## 형질변경(산림훼손 허가) 절차

임야취득 → 기본계획구상 → 토목설계사무소 지정 → 산림훼손허가 신청 → 심의 및 협의 → 전용부담금, 대체조림비 납부 → 산림훼손허가 → 건축허가 → 사용검사 → 지목변경신청 → 소유권 이전

## 구비서류

- 산림형질변경 허가신청서 1부
- 사업계획서(연차별 사업계획표시) 1부
- 축척 1/6,000 또는 1/3,000의 형질변경 임지 실측도 및 벌채구역도 1부
- 산림소유권 또는 사용수익권을 증명할 수 있는 서류 1부

## 보전임지 임야의 경우

- 농업진흥지역 농지와 같은 자격 요건
- 전용면적은 주택만 짓고자 할 때는 181.5평, 창고 등 부대시설까지 설치할 경우 453.7평 전용 허용

## 준보전임지 임야

- 임야 형질변경
- 논·밭의 전용 과정과 동일.

단, 농지는 건물이 완공돼야 전용 절차가 가능하지만, 임야의 경우는 시설공사가 30% 이상 진척되면 형질변경사업 준공허가를 신청할 수

있다.

- 허가일로부터 3개월 이내에 사업에 착수.
- 임야의 경우는 형질변경허가를 받은 후 권리의 승계가 가능.
- 대체조림비(평당 17,153원)와 전용부담금(임야공시지가의 20%) 납부. 농업인의 경우 제외.

해당 지자체마다 조례로 요건을 강화하거나 완화한 경우가 많으므로 반드시 사전에 확인하여야 한다.

## 산지 관련 법 체계도

### 산지 관련 법 해설

산지관리법

| | |
|---|---|
| 목적<br>(법 제1조) | 산지를 합리적으로 보전하고 이용하여 임업의 발전과 산림의 다양한 공익기능의 증진을 도모함으로써 국민경제의 건전한 발전과 국토환경의 보전에 이바지함을 목적으로 함 |
| 산지<br>(법 제2조, 영 제2초) | • 입목·죽이 집단적으로 생육하고 있는 토지<br>• 입목·죽의 집단적 생육에 사용하게 된 토지<br>• 집단적으로 생육한 입목·죽이 일시 상실된 토지<br>• 임도·작업로 등산길<br>• 상기의 토지 안에 있는 암석지·소택지<br>※ 농지·초지·주택지·도로 및 그밖에 대통령령이 정하는 토지 제외<br>- 과수원·차밭·꺾꽃이순 또는 접순의 채취원<br>- 입목·죽이 생육하고 있는 건물 담장 안의 토지, 논두렁·밭두렁, 하천·제방·구거·유지에 해당하는 토지 |
| 산지전용<br>(법 제2조) | • 산지를 다음 하나에 해당하는 용도 외로 사용하거나 이를 위해 산지의 형질변경을 하는 것<br>- 조림·숲 가꾸기 벌채, 토석 등 임산물의 채취, 산지 일시 사용 |

| 산지일시사용<br>(법 제2조) | • 다음 어느 하나에 해당하는 것<br>- 산지로 복구할 것을 조건으로 일정 기간 동안 사용하거나 이를 위하여 산지의 형질을 변경하는 것<br>- 산지를 임도, 임산물을 운반하는 도로, 등산로, 탐방로, 그밖에 이와 유사한 산길로 사용하기 위하여 산지의 형질을 변경하는 것 |
|---|---|
| 산지관리의<br>기본원칙(법 제13조) | • 산지는 임업의 생산성을 높이고 재해방지, 수원보호, 자연생태계 보전, 자연경관보전, 국민보건휴양 증진 등 산림의 공익기능을 높이는 방향으로 관리되어야 하며, 산지전용은 자연친화적인 방법으로 하여야 함 |

## 산지의 구분

| | | |
|---|---|---|
| 보전<br>산지 | 임업용산지<br>(법 제3조)<br>(영 제4조) | • 산림자원의 조성과 임업경영 기반 구축 등 임업생산 기능의 증진을 위하여 필요한 산지로 채종림 및 시험림, 보존국유림, 임업진흥권역의 산지, 그밖의 임업생산기능의 증진을 위하여 필요한 산지로서 대통령령이 정하는 산지<br>- 다른 법률에 따라 특정 목적으로 보전 또는 이용하기 위하여 지역·지구 및 구역 등으로 지정 또는 결정되지 아니한 산지로서 다음 중 하나에 해당되는 산지<br>1) 형질이 우량한 천연림 또는 인공조림지로서 집단화 되어 있는 산지<br>2) 토양이 비옥하여 입목의 생육에 적합한 산지<br>3) 요존국유림 외의 국유림으로서 산림이 집단화 되어 있는 산지<br>4) 지방자치단체의 장이 산림경영 목적으로 사용하고자 하는 산지<br>5) 그밖에 임업의 생산기반 조성 및 임산물의 효율적 생산을 위한 산지 |
| | 공익용산지<br>(법 제4조) | • 임업생산과 함께 재해방지·수원보호·자연생태계 보전·자연경과 보전국민보건휴양 증진 등의 공익기능을 위하여 필요한 산지로서 다음의 산지를 대상으로 산림청장이 지정하는 산지<br>- 산림문화 휴양에 관한 법률에 따른 자연휴양림의 산지<br>- 사찰림의 산지<br>- 제9조에 따른 산지전용 일시사용제한구역<br>- 야생동물보호법 제27조에 따른 시·도 야생동물특별보호구역 및 같은 법 제33조에 따른 시·도 야생동물보호구역 및 야생동물보호구역의 산지<br>- 자연공원법에 따른 공원구역의 산지<br>- 문화재보호법에 따른 문화재보호구역의 산지<br>- 수도법에 따른 상수원보호구역의 산지 |
| | | - 개발제한구역의 지정 및 관리에 관한 특별조치법에 따른 개발제한구역의 산지<br>- 국토의 계획 및 이용에 관한 법률에 따른 녹지지역 중 대통령령으로 정하는 녹지지역의 산지<br>- 자연환경보전법에 따른 생태·경관보전지역의 산지<br>- 습지보전법에 따른 습지보호지역의 산지<br>- 독도 등 도서지역의 생태계보전에 관한 특별법에 따른 특정 도서의 산지 |
| 보전<br>산지 | 공익용산지<br>(법 제4조) | - 산림보호법에 따른 산림보호구역의 산지<br>- 그밖에 공익 기능을 증진하기 위하여 필요한 산지로서 대통령령으로 정하는 산지 |

| 준보전산지<br>(법 제4조) | • 보전산지 이외의 산지 |
|---|---|

## 산지전용 · 협의 · 신고

| 산지전용 허가<br>(법 제14조) | • 산지전용을 하려는 자는 대통령령으로 정하는 바에 따라 그 용도를 정하여 산림청장의 허가를 받아야 하며, 허가받은 사항의 변경시에도 동일. 단, 농림수산식품부령으로 정하는 사항으로서 경미한 사항 변경시 산림청장의 신고로 갈음함. |
|---|---|
| 산지전용협의<br>(법 제14조) | • 관계행정기관의 장이 다른 법률에 의하여 산지전용 허가가 의제되는 행정 처분을 하기 위하여 산림청장과의 협의 필요<br>• 관계행정기관의 장이 산지전용 협의를 한 후 산지전용 허가가 의제되는 행정처분을 한 때에는 지체 없이 이를 산림청장에게 통보<br>• 산지전용 협의 절차<br><br>산지전용<br>협의요청<br>(관계행정기관의<br>장 → 산림청장) ▶ 산지관리<br>위원회 심의 ▶ 산지전용<br>여부 심사<br>(산림청장) ▶ 동의 여부 통보<br>(산림청장 → 관계행<br>정기관의 장) |
| 산지전용신고<br>(법 제15조) | • 다음의 용도로 산지전용을 하고자 하는 자는 산림청장 또는 시장·군수·구청장에게 신고<br>- 산림경영, 산촌개발, 임업시험연구 및 수목원·산림생태원·자연휴양림 조성을 위한 영구시설과 그 부대시설의 설치<br>- 농림어업인의 주택시설과 그 부대시설의 설치<br>- 건축법에 따른 건축허가 또는 건축신고 대상이 되는 농림수산물의 창고·집하장·가공시설 등 대통령령으로 정하는 시설의 설치 |

## 산지전용 허가 절차

| 산지전용 허가신청 | • 산지를 전용하려는 자 → 산림청장·시장·군수·구청장 |
|---|---|
| 산지관리위원회 심의 | • 중앙산지관리위원회 또는 지방산지관리위원회 |
| 심사 및 검토(산림청장) | • 허가대상 산지에 대하여 산지 조사를 실시하고, 허가기준에 적합한지 여부 심사<br>• 당해 산지를 관할하는 국유림관리소장 또는 시장·군수·구청장의 의견을 들을 수 있음 |
| 산지전용 허가(관할청) | • 산림청장은 산지전용을 허가함에 타당하다고 인정되는 때에는 산지전용 허가증 교부 |

## 산지전용 허가·협의 권한 위임

| 위임자 | 수임자 | 소유구분 | 위임사항 |
|---|---|---|---|
| 산림청장 | 시·도지사 | 산림청장의 소관이 아닌 국유림·공유림 또는 사유림의 산지 | • 공익용 산지인 보전산지인 지정 해제<br>• 3만 ㎡ 이상 50만 ㎡ 미만의 보전산지 지정 해제<br>• 산지면적이 50만 ㎡~200만 ㎡ 미만인 지역 등의 지정협의·결정 협의 및 변경 협의(보전산지의 경우 3만 ㎡~100만 ㎡ 미만)<br>• 산지전용 면적 및 산지일시 사용면적이 50만 ㎡~200만 ㎡ 미만(보전산지는 3만 ㎡~100㎡ 미만) |
| 산림청장 | 지방 산림청장 | 산림청장의 소관인 국유림의 산지 | • 관계 전문기관의 지정 또는 조사협의체의 구성 및 조사·검토결과의 반영<br>• 불법 산지전용조사 및 그 조사결과에 따른 필요한 조치의 명령<br>• 과태료의 부과 징수 |
| 산림청장 | 지방 산림청장 | - | • 광구에서 토석의 매각<br>• 국유림의 산지 안에서 토석채취 면적이 10만 ㎡ 이상의 토석의 매각·무상양여<br>• 국유림의 산지 안에서 토석채취면적이 10만 ㎡ 이상의 토석의 매각계약의 해제 및 무상양여의 취소<br>• 청문 |
| 산림청장 | 시장·군수구 청장 | 산림청장의 소관이 아닌 국유림·공유림 또는 산유림의 산지 | • 3만 ㎡ 미만의 보전산지 지정 해제<br>• 산지면적이 50만 ㎡ 미만(보전산지는 3만㎡ 미만)인 지역 등의 지정협의 결정 협의 및 변경협의<br>• 산지전용 면적 및 산지 일시사용면적이 50만 ㎡ 미만(보전산지는 3만 ㎡ 미만)인 산지에 대한 다음의 권한<br>- 불법 산지전용조사 및 그 조사결과에 따른 필요한 조치의 명령<br>- 대체산림자원조성비의 부과·징수·환급 및 감면<br>- 포상금의 지급<br>- 과태료의 부과 및 징수 |
| 산림청장 | 국유림 관리소장 | 산림청장의 소관인 국유림의 산지 | |
| 산림청장 | 시장·군수 구 청장 | | • 채석단지에서의 채석신고·변경신고 및 채석기간의 연장신고<br>• 과태료의 부과징수 |
| 산림청장 | 국유림 관리소장 | | • 산지전용·일시 사용제한지역의 산지 매수<br>• 산지전용 면적 및 산지 일시사용 면적이 50만 ㎡ 미만인 산지에 대한 권한(전용신고·변경신고·일시사용신고·산지전용기간의 변경 신고의 수리)<br>• 채석단지에서 채석신고·변경신고 및 채석기간의 연장신고<br>• 토석채취면적이 10만 ㎡ 미만인 토석의 매각 무상양여, 매각계약의 해제 및 무상양여의 취소 등 |

• 산림청장은 국립수목원장·국립산림총종관리센터장·국립산림과학원장 또는 국립자연휴양림관리소장 소관의 국유림에 대한 사항을 국립수목원장·국립산림품종관리센터장·장·국립산림과학원장 또는 국립자연휴양림관리소장에게 위임

## 산지전용 관련 법제의 내용

| | | | |
|---|---|---|---|
| 산지개관 | 산지 | 산지 | 산지관리법, 측량수로조사 및 지적에 관한 법률, 산림자원의 조성 및 관리에 관한 법률, 입목에 관한 법률, 토지이용규제기본법 |
| | 산지의 관련 법제 | 산지의 법제개관 | 국토기본법, 국토의 계획 및 이용에 관한 법률,개발제한구역의 지정 및 관리에 관한 특별조치법, 산지관리법 |
| 산지보전 | 산지의 구분 | 산지의 구분 | 산지관리법, 국유림의 경영 및 관리에 관한 법률, 산림자원의 조성 및 관리에 관한 법률, 국토의 계획 및 이용에 관한 법률 |
| | 보전산지 | 보전산지의 지정, 보전산지에서의 행위제한 | 산지관리법, 건축법, 국토의 계획 및 이용에 관한 법률, 야생동식물보호법 |
| 산지전용 | 산지전용의 허가신고 | 간지전용허가, 산지전용신고 | 산지관리법, 건축법, 국토의 계획 및 이용에 관한 법률, 질서위반행위규제법 |
| | 대체산림자원조성비 | 대체산림자원조성비 | 산지관리법. 관광진흥법, 광산피해의 방지 및 복구에 관한 법률, 국가균형발전특별법, 택지개발촉진법 |
| | 산지전용 일시 용제한지역 | 산지전용 일시 사용제한지역의 지정, 산지전용 일시 사용제한지역에서의 행위 제한 | 산지관리법, 건축법, 임업 및 산촌진흥촉진에 관한 법률, 자연공원법, 자연환경보전법, 토지이용규제기본법 |
| | 전용후 관리 | 전용허가의 취득, 용도변경의 승인, 산지의 지목변경 | 산지관리법, 측량 수로조사 및 지적에 관한 법률 |
| | 재해방지 및 복구 | 재해방지 및 복구명령, 산지전용지의 복구 | 산지관리법, 질서위반행위 규제법 |
| 토석채취 | 토석채취 | 토석채취허가, 토사채취신고 | 산지관리법, 질서위반행위 규제법 |
| | 채석신고 | 채석단지의 지정, 채석단지에서의 채석신고 | 산지관리법, 질서위반행위 규제법 |
| | 국유림의 토석 매각 | 국유림의 토석 매각 | 산지관리법, 국가를 당사자로 하는 계약에 관한 법률 |
| | 토석채취제한지역 | 토석채취 제한지역의 지정, 토석채취 제한지역에서의 행위 제한 | 산지관리법, 산림자원의 조성 및 관리에 관한 법률, 정부조직법, 지방자치법 |
| | 재해방지 및 복구 | 재해방지 및 복구명령, 토석채취 허가 산지의 복구 | 산지관리법, 질서위반행위규제법 |

## 산지청 소관 법령 : 총 45개 법령

| 구분 | 법률(16) | 대통령령(15) | 부령(14) |
|---|---|---|---|
| 산림<br>자원 | 산림기본법 | 산림기본법 시행령 | |
| | • 산림자원의 조성 및 관리<br>에 관한 법률 | • 산림자원의 조성 및 관리<br>에 관한 법률 시행령 | • 산림자원의 조성 및 관리에 관한<br>법률 시행규칙 |
| | • 산림자원의 조성 및 관리에 관한 법률 | | |
| | 임업시험의 실시 등에 관한 규칙 | | |
| 산지<br>이용 | • 임업 및 산촌 진흥촉진에<br>관한 법률 | • 임업 및 산촌진흥촉진에<br>관한 법률 시행령 | • 임업 및 산촌진흥촉진에 관한 법<br>률 시행규칙 |
| | • 산림조합의 구조개선에 관<br>한 법률 | 임업 및 산촌진흥촉진에 관<br>한 법률 시행령 | 산림조합법 시행규칙<br>산림조합의 구조개선에 관한 법률<br>시행규칙 |
| | • 산지관리법 | • 산지관리법 시행령 | • 산지관리법 시행규칙 |
| | • 국유림의 경영 및 관리에<br>관한 법률 | • 국유림의 경영 및 관리에<br>관한 법률 시행령 | • 국유림의 경영 및 관리에 관한 법<br>률 시행규칙 |
| | • 국유림의 경영 및 관리에<br>관한 법률 | • 산림문화·휴양에 관한<br>법률 시행령 | • 산림문화·휴양에 관한 법률 시<br>행규칙 |
| | • 민간인통제선 이북지역 산지관리특별법 | | |
| | 산림교육의 활성화에 관한 법률 | | |
| 산림<br>보호 | • 백두대간보호에 관한 법률<br>• 수목원조성 및 진흥에 관<br>한 법률 | • 백두대간보호에 관한 법<br>률 시행령<br>• 수목원 조성 및 진흥에 관<br>한 법률 시행령 | • 수목원조성 및 진흥에 관한 법률<br>시행규칙 |
| | • 사방사업법 | • 사방사업법 시행령 | • 사방사업법 시행규칙 |
| | • 소나무재선충병 방제<br>특별법 | • 소나무 재선충병 방제 특<br>별법 시행령 | • 소나무 재성충병 방제특별법 시<br>행규칙 |
| | • 청원산림보호직원 배치에<br>관한 법률 | • 청원산림보호직원 배치에<br>관한 법률 시행령 | • 청원산림보호직원 배치에 관한<br>법률 시행규칙 |
| | • 산림보호법 | • 산림보호법 시행령 | • 산림보호법 시행규칙 |
| | • 산림보호직원복제규칙 | | |

## 산림훼손(형질변경) 허가절차

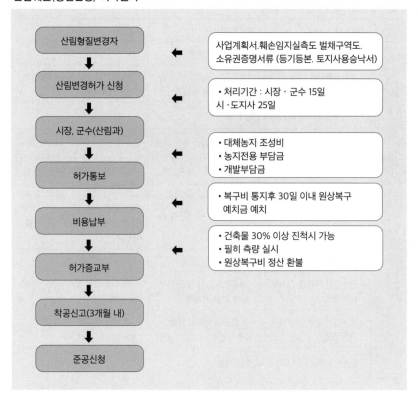

산림형질변경자 → 산림변경허가 신청 → 시장, 군수(산림과) → 허가통보 → 비용납부 → 허가증교부 → 착공신고(3개월 내) → 준공신청

← 사업계획서.훼손임지실측도 벌채구역도. 소유권증명서류 (등기등본. 토지사용승낙서)

← • 처리기간 : 시장 · 군수 15일
　시 · 도지사 25일

← • 대체농지 조성비
　• 농지전용 부담금
　• 개발부담금

← • 복구비 통지후 30일 이내 원상복구
　예치금 예치

← • 건축물 30% 이상 진척시 가능
　• 필히 측량 실시
　• 원상복구비 정산 환불

## 산림의 이용 구분

| 산림 | 보전임지 | 생산임지 | 요존국유림·채종림·시험림·임업진흥촉진법 규정에 의한 임업진흥권역 등 산림경영에 적합한 산림중 대통령령이 정하는 산림 | 집약적인 임업생산기능의 증진 |
|---|---|---|---|---|
| | | 공익임지 | 보안림·천연보호림·휴양림·사방지·조수보호구·공원·문화재보호구역·사찰림·상수원보호구역·개발제한구역·보전녹지지역·생태계보전지역 기타 대통령령이 정하는 산림 | 산림의 공익기능과 임업생산기능의 증진 |
| | 준보전임지 | 위 외 산림 | | 임업생산, 농림어민의 소득기반확대 및 산업용지의 공급 등 |

- 전원주택은 대부분 준보전임지에서 이루어지므로 보전임지에 대한 전용허가등은 생략하고 산림형질변경허가에 대해서 간략히 설명한다.

※ 보전임지의 전용도 넓은 의미에서는 형질변경이라고 하지만 행정절차상 "보전임지의 전용"과 "준보전임지 형질변경" 허가는 상당히 다르다.

| 산림의 형질변경 허가 등 | |
|---|---|
| 허가대상 | 산림 안에서 입목의 벌채, 산림의 형질변경 또는 임산물의 굴취·채취(석재 및 토사의 굴취·채취를 제외)를 하고자 하는 자(토지의 형질변경이 수반되는 산림의 형질변경. 이하 같음)는 농림부령이 정하는 바에 따라 시장·군수 또는 지방산림관리청장의 허가를 받아야 한다 다만, 변경허가신청의 경우에는 변경사항과 관련된 서류에 한하여 첨부한다. <산림법 90조, 시행규칙 88조> |
| | 첨부서류<br>사업계획서(연차별 사업계획표시) 1부<br>축척 1/6,000 또는 1/1,200의 형질변경 임지실측도 1부<br>산림의 소유권 또는 사용수익권을 증명할 수 있는 서류 1부 |
| 신고대상 | 1. 지하자원 또는 석재의 개발을 위한 시추사업을 위하여 필요한 경우<br>2. 임도, 산림사업을 위한 작업로, 임산물 반출을 위한 운재로, 방화선 기타 산림관리시설 및 보호시설을 설치하기 위하여 필요한 경우<br>3. 목탄·목초액 기타 임산물의 간이가공시설을 설치하기 위하여 필요한 경우<br>4. 농업인·임업인·어업인이 다음에 해당하는 시설을 설치하기 위하여 필요한 경우<br>가. 농·임업기계를 보관하기 위한 시설<br>나. 농막·농로·축사·버섯재배사·누에사육시설<br>5. 농업인등이 1만 ㎡ 미만의 경사 30도 미만인 임지를 입목의 벌채 없이 형질변경하여 산채·약초·특용작물·야생화를 재배하고자 하는 경우<br>6. 농업인등이 산양·면양·염소·사슴·토끼 기타 축산법 제2조 제1호의 규정에 의한 가축을 방목하는 경우. 다만, 조림 후 15년이 경과되지 아니한 조림지를 제외한다.<br>7. 보전임지의 전용허가·협의 또는 형질변경허가를 받은 목적사업 시행을 위한 현장 사무소 등 일시적으로 사용하는 부대시설의 설치를 위하여 필요한 경우<br>8. 농업인등 또는 관상수 생산자가 1만 ㎡ 미만의 경사 30도 미만인 임지를 형질변경하여 관상수를 재배하고자 하는 경우 <개정 2000.5.16> |

| 산림형질변경 허가 심사기준 |
| :---: |

시장·군수 또는 지방산림관리청 국유림관리소장은 제1항의 규정에 의한 신청서를 받은 때에는 다음 사항을 조사 확인하여 허가함이 타당하다고 인정될 때에는 별지 제72호 서식에 의한 허가증을 교부하여야 한다.

<산림형질변경허가의 심사기준>
1. 형질변경금지 및 제한지역 해당 여부
2. 형질변경 임지실측도와 현지 상황과의 부합 여부
3. 산사태 등 재해발생 가능성
4. 인근 지역의 피해 발생 여부

| 산림 형질변경 금지 및 제한지역 |
| :---: |

- 다른 법률의 규정에 의하여 제한하고 있는 지역.
- 명승지, 유적지, 휴양지, 유원지 등 자연경관의 보존이 필요하다고 인정하여 시장이 고시한 지역
- 산사태 위험지 등 재해발생이 우려되는 지역. 다만, 방재시설의 할 것을 조건으로 허가하는 경우에는 예외
- 형질변경허가지에서 제일 가까운 분묘 중심점으로부터 5m 이내. 다만, 연고자의 동의를 받은 경우에는 그러하지 아니한다.
- 보전임지. 다만 보전임지의 전용허가 또는 협의를 받았거나 허가를 받지 아니 하여도 전용이 가능한 경우에는 그러하지 아니한다.
- 산림의 형질변경허가를 할 경우, 실질적으로 채석화 할 우려가 있다고 판단되는 지역.


## 형질변경 허가절차

접수서류 검토 → 현지 조사 → 허가처리 → 대체조림비(전용부담금)부과 및 복구비 예치 허가증 교부

# 산지전용 허가의 절차와 관련 법규 분석

 2006년 10월 이후 산지관리법이 시행되면서 경사도, 준공 등이 더욱 까다로워졌다. 그러나 산지는 땅값과 전용 비용이 낮은데다 자연 풍광이 그대로 보존된 곳이 많기 때문에 전원주택지로 여전히 인기가 높다.

 요즘은 단지형 개발처럼 뜻이 맞는 사람들이 모여 산지를 공동 구입, 분배해서 길을 내는 비용과 토목 비용까지 줄이고자 하는 사람들이 많아졌다. 도시 이외 지역 대지나 잡종지 이외의 지목에서 주택을 지을 경우에는 반드시 개발행위허가 및 산지전용 허가를 얻어야 한다. 물론 도시지역 내 녹지지역에서도 개발행위허가에 따른 산지전용 협의를 거치도록 되어 있다.

 전에는 산림의 대지 전용을 위한 산림형질변경허가는 산지의 종합적이고 체계적인 관리, 산지의 난개발 방지, 친환경적인 산지이용체계 구축을 위해 산지관리법(2002. 12. 30) 동법 시행령(2003.9.29)에 따라 산지전용 허가로 바뀌었다.

일반적으로 도시지역 이외의 산지 중 대지로 전용이 가능한 산지는 용도지역이 관리지역으로 되어 있어야 하며, 용도지역이 농림지역인 산지는 원칙적으로 대지로 전용이 불가능하다. (단 농업인이나 임업인의 농가주택은 가능) 산지는 농지에 비하여 구입 비용에 대한 부담이 적고, 대체조림비 역시 농지조성비에 비해 월등히 적다. 이 때문에 개발 사업에 대한 부담이 덜하여 인기가 많은 것이 사실이다.

그러나 산지를 구매할 때는 지면상으로 설명하기 부족할 정도로 농지에 비해 상당한 주의가 필요하다는 것을 명심해야 한다. 산지 구매에 있어 확인해 볼 사항은 아래와 같다.


## 산지관리법 요약 해설

산림법은 산림자원의 증식과 임업에 관한 기본적 사항을 정하여 산림의 보호·육성, 임업생산력의 향상 및 산림의 공익기능 증진을 도모함으로써 국토의 보전과 국민 경제의 건전한 발전에 이바지함을 목적으로 한다.


### 산림의 이용 구분

산림청장은 지속적인 산림경영과 종합적이고 효율적인 산림관리를 도모하기 위하여 전국의 산림이용 목적에 따라 다음과 같이 구분한다.

▶ 보전임지

• 생산임지 : 요존국유림·채종림·시험림·임업 및 산촌진흥촉진에 관한 법률 제15조의 규정에 의한 임업 진흥권역등 산림경영에 적한 산림 중 대통령령이 정하는 산림

• 공익임지 : 보안림·산림유전자원보호림·휴양림·사방림·조수보호구·공원·문화재보호구역·사찰림·상수원보호구역·개발제한구역·보전녹지지역·생태계보전지역·습지보호지역·특정 도서지역 기타 대통령령이 정하는 산림

▶ 준보전임지 : 생산임지, 공익임지 외의 산림

## 산림의 이용 원칙

▶ 보전임지

• 생산임지 : 집약적인 임업생산기능의 증진
• 공익임지 : 산림의 공익기능과 임업생산기능의 증진

▶ 준보전임지

• 임업생산, 농림어민의 소득기반 확대 및 산업용지의 공급 등 용도지역별 허용행위 보전산지에서의 허용 행위
• 공용, 공공용 시설
• 임도, 산림경영관리사 등 산림경영과 관련 시설
• 수목원, 자연휴양림, 산림공익시설

- 농림어업인의 주택 및 그 부대시설
- 농림어업용 생산, 이용, 가공시설 및 농어촌 휴양시설
- 광물, 지하수, 지하자원의 탐사, 시추 개발과 이를 위한 시설의 설치
- 석유 비축 및 저장시설, 전기통신설비 공용, 공공시설의 설치
- 장사 등에 관한 법률의 규정에 의하여 허가를 받거나 신고를 한 묘지, 화장장, 납골 시설
- 종교시설의 설치
- 병원, 사회복지시설, 청소년수련시설, 근로자복지시설, 공공직업 훈련시설 등
- 교육, 연구 및 기술개발과 관련된 시설
- 위 허용행위의 시설의 설치를 위한 진입로, 현장사무소 등 부대시설의 설치
- 가축의 방목, 산채, 야생화, 관상수 재배, 물건의 적치, 농로의 설치 등 임업용 산지의 목적 달성에 지장을 주지 않는 범위 안에서의 행위

▶ 공익용 산지에서의 허용행위
- 공용, 공공용 사업을 위하여 필요한 사업
- 임도, 산림경영사 등 산림경영과 관련된 시설
- 수목원, 자연휴양림 등 산림공익 시설의 설치
- 광물, 지하자원의 탐사, 시추 개발과 이를 위한 시설의 설치
- 기존 농가주택, 종교시설의 증축
- 증축 : 종전 규모의 100분의 130 이내
- 개축 : 종전 규모의 100분의 110 이내

- 공항, 항만, 운하, 상하수도 시설, 수질오염 방지시설, 기간통신산업

## 산지전용 허가의 기준

- 신청지 평균경사도가 25도 미만
- 신청지 평균 입목도가 광주시 평균입목 150% 이하
- 신청지에 생육하고 있는 50년생 이상인 활엽수림의 비율이 50% 이하
- 신청지 내 절·성토 법면이 50% 이내
- 절개면이 수직 높이가 15m 이내 이어야 함
- 최초 소단의 높이는 2m로 하고, 최초 소단 조성 후 절개면의 수직 높이가 5m 이상인 경우 매 5m 간격으로 폭 2m 이상의 소단을 설치할 수 있어야 함
- 신청지가 산지 표고 높이의 50/100 미만에 위치하여야 함

## 산림전용허가(공장설립 승인 의제 신청시) 구비서류

- 산지전용 허가 신청서
- 사업계획서
- 피해방지 계획서
- 산지 내역서
- 산지전용 예정지가 표시된 임야도 사본 및 1/25,000 이상의 지형도

- 지적측량을 주된 업무로 하여 설립된 비영리법인 또는 측량업자가 측량한 1/6,000 내지 1/1,200의 산지전용 예정지 실측도
- 영림기술자가 조사 작성한 입목축적조사서
- 복구대상 산지의 종단도 및 횡단도와 복구 방법이 포함된 복구계획서

## 산림전용 변경허가 대상

- 산지전용 허가를 받은 자의 명의변경
- 산지전용의 목적, 산지전용을 하고자 하는 산지의 이용계획 및 토사처리계획 등 사업계획의 변경
- 산지전용 면적의 축소 또는 당초 산지전용 면적의 100분의 10 범위 안에서 확대

## 산림전용 변경허가 구비서류

- 산림전용허가 신청시와 동일

## 산림전용 용도변경 승인 대상

산지전용 허가 산지전용 신고를 한 자가 그 목적사업에 사용되고 있

거나 사용된 토지를 대통령령이 정하는 기간 이내에 다른 목적으로 사용하고자 하는 경우.

▶ 시설물을 설치할 목적으로 산지전용 허가 또는 산지전용신고를 한 자가 다음 각목의 1에 해당되는 날부터 5년 이내에 그 목적사업에 사용되고 있거나 사용된 토지를 다른 목적으로 사용하고자 하는 경우.
- 건축법 제18조의 규정에 의한 사용승인을 얻은 날
- 가목의 경우 외에 관계 법령에서 당해 시설물의 승인·신고 또는 사용검사 등을 받도록 규정한 경우의 그 승인·신고 또는 사용검사 등을 받은 날
- 그 밖에 관계법령에서 당해 시설물을 사용하기 위하여 필요한 행정절차를 규정하고 있지 아니한 경우에는 그 설치공사를 수행한 자가 당해 시설물을 준공한 날

▶ 시설물의 설치외의 목적으로 산지전용 허가 또는 산지전용신고를 한 자가 다음 각목의 1에 해당하는 날부터 5년 이내에 그 목적 사업에 사용되고 있거나 사용된 토지를 다른 목적으로 사용하고자 하는 경우.
- 법 제39조 제1항의 규정에 따라 복구를 하여야 하는 경우에는 법 제42조 제1항의 규정에 따라 그 복구준공검사를 받은 날
- 법 제39조 제2항의 규정에 따라 복구의무가 면제된 경우에는 그 면제를 받은 날

## 산림전용 용도변경 승인 구비서류

- 용도변경승인신청서
- 용도변경의 목적 등을 기재한 사업계획서
- 지적측량 대행법인 또는 측량업자가 측량한 축척 1/6,000 내지 1/1,200의 용도변경 예정지가 표시된 실측도
- 피해방지시설의 설치계획 등이 포함된 피해방지 계획서

## 산지전용지의 복구

산지전용 허가(신고)를 받은 자는 목적 사업 또는 산지전용 기간 등이 만료된 때에는 산지를 복구하여야 한다.

▶ 복구설계서의 승인 및 제출기간
- 산지전용 허가 기간 만료 전 : 만료 전 15일 이내의 기간
- 산지전용 허가 기간 만료 후 : 만료 후 15일 이내의 기간
※ 공사 착수시 적지복구설계승인 신청

▶복구설계서의 작성기준
- 복구대상지 전경 사진, 공사예정 공정표, 설계적용기준, 시방서(일반, 특별), 공사표준도, 복구대상 산지 내역서, 공사원가계산서, 현황도, 평면도, 종단도, 횡단도, 구조물도 및 토공량 계산서가 포함된 설계도(복구설계서 작성한 자의 사업자등록증사본 및 자격증 사본)

- 절개면 : 수직 높이가 15m 이내
- 최초 소단은 2m 이하, 이후 매 5m 간격으로 소단 폭 2m 이상 설치하여야 함
- 절개면의 경사가 45도 이하인 경우에는 소단 폭을 2m 이내로 할 수 있음
- 경관 조성 또는 생태복원이 필요한 지역의 절개사면에 대하여는 특수공법 등으로 차폐 또는 녹화하여야 함

▶ 구준공검사
- 신청지적정리를 위하여 등록전환측량성과도 및 지목변경측량성과도 첨부(지적공사)
- 적지복구설계승인서에 의한 복구완료 후 주 목적을 위한 건축물 완공시 준공가능
- 복구준공시 대지 조성지 하자보수를 위한 하자보수보증금 예치(복구비 4%, 5년 예치)

▶ 산림훼손허가 취소 대상
- 거짓 그 밖의 부정한 방법으로 허가를 받거나 신고를 한 경우
- 허가의 목적 또는 조건을 위반하거나 허가 또는 신고 없이 사업계획 또는 사업규모를 변경하는 경우
- 대체산림자원 조성비를 납부하지 아니하였거나, 복구비를 예치하지 아니한 경우
- 재해방지 또는 복구를 위한 명령을 이행하지 아니한 경우
- 허가를 받은 자가 이 조 본문의 규정에 의한 목적 사업의 중지 등의

조치명령을 위반한 경우

• 그 밖에 허가조건을 위반한 경우


▶ 불법행위에 대한 벌칙

• 7년 이하의 징역 또는 5천만 원 이하의 벌금

- 산지전용 허가를 받지 아니하고 산지를 전용하거나 거짓 그 밖의 부정한 방법으로 산지전용 허가를 받아 산지를 전용한 자.

• 5년 이하의 징역 또는 3천만 원 이하의 벌금

- 산지전용변경 허가를 받지 아니하고 산지전용을 하거나 거짓, 그 밖의 부정한 방법으로 변경허가를 받아 산지전용을 한 자.

- 대체산림자원 조성비를 납입하지 아니하고 산지를 전용한 자.

• 3년 이하의 징역 또는 1천만 원 이하의 벌금

- 산지전용신고를 하지 아니하고 산지를 전용하거나 그 밖의 부정한 방법으로 산지전용신고를 하고 산지전용을 한 자.

- 당초 목적 사업의 용도변경 승인을 얻지 아니하고 산지전용된 토지를 다른 용도로 사용한 자.


## 산지관리법(발췌)


제14조 (산지전용 허가)

① 산지전용을 하고자 하는 자는 대통령령이 정하는 바에 따라 그 용도를 정하여 산림청장의 허가를 받아야 한다. 허가 받은 사항 중 농림부령이 정하는 사항을 변경하고자 하는 경우에도 또한 같다.

② 관계 행정기관의 장이 다른 법률에 의하여 산지전용 허가가 의제되는 행정처분을 하기 위하여 산림청장에게 협의를 요청하는 경우에는 대통령령이 정하는 바에 따라 제18조의 규정에 의한 산지전용 허가기준에 적합한지의 여부를 검토하는 데 필요한 서류를 산림청장에게 제출하여야 한다.

③ 관계 행정기관의 장이 제2항의 규정에 의한 협의를 한 후 산지전용 허가가 의제되는 행정처분을 한 때에는 지체 없이 이를 산림청장에게 통보하여야 한다.


제15조 (산지전용신고)

① 다음 각호의 1에 해당하는 용도로 산지전용을 하고자 하는 자는 제14조 제1항의 규정에 불구하고 대통령령이 정하는 바에 따라 산림청장에게 신고하여야 한다. 신고한 사항 중 농림부령이 정하는 사항을 변경하고자 하는 경우에도 또한 같다.

1. 임도·산림경영관리사 등 산림경영과 관련된 시설의 설치

2. 산불의 예방 및 진화와 관련된 시설의 설치

3. 수목원·자연휴양림 그 밖에 대통령령이 정하는 산림공익시설의 설치

4. 임업시험연구를 위한 시설의 설치

5. 농림어업인의 주택시설 및 그 부대시설의 설치

6. 건축법에 의한 건축허가 또는 건축신고의 대상이 아닌 간이농림어업용 시설과 농림수산물의 간이처리시설의 설치

7. 지하자원의 탐사 또는 시추시설의 설치(농림부령이 정하는 기간 동안 임시로 설치하는 경우에 한한다)

8. 제1호부터 제7호까지의 시설의 설치를 위한 진입로, 현장사무소 등 농림부령이 정하는 부대시설의 설치(농림부령이 정하는 기간 동안 임시로 설치하는 경우에 한한다)

9. 가축의 방목

10. 문화재보호법에 의한 문화재지표조사

11. 산채·야생화 및 관상수의 재배

12. 물건의 적치

13. 그 밖에 농림어업용의 경미한 시설의 설치

② 제1항의 규정에 의한 신고대상 시설 및 행위의 범위, 설치 지역, 설치 조건 등에 관하여 필요한 사항은 대통령령으로 정한다.

③ 산림청장은 제1항의 규정에 의하여 산지전용신고를 받은 때에는 그 신고 내용이 제2항의 규정에 의한 신고 대상 시설 및 행위의 범위, 설치 지역, 설치 조건 등에 적합한 경우에 농림부령이 정하는 바에 따라 신고를 수리하여야 한다.

④ 관계 행정기관의 장이 다른 법률에 의하여 산지전용신고가 의제되는 행정처분을 하기 위하여 행하는 산림청장과의 협의 및 그 처분의 통보에 관하여는 제14조 제2항 및 제3항의 규정을 준용한다

## 산지관리법 시행령

① 제15조 (산지전용 허가의 절차 및 심사)

법 제14조 제1항의 규정에 따라 산지전용 허가 또는 변경허가를 받고자 하는 자는 신청서에 농림부령이 정하는 서류를 첨부하여 산림청장에

게 제출하여야 한다.

② 산림청장은 제1항의 규정에 따라 산지전용 허가 또는 변경허가의 신청을 받은 때에는 허가 대상 산지에 대하여 현지조사를 실시하고, 그 신청 내용이 법 제18조의 허가기준에 적합한지 여부를 심사하여야 한다.

③ 산림청장은 제2항의 규정에 따라 심사한 결과 산지전용을 허가함이 타당하다고 인정되는 때에는 농림부령이 정하는 바에 따라 허가구역의 경계를 표시하게 하고 농림부령이 정하는 산지전용 허가증을 신청인에게 교부하여야 한다.

다만, 신청인이 법 제19조 제1항의 규정에 따라 대체 산림자원 조성비를 미리 납부하여야 하거나 법 제38조 제1항 본문의 규정에 따라 복구비를 미리 예치하여야 하는 때에는 그 납부·예치 사실을 확인한 후 이를 교부하여야 한다. 〈개정 2005.8.5〉

## 산지관리법 시행규칙

제10조 (산지전용 허가의 신청 등)

① 영 제15조 제1항의 규정에 의한 산지전용 허가신청서는 별지 제3호 서식에 의하고, 산지전용변경 허가신청서는 별지 제4호 서식에 의한다.

② 영 제15조 제1항에서 "농림부령이 정하는 서류"라 함은 다음 각호의 서류를 말한다. 다만, 변경 허가를 신청하는 경우에는 그 변경 사실을 증명할 수 있는 서류에 한한다. 〈개정 2005. 8. 24〉

1. 사업계획서 (산지전용의 목적, 사업기간, 산지전용을 하고자 하는 산지의 이용계획, 토사처리 계획 및 피해방지계획 등이 포함되어야 한다) 1부

2. 삭제 〈2005.8.24〉

3. 산지전용을 하고자 하는 산지의 소유권 또는 사용·수익권을 증명할 수 있는 서류 1부 (토지 등기부등본의 경우 행정정보 공동이용 가능시 제출 생략)

4. 산지전용 예정지가 표시된 축척 1/25,000 이상의 지형도 (10만 ㎡ 이상의 산지전용 인 경우에는 국토지리정보원이 작성한 수치지형도이어야 한다) 1부

5. 지적법 제41조의 2의 규정에 의하여 지적측량업의 등록을 한 지적측량업자나 동법 제41조의 9의 규정에 의하여 설립된 대한지적공사(이하 "지적측량대행법인"이라 한다) 또는 측량법 제2조 제10호의 규정에 의한 측량업자(이하 "측량업자"라 한다)가 측량한 축척 1/6,000 내지 1/1,200의 산지전용예정지 실측도 1부

6. 산림법 시행령 제15조 제1항의 규정에 의한 영림기술자(이하 "영림기술자"라 한다)가 조사 작성한 입목축적조사서(허가신청일 전 1년 이내에 작성된 것에 한한다.) 1부

7. 복구대상산지의 종단도 및 횡단도와 복구공종·공법 및 견취도가 포함된 복구계획서 1부(복구하여야 할 산지가 있는 경우에 한한다)

8. 산림법 시행령 제15조의 2의 규정에 의한 산림토목기술자 또는 국가기술자격법 시행령 제2조의 규정에 의한 산림공학기사·토목기사·측량 및 지형공간정보기사 이상의 자격증 소지자가 조사·작성한 평균경사도조사서 1부

# 산지전용신고

## ■ 구비서류

1. 사업계획서(산지전용목적, 사업기간, 산지전용을 하려는 산지의 이용계획, 토사처리계획 및 피해방지계획 등이 포함되어야 합니다)1부

2. 산지전용을 하려는 산지의 소유권 또는 사용·수익권을 증명할 수 있는 서류 1부(토지등기부등본으로 확인할 수 업는 경우에 한정하고, 사용·수익권을 증명할 수 있는 서류에는 사용·수익권의 범위 및 기간이 명시되어야 합니다)

3. 산지전용예정지가 표시권 축척2만천부의 이상의 지적이 표시된 지형도(「토지이용규제 기본법」 제2조에 따라 국토이용정보체계에 지적이 표시된 지형도의 데이터베이스가 구축되어 있지 아니하거나 지형과 지적의 불일치로 지형도의 활용이 곤란한 경우에는 지적도 1부

4. 「지적법」 제1조의2에 따라 지적측량업의 등록을 한 지적측량업자나 같은 법 제1조의9에 따라 설립된 대한지적공사 또는 「측량법」 제2조제10호에 따른 측량업자가 측량한 축척 6천분의 1 내지 1천00분의 1의산지전용예정자실측도(「산지관리법 시행령」 별표3 제1호 가옥에 따라 임도를 사설하는 경우에는 임도설계도서로, 동호 바목에 따라 조림·육림 및 임산물 생산을 위하여 운재로 또는 작업로를 설치하는 경우에는 산지전용예정지 노선이 표시된 임야도 사본으로 갈음할 수 있습니다.)

5. 복구대상산지의 종단도 및 횡단도와 복구공종·공법 및 건취도가 포함된 복구계획서 1부(복구하여야 할 산지가 있는 경우에 한정하고, 「산지관리법 시행령」 별표3 제1호 바목에 따른 운재로 또는 작업로 조림·림림 및 임산물 생산을 위하여 설치하는 경우에는 복구대상산지의 종단도 및 횡단도 제출을 생략할 수 있습니다)

## ■ 담당 공무원 확인사항(부동의하는 경우 신청인이 직접 제출하여야 하는 서류)

토지등기부등본

## ■ 수수료

「산지관리법 시행령」 51조제항에서 정하는 수수료

## ■ 절차도

| 신청인 | 처리기관(담당부서) |
|---|---|
| | 산림청, 국립산림과학원, 국립수목원, 지방산림청, 지방산림청국유림관리소, 특별시·관역시·도, 시·군·구산지전용 허가 담당부서) |

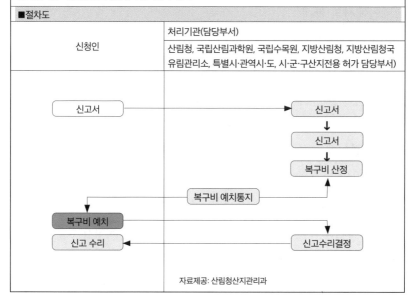

자료제공: 산림청산지관리과

9. 농지법 제51조의 규정에 의한 농지원부 사본 1부 (제 7조 제1호의 규정에 의한 농업인임을 증명하여야 하는 경우에 한하며, 축산업에 종사하는 농업인의 경우에는 축산법 제20조의 규정에 의한 축산업등록증명 또는 읍·면·동장이 발급하는 가축 자가사육 사실 확인원으로 농지원부를 대신할 수 있다.)

③ 법 제14조 제1항 후단에서 "농림부령이 정하는 사항"이라 함은 다음 각호의 1에 해당하는 사항을 말한다.〈개정 2005.8.24〉

1. 산지전용 허가를 받은 자의 명의변경

2. 산지전용의 목적, 산지전용을 하고자 하는 산지의 이용계획 및 토사처리계획 등 사업계획의 변경. 다만, 건축물의 경우에는 변경하고자 하는 바닥면적의 합계가 50㎡ 이하이거나 전체 건축연면적의 1/10 이하인 경우를 제외한다.

3. 산지전용 면적의 축소 또는 당초 산지전용 면적의 10/100의 범위 안에서의 확대

4. 당초의 산지전용 허가를 1회에 한하여 연차별 사업계획 등에 따라2 이상의 산지전용 허가로 변경하는 사항

④ 산림청장, 지방산림청장 또는 시·도지사는 영 제15조 제2항의 규정에 따라 산지전용 허가 또는 변경허가의 신청내용을 심사함에 있어서 필요한 경우에는 당해 산지를 관할하는 국유림관리소장 또는 시장·군수·구청장의 의견을 들을 수 있다.〈개정 2006.1.26〉

⑤ 영 제15조 제3항의 규정에 의한 경계의 표시는 허가구역의 경우에는 백색 페인트로 하며, 발파·정지작업 등으로 경계 표시가 훼손될 우려가 있을 때에는 그 경계선으로부터 3미터 외측에 보조 표시를 적색페인트로 하여야 한다. 이 경우 표시의 폭은 5㎝ 이상으로 한다.

# 산지관리법 시행령 일부 개정

## 1. 개정 이유

▶ 산지관리법이 개정 공포(2009. 5. 27. 법률 제9722호)됨에 따라 시행령에 위임된 사항을 규정하는 한편, 현행 제도의 운영상 나타난 일부 미비점을 개선·보완하려는 것임.

## 2. 주요 내용

가. 교육시설 기반 확충을 위하여 임업용 산지에서 각급 학교시설을 허용함.

나. 농림어업인의 경영여건 개선을 위하여 임산물 소득원 지원대상 품목의 재배를 위한 부지면적을 1만 ㎡에서 3만 ㎡ 미만으로 확대함.

다. 농림어업 경영효율성 제고를 위하여 공익용 산지에서 농림어업의 주택신축 허용.

라. 산지전용 허가기준 등의 적합성 여부 확인 대상면적을 구역등의 지정 협의, 산지전용 또는 협의 면적이 1만 ㎡ 이상인 경우로 함.

마. 토석채취허가 기간이 만료된 후 그 기간이 만료되기 전에 이미 채취한 석재를 반출하려는 경우 등 경미한 사항에 대하여는 산지관리위원회의 심의를 생략할 수 있도록 함.

바. 국가·지방자치단체 등이 시행하는 산업단지사업 등의 경우에는 복구비 예치의무를 면제함.

사. 농림어업인 경영 여건 개선을 위하여 농림어업용의 농기계수리시설, 농기계창고, 농축수산물의 창고·집하장 또는 그 가공시설의 경우 시설의 최소 규모를 폐지함.

아. 임도를 활용한 농림어업인의 주택 및 그 부대시설의 설치를 허용함.

자. 준공검사가 완료되지 않았으나 실제로 통행이 가능한 도로로서 도로관리청 또는 도로관리자의 동의를 받은 경우 산지전용을 허용함.

차. 민간투자 후 국가 등에 기부채납 또는 무상귀속하게 되는 공용·공공용시설의 경우 산지전용 허가기준 일부를 완화함.

# 산지전용 허가기준의 범위와 사업별·규모별 세부기준

## 산지전용시 적용되는 허가기준

### 산지전용시 공통으로 적용되는 허가기준

| 허가기준 | 세부기준 |
|---|---|
| 인근 산림의 경영·관리에 큰 지장을 주지 아니할 것 | 산지전용으로 인하여 임도가 단절되지 아니할 것. 다만, 단절되는임도를 대체할 수 있는 임도를 설치하거나 산지전용 후에도 계속하여 임도에 대체되는 기능을 수행할 수 있는 경우에는 그러하지 아니하다. |
| 희귀 야생동·식물의 보전 등 산림의 자연생태적 기능유지에 현저한 장애가발생되지 아니할 것 | 개체수나 자생지가 감소되고 있어 계속적인 보호·관리가 필요한 야생동·식물이 집단적으로 서식하는 산지 또는 산림자원의 조성 및 관리에 관한 법률 제19조 제1항에 따라 지정된 수형목 및 산림보호법 제13조에 따라 지정된 보호수가 생육하는 산지가 편입되지 아니할 것. 다만, 원형으로 보전하거나 생육에 지장이 없도록 이식하는 경우에는 그러하지 아니하다. |
| 토사의 유출·붕괴 등 재해발생이 우려되지 않을 것 | 1) 산지의 경사도, 모암, 산림상태 등 농림수산식품부령으로 정하는 산사태 위험지 판정기준표상의 위험 요인에 따라 산사태가 발생할 가능성이 높은 것으로 판정된 지역 또는 산사태가 발생한 지역이 아닐 것. 다만, 재해방지시설의 설치를 조건으로 허가하는 경우에는 그렇지 않다.<br>2) 하천·소하천·구거의 선형은 자연 그대로 유지되도록 계획을 수립할 것. 다만, 재해방지시설의 설치를 조건으로 허가하는 경우에는 그렇지 않다. |

| | |
|---|---|
| 토사의 유출·붕괴 등 재해발생이 우려되지 않을 것 | 3) 배수시설은 배수를 하천 또는 다른 배수시설까지 안전하게 분산 유도할 수 있도록 계획을 수립할 것. 다만, 배수량이 토사유출 또는 붕괴를 발생시킬 우려가 없는 경우에는 그렇지 않다.<br>4) 성토 비탈면은 토양의 붕괴·침식·유출 및 비탈면의 고정과 안정을 유도하기 위한 공법을 적용할 것.<br>5) 돌쌓기, 옹벽 등 재해방지시설을 그 절토·성토면에 설치하는 경우에는 해당 재해방지시설의 높이를 고려하여 그 재해방지시설과 건축물을 수평으로 적절히 이격할 것. |
| 산림의 수원함양 및 수질보전기능을 크게 해치지 아니할 것 | 전용하려는 산지는 상수원보호구역 또는 취수장(상수원보호구역 미고시 지역의 경우를 말한다)으로부터 상류 방향 유하거리 10킬로미터 밖으로서 하천 양안 경계로부터 500미터 밖에 위치하여 상수원·취수장 등의 수량 및 수질에 영향을 미치지 아니할 것. 다만, 다음의 어느 하나에 해당하는 시설을 설치하는 경우에는 그러하지 아니하다.<br>1) 하수도법 제2조 제9호·제10호 제13호에 따른 공공하수처리시설·분뇨처리시설·개인하수처리시설<br>2) 가축분뇨의 관리 및 이용에 관한 법률 제2조 제8호에 따른 처리시설<br>3) 도수로·침사지 등 산림의 수원함양 및 수질보전을 위한 시설 |
| 사업계획 및 산지전용 면적이 적정하고 산지전용 방법이 자연경관 및 산림훼손을 최소화하고 산지전용 후의 복구에 지장을 줄 우려가 없을 것 | 1) 산지전용행위와 관련된 사업계획의 내용이 구체적이고 타당하여야 하며, 허가신청자가 허가받은 후 지체 없이 산지전용의 목적사업 시행이 가능할 것.<br>2) 목적사업의 성격, 주변경관, 설치하려는 시설물의 배치 등을 고려할 때 전용하려는 산지의 면적이 과다하게 포함되지 아니하도록 하되, 공장 및 건축물의 경우는 다음의 기준을 고려할 것.<br>가) 공장 : 산업집적활성화 및 공장설립에 관한 법률 제8조에 따른 공장입지의 기준<br>나) 건축물 : 국토의 계획 및 이용에 관한 법률 제77조에 따른 건축물의 건폐율<br>3) 가능한 한 기존의 지형이 유지되도록 시설물이 설치될 것.<br>4) 산지전용으로 인한 비탈면은 토질에 따라 적정한 경사도와 높이를 유지하여 붕괴의 위험이 없을 것.<br>5) 산지전용으로 인하여 주변의 산림과 단절되는 등 산림생태계가 고립되지 아니할 것. 다만, 생태통로 등을 설치하는 경우에는 그러하지 아니하다.<br>6) 전용하려는 산지의 표고가 높거나 설치하려는 시설물이 자연경관을 해치지 아니할 것.<br>7) 전용하려는 산지의 규모가 별표 4의 2의 기준에 적합할 것.<br>8) 장사 등에 관한 법률에 따른 화장장·납골시설·공설묘지·법인묘지·장례식장 또는 폐기물관리법에 따른 폐기물처리시설을 도로 또는 철도로부터 보이는 지역에 설치하는 경우에는 차폐림을 조성할 것.<br>9) 사업계획부지 안에 원형으로 존치되거나 조성되는 산림 또는 녹지에 대하여 적정한 관리계획이 수립될 것.<br>10) 기존 도로(도로공사의 준공검사가 완료되었거나 사용개시가 이루어진 도로를 말한다)를 이용하여 산지전용을 하거나 다음의 어느 하나에 해당하는 산지전용일 것.<br>가) 공장설립허가를 위한 인허가(협의를 포함한다)를 받으려는 경우로서 계획상 도로의 산지전용 허가를 받은 자가 그 계획상 도로의 이용에 관하여 동의한 경우<br>나) 준공검사가 완료되지 않았으나 실제로 통행이 가능한 도로로서 도로관리청 또는 도로관리자가 도로이용에 관하여 동의한 경우 |

| 사업계획 및 산지전용 면적이 적정하고 산지 전용 방법이 자연경관 및 산림훼손을 최소화 하고 산지전용 후의 복구에 지장을 줄 우려가 없을 것 | 11) 건축법 시행령 별표 1 제1호에 따른 단독주택을 축조할 목적으로 산지를 전용하는 경우에는 자기 소유의 산지에 한정할 것.<br>12) 사방사업법 제3조 제2호에 따른 해안 사방사업에 따라 조성된 산림이 사업계획부지 안에 편입되지 아니할 것. 다만, 원형으로 보전하거나 시설물로 인하여 인근의 수목생육에 지장이 없다고 인정되는 경우에는 그러하지 아니한다.<br>13) 분묘의 중심점으로부터 5미터 안의 산지가 산지전용예정지에 편입되지 아니할 것. 다만, 장사 등에 관한 법률 제2조 제16호에 따른 연고자의 동의를 받거나 연고자가 없는 분묘인 경우에는 그러하지 아니한다.<br>14) 산지전용으로 인하여 해안의 경관 및 해안산림생태계의 보전에 지장을 초래하지 아니할 것.<br>15) 농림어업인이 자기 소유의 산지에서 직접 농림어업을 경영하면서 실제로 거주하기 위하여 건축하는 주택 및 부대시설을 설치하는 경우에는 자기 소유의 기존 임도를 활용하여 시설할 수 있다. |

## 산지전용 면적에 따라 적용되는 허가기준

| 허가기준 | 전용면적 | 세부기준 |
|---|---|---|
| 집단적인 조림성공 지 등 우량한 산림 이 많이 포함되지 아니할 것 | 30만 ㎡ 이상의 산지전용에적용 | 집단으로 조성되어 있는 조림성공지 또는 우량한 입목·죽이 집단적으로 생육하는 천연림의 편입을 최소화할 것. |
| 유출·붕괴 등 재해 발생이 우려되지 아니할 것 | 2만㎡ 이상의 산지전용에적용 | 산지전용으로 인하여 홍수시 하류지역의 유량 상승에 현저한 영향을 미치거나 토사유출이 우려되지 아니할 것. 다만, 홍수조절지, 침사지 또는 사방시설을 설치하는 경우에는 그러하지 아니한다. |
| 산지의 형태 및 임 목의 구성 등의 특 성으로 인하여 보 호할 가치가 있는 산림에 해당되지 아니할 것 | 660㎡ 이상의 산지전용에 적 용. 다만, 비고 제1호에 해당 하는 시설에는 적용하지 아니 한다. | 1) 전용하려는 산지의 평균경사도가 25도(체육시설의 설치·이용에 관한 법률 제10조 제1항 제1호에 따른 스키장업의 시설을 설치하는 경우에는 평균경사도 35도) 이하일 것. 다만, 법 제8조에 따른 산지에서의 구역 등의 지정 협의를 거친 경우로서 평균경사도 기준이 검토된 경우에는 평균경사도의 산정 대상에서 제외할 수 있다.<br>2) 전용하려는 산지의 ha 당 입목축적이 산림기본통계상의 관할 시·군·구의 ha 당 입목축적(산림기본통계의 발표 다음 연도부터 다시 새로운 산림기본통계가 발표되기 전까지는 산림청장이 고시하는 시·도별 평균생장률을 적용하여 해당 연도의 관할 시·군·구의 ha 당 입목축적으로 구하며, 산불 발생·솎아베기·벌채를 실시한 후 5년이 지나지 않은 때에도 해당 시·도별 평균생장률을 적용하여 그 산불 발생·솎아베기 또는 벌채 전의 입목축적을 환산한다)의 150% 이하일 것. 다만, 법 제8조에 따른 산지에서의 구역 등의 지정협의를 거친 경우로서 입목축적조사 기준이 검토된 경우에는 입목축적에 대한 검토를 생략할 수 있다.<br>3) 전용하려는 산지 안에 생육하고 있는 50년생 이상인 활엽수림의 비율이 50퍼센트 이하일 것<br>4) 전용하려는 산지를 면적 100㎡의 지역으로 분할하여 각 분할지역의 경사도를 측정하였을 때 경사도가 25도 이상인 지역이 전체 지역의 40% 이하일 것. 다만, 스키장업의 시설을 설치하는 경우는 제외한다. |

| | | 1) 사업계획에 편입되는 보전산지의 면적이 해당 목적사업을 고려할 때 과다하지 아니할 것. 다만, 법 제8조에 따른 산지에서의 구역 등의 지정 협의를 거친 경우로서 사업계획 면적에 대한 보전산지의 면적 비율이 이미 검토된 경우에는 해당 산지의 보전산지 면적 비율에 대한 검토를 생략할 수 있다. |
|---|---|---|
| 사업계획 및 산지전용 면적이 적정하고 산지전용방법이 자연경관 및 산림훼손을 최소화하고 산지전용 후의 복구에 지장을 줄 우려가 없을 것 | 30만 ㎡ 이상의 산지전용에 적용 | 2) 시설물이 설치되거나 산지의 형질이 변경되는 부분 사이에 적정면적의 산림을 존치하고 수림을 조성할 것. 3) 산지전용으로 인한 토사의 이동량은 해당 목적사업 달성에 필요한 최소한의 양일 것. 4) 전용하려는 산지를 대표적으로 조망할 수 있는 지역에 조망점을 선정하고, 조망분석을 실시하여 경관훼손 저감대책을 수립할 것. 5) 조망분석 및 산지경관 영향 시뮬레이션을 실시하여 경관훼손 저감대책을 수립할 것. (산지전용 면적이 50만 ㎡ 이상인 경우에 한정한다.) |

## 산지전용 대상 사업에 따라 적용되는 허가기준

| 허가기준 | 적용대상사업 | 세부기준 |
|---|---|---|
| 사업계획 및 산지전용 면적이 적정하고 산지전용 방법이 자연경관 및 산림훼손을 최소화하고 산지전용 후의 복구에 지장을 줄 우려가 없을 것 | 공장 | 공장부지 면적이 1만 ㎡(둘 이상의 공장을 함께 건축하거나 기존 공장부지에 접하여 건축하는 경우와 둘 이상의 부지가 너비 8m 미만의 도로에 서로 접하는 경우에는 그 면적의 합계를 말한다.) 이상일 것. 다만, 다음의 어느 하나에 해당하는 경우에는 그러하지 아니하다. 1) 국토의 계획 및 이용에 관한 법률 제36조에 따른 관리지역 안에서 농공단지 내에 입주가 허용되는 업종의 공장을 설치하기 위하여 전용하려는 경우. 2) 산업집적활성화 및 공장설립에 관한 법률 제9조 제2항에 따라 고시한 공장설립이 가능한 지역 안에서 공장을 설치하기 위하여 전용하려는 경우. 3) 국토의 계획 및 이용에 관한 법률 시행령 제36조에 따른 주거지역, 상업지역, 공업지역, 계획관리지역, 생산녹지지역, 자연녹지지역에서 공장을 설치하기 위하여 전용하려는 경우. |
| | 도로 | 1) 산지전용·일시사용제한지역, 백두대간보호지역, 산림보호구역, 자연휴양림, 수목원, 채종림에는 터널 또는 교량으로 도로를 시설할 것. 다만, 지형 여건상 우회 노선을 선정하기 어렵거나 터널·교량을 설치할 수 없는 경우 등 불가피한 경우에는 그러하지 아니하다. 2) 도로를 시설하기 위하여 산지전용을 하는 경우로서 능선 방향 단면의 절취고가 해당 도로의 표준터널 단면 유효높이의 3배 이상일 경우에는 지형 여건에 따라 터널 또는 개착터널을 설치하여 주변 산림과 단절되지 아니하도록 할 것. 다만, 지형 여건 또는 사업수행상 불가피하다고 인정되는 경우에는 그러하지 아니하다. 3) 해안에 인접한 산지에 도로를 시설하는 경우에는 해당 도로시설로 인하여 해안의 유실 또는 해안 형태의 변화를 초래하지 아니할 것. |

※ 비고

1. 제2호 다목의 전용면적란 단서에 따라 해당 허가기준을 적용하지 아니하는 시설.

가. 재해복구시설

나. 국가 또는 지방자치단체가 직접 시행하는 공용·공공용시설

다. 관계 법령 또는 인·허가 등의 조건에 따라 민간사업자가 시행하여 국가 또는 지방자치단체에 기부채납 또는 무상귀속하게 되는 공용·공공용 시설

2. 비고 외의 부분 제1호부터 제3호까지의 기준을 적용하는 데 필요한 세부적인 사항은 농림수산식품부령으로 정한다.

3. 해당 산지의 필지를 분할하여 660㎡ 미만으로 산지전용하고자 사업계획을 수립한 것으로 인정되는 경우에는 비고 외의 부분 제2호 다목의 전용면적란의 규정에 불구하고 같은 목 세부기준란의 1) 또는 3)을 적용할 수 있다.

4. 산지전용 허가기준 중에서 산지의 지형 여건 또는 사업수행상 평균경사도 및 입목축적과 관련한 위 기준을 적용하는 것이 불합리하다고 인정되는 경우에는 산지전용 타당성조사 후 중앙산지관리위원회 또는 지방산지관리위원회의 심의를 거쳐 해당 기준의 10/100 범위에서 완화하여 적용할 수 있다.

5. 군사기지 및 군사시설 보호법 제5조 제1항 제1호의 통제보호구역

의 산지가 있는 시·군·구의 1만 ㎡당 입목축적은 임업통계연보에 수록된 해당 시·군·구의 입목축적에 통제보호구역의 산지를 제외한 산지면적으로 나눈 값을 적용한다.

6. 지역 여건상 산지의 보전을 위하여 필요하다고 인정되는 경우에는 표고·입목축적 및 평균경사도의 허가기준을 해당 지방자치단체의 조례로 20/100 범위에서 강화하여 정할 수 있다.

[별표 4의 2] <신설 2010.12.7.>
### 산지의 면적에 관한 허가기준(제20조 제6항 관련)

1. 법 제18조 제5항에 따라 산지전용 허가는 다음 각 호의 어느 하나에 해당하는 경우를 제외하고는 허가면적을 3만 ㎡ 이상으로 할 수 없다.

   가. 국가·지방자치단체 및 국토계획법 시행령 제120조 제1항 제1호부터 제13호까지의 규정에 따른 기관 또는 단체가 공용 또는 공공용 시설을 설치하는 경우

   나. 국가 또는 지방자치단체에 무상 귀속되는 공용 또는 공공용 시설을 설치하는 경우

   다. 국토의 계획 및 이용에 관한 법률 제2조 제4호에 따른 도시관리계획에 따라 도시계획시설 등을 설치하는 경우

   라. 농어촌정비법 제2조 제4호의 농어촌정비사업에 따라 농업생산기반을 조성·확충하기 위한 농업생산기반 정비사업 또는 생활환경을 개선하기 위한 생활환경 정비사업을 하는 경우

마. 광업법에 따라 광물을 채굴하거나 초지법 제5조에 따라 초지를 조성하려는 경우

바. 국토계획법 제36조 제1항 제1호 및 제2호에 따른 주거지역·상업지역·공업지역·녹지지역 및 계획관리지역에서 산지전용을 하는 경우

사. 공장의 증·개축, 건축법 시행령 별표 1 제1호에 따른 660㎡ 미만의 본인 거주 목적의 단독주택(본인 소유의 산지에 건축하는 경우만 해당한다) 및 같은 표 제3호에 따른 제1종근린생활시설을 설치하는 경우

아. 법 제10조 제10호, 제12조 제1항 제14호 및 같은 조 제2항 제6호 산지의 개발과 활용에 따라 임시로 시설을 설치하는 경우

자. 제12조 제13항 제9호에 따라 1년 이내의 기간 동안 물건을 적치하는 경우


2. 산지전용 허가를 신청한 지역(이하 "허가신청지"라 한다)의 경계로부터 직선거리 250m 이내에 이미 산지전용 허가를 받은 지역(이하 "기존허가지"라 한다)이 있는 경우 허가신청지와 기존허가지의 면적(제1호 각 목의 어느 하나에 해당하는 지역의 면적은 제외한다.)을 합산한 면적이 3만 ㎡ 미만인 경우에만 산지전용 허가를 할 수 있다.


3. 제2호에서 기존허가지의 면적은 산지전용 허가의 신청을 받은 허가권자가 허가를 한 면적(관계 행정기관의 장이 허가권자와 협의하여 다른 법령에 따라 산지전용 허가가 의제되는 행정처분을 한 면적을 포함한다.)을 기준으로 한다.


4. 제2호에도 불구하고 다음 각 목의 어느 하나에 해당하는 시설로 인

하여 허가신청지와 기존 허가지가 분리되어 있으면 분리되어 있는 기존 허가지의 면적을 합산하지 아니한다.

가. 철도건설법 제2조 제1호 및 제2호에 따른 철도 및 고속철도

나. 도로법 제2조 제1호에 따른 도로

다. 하천법 제7조 제2항 및 제3항에 따른 하천 및 소하천정비법 제3조 제1항에 따른 소하천 라. 자연공원법 제2조 제1호에 따른 자연공원

마. 도시공원 및 녹지 등에 관한 법률 제2조 제3호에 따른 도시공원(도시지역 외의 지역에 같은 법을 준용하여 설치하는 공원을 포함한다.)

바. 국토계획법 제43조에 따라 특별시장·광역시장·시장 또는 군수가 시설한 주간선도로(이하 "주간선도로"라 한다) 또는 보조간선도로

사. 농어촌도로 정비법 제4조 제2항 제1호 및 제5조 제1항에 따라 군수가 시설한 면도

아. 도시계획시설의 결정·구조 및 설치기준에 관한 규칙 제9조 제3호 가목에 따른 주간선도로 또는 도로법 제8조에 따른 도로에 직접 연결된 2차선 이상의 도로


※ 비고

산림청장은 위 기준을 적용하는 것이 현저히 불합리하다고 인정되는 경우에는 중앙산지관리위원회의 심의를 거쳐 그 기준을 완화하여 적용할 수 있다.

# 산지전용의 규제

산지에서 규제가 강한 순서를 다시 한 번 정리해보자. 산지의 전용이 가장 어려운 곳이 '산지전용제한지역'이며, 두 번째로 전용이 어려운 곳이 '공익용 산지'이다. 세 번째로 산지의 전용이 어려운 곳이 '임업용 산지'이며, 그래서 준보전산지가 가격도 가장 높고 투자가치도 가장 높다. 산지투자가 주로 준보전산지를 대상으로 이루어지는 것이 이와 같은 이유 때문이다.

얼마 전까지 소위 펜션 열풍이 불었다. 경관이 좋은 곳에 펜션을 지어 놓으면 고수익을 얻을 수 있다는 생각에 많은 사람들이 펜션 사업에 뛰어들었던 것이다.

산지를 구입하여 펜션을 지을 때는 산지전용 허가를 받아야 한다. 그리고 펜션을 짓고 나면 지목이 임야에서 '대'로 바뀌게 되며, 이 토지는 더이상 산지가 아니다. 이것이 바로 산지전용이다.

산지를 다른 용도로 이용하고자 할 때는 허가를 받아야 한다. 허가권자는 산림청장이다. 즉 산지를 전용하고자 할 때는 원칙적으로 산림청장의 허가를 받아야 한다. 다만 경미한 사항일 경우에는 예외적으로 신고만으로도 전용이 가능하기도 하다.

신고만으로도 산지의 전용이 가능한 몇 가지 예를 소개하겠다.

① 임도, 산림경영관리사 등 산림 경영과 관련된 시설의 설치.
② 산불의 예방 및 진화와 관련된 시설의 설치.
③ 수목원, 자연휴양림 그 밖에 대통령령이 정하는 산림공익시설의

설치.

④ 임업시험연구를 위한 시설의 설치.

⑤ 농림어업인의 주택시설 및 그 부대시설의 설치.

⑥ 건축법에 의한 건축허가 또는 건축신고의 대상이 아닌 간이농림어
업용 시설과 농림수산물의 간이처리시설의 설치.


산지의 전용은 산림청장의 허가를 받아서 이루어지는데, 산림청장이 산지전용에 대한 허가 여부를 결정할 때, 전용하는 산지의 면적이 50만 ㎡ 이상인 경우에는 그 산지전용 타당성에 대하여 중앙산지관리위원회의 심의를 거치도록 되어 있다.

산지전용과 관련하여 주의해야 할 점이 하나 있다. 산지전용 허가를 받았다고 해서 곧바로 전용의 효력이 발생하는 것이 아니라는 것이다. 즉 산지전용 허가를 받았다고 해서 곧바로 산지를 훼손해서는 안 된다는 점을 유의해야 한다.

산지관리법에는 "산지전용의 효력은 다른 법률에 의한 허가, 인가, 승인 등의 행정처분이 필요한 경우에는 그 행정처분을 받을 때까지 발생하지 아니한다."라고 되어 있기 때문이다.


가령 산지에다 주택을 짓기 위하여 산지전용 허가를 받았다고 하자. 이때 주택을 짓기 위하여 건축법상 건축허가를 별도로 받아야 하는 경우, 건축허가를 받을 때까지는 산지전용 허가의 효력이 발생하지 않는다. 또 이 경우에 건축법상 건축허가가 거부되거나 취소되면 이에 따라 산지전용 허가도 취소된다.

산지에 주택을 짓거나 펜션을 짓게 되면 그만큼 산지가 훼손되어 산

지의 면적이 감소하게 되므로 줄어든 만큼의 산지를 대신하여 다른 산지를 조성하는 데 드는 비용을 납부하도록 하고 있는데, 이를 '대체산림 자원 조성비'라고 한다. 대체산림자원 조성비는 해마다 산림청장이 결정하여 고시한다.

이때 대체산림자원 조성비를 납부하지 아니하면 산지전용 허가가 취소될 수 있다. 반대로 산지전용 허가가 취소되면 이미 납부한 대체산림 자원 조성비는 환급을 받게 된다. 원칙적으로 대체산림자원 조성비는 산지전용 허가를 받기 전에 미리 납부하여야 한다. 그러나 예외적으로 사후에 납부할 수 있는 경우도 있다.

때로는 대체산림자원조성비가 감면되는 경우도 있다. 대체산림자원 조성비가 감면되는 중요한 세 가지 경우만 정리해 보자.

첫째, 대통령령이 정하는 중요 산업시설을 설치하기 위하여 산지전용을 하는 경우에 대체산림자원 조성비가 감면된다.

둘째, 산지전용 신고 대상시설의 설치를 위하여 산지를 전용하는 경우에 감면된다.

위에서 산지전용은 허가를 받아야 하는 경우와 신고만 해도 되는 경우가 있었다. 경미한 사항인 경우 신고만으로 산지의 전용이 가능한 경우가 있는데, 이때는 대체산림자원 조성비가 감면된다.

셋째로, 광물의 채굴 그 밖에 대통령령이 정하는 시설의 설치를 위하여 산지를 전용하는 경우 대체산림자원 조성비가 감면된다.

지금까지 산지의 행위 제한과 산지의 전용에 대해서 살펴보았다. 좋은 산지는 행위 제한의 정도가 약하고 전용이 쉬운 산지이다. 이런 산지가 쓸모가 많고 가격도 높다. 또 이런 산지가 현재뿐만 아니라 앞으로의 가격 상승의 여지도 크다. 따라서 행위 제한의 규제가 약하고 산지의 전용이 보다 수월한 산지에 투자를 하는 것이 현명한 투자 방법이다.

산지에 관한 행위 제한은 산지관리법의 규정에 따라 이루어진다. 즉 어떤 산지에서 투자자가 원하는 행위를 할 수 있느냐 없느냐 하는 것은 산지관리법에 의해 결정된다는 것이다. 그런데 때로는 산지에서의 행위 제한을 산지관리법이 아닌 다른 법률에 의해서 하는 경우도 있다.

투자자들은 이러한 예외적인 경우를 잘 알아 두어야 한다. 대표적인 몇 가지를 예를 들어 보겠다.

공익용 산지 중에서 '다음의 지역'에 관하여는 '다음의 법률'로 행위 제한을 한다. 산지관리법으로 행위 제한을 하는 것이 아니다.

① 자연공원법에 의한 공원구역 : 자연공원법

② 국토의 계획 및 이용에 관한 법률에 의한 보전녹지지역 : 국토의 계획 및 이용에 관한 법률

③ 개발제한구역 : 개발제한구역의 지정 및 관리에 관한 특별조치법

위 규정의 의미는 이렇다. 공익용 산지 내에 자연공원법으로 지정한 공원구역이 있을 때, 이 공원구역에 대한 행위 제한은 산지관리법으로 하는 것이 아니라 자연공원법으로 한다는 말이다.

또 공익용 산지 안에 개발제한구역이 있으면, 이 개발제한구역 안에서의 행위 제한도 개발제한구역의 지정 및 관리에 관한 특별조치법에 의해서 한다는 것이다. 산지이지만 산지관리법으로 행위제한을 하지 않는다는 점에 유의하여야 한다.

## 산지에서 규제가 강한 순서

산지전용제한지역 〉 공익용 산지 〉 임업용 산지 〉 준보전산지


## 전용허가를 받는 데 드는 비용

산지전용 허가를 득하여 대지로 전용하고자 하면 측량 설계사무소에 용역을 맡겨야 한다. 용역 비용은 대략 300평 기준에 350만 원에서 450만 원, 그 이상의 개발이 필요할 경우는 평당 약 14,000원 정도로 산정하여 계산하면 거의 정확하다. 대행업체에 따라 약간의 비용 차이가 발생하므로 표준 용역계약서를 반드시 작성해두는 것이 좋다.


## 까다로운 준공 절차, 많은 시간과 식견 요구

주택을 짓기 위한 산지전용에 있어서 허가 기간은 보통 1년이며, 1회에 한하여 1년 동안 연장할 수 있다. 혹 기간 내에 준공 절차를 밟지 않으면 허가가 취소되며 이때 대체조림비는 환불받을 수 있다.

토목이나 건축이 착공되려면 사업주는 반드시 기본적인 산림준공 및 주택 준공 절차에 대한 이해와 지식이 있어야 한다. 산림 준공 및 건축 준공 모두를 득하였을 경우에만 토지분할 및 대지로의 지목변경이 이루어지기 때문이다.

또한 산림 준공 신청 전에는 토목공사에 앞서 적지복구설계승인 절차

가 있어 까다롭다. 적지복구설계란 개발을 위해 파헤친 산림을 어떤 식으로 복구해 놓을 것인지 미리 밝혀 승인을 받아야 하는 것이다. 농지를 전용할 때는 해당되지 않는 절차다.


## 귀농을 위한 산지 구입

농업이나 임업에 종사하는 사람이 농막이나 축사, 버섯재배사, 잠사, 저장시설 등을 지을 경우에는 신고만으로 산림을 훼손해 사용할 수 있다. 가능한 규모는 주택만 짓고자 할 때 600㎡(181.5평) 미만, 창고 등 부대시설까지 설치할 경우에는 1,500㎡(453.7평) 이내의 범위에서 전용이 허용된다. 또 농임업 기계를 보관하기 위한 시설이나 농막, 농로도 신고로만 가능하다.

그 외에 1만 ㎡ 미만의 경사도 30도 미만인 임지를 입목의 벌채 없이 산지전용해 산채, 약초, 특용작물, 야생화, 관상수를 재배하고자 하는 경우, 조림 후 15년이 경과한 조림지에서 가축을 방목하는 경우 등도 신고로 가능하다. 신고를 할 때 구비서류는 훼손 실측구역도(1/6,000 또는 1/3,000), 임도시설의 경우 설계도서 1부, 임야소유권·사용수익권을 증명할 수 있는 서류 등이다.

현지 농민이 아닌 경우 버섯재배사 등을 먼저 지어 농장을 만든 후 관리사를 짓는 경우도 있다.

일부에서는 편법으로 현지민의 토지사용승낙서를 이용해 농가주택을 짓는 경우도 종종 있지만, 보전임지에 대한 규제가 점점 강화되고 있으므로 앞으로 위장전입이나 토지사용승낙서를 이용한 보전임지에서의 농가주택 건축은 어렵게 될 것으로 보인다.


## 산지관리법상 임업용 산지에서 가능한 행위(사업)


산지관리법 및 동 시행령 등에 규정된 개발가능 행위는 다음과 같다.
(편의상 법규상 3.3㎡를 1평으로 환산)

① 삼림욕장, 산책로, 자연탐방로, 등산로 등의 산림공익시설 (국가, 지자체가 설치하는 경우)

② 기업부설연구소, 특정연구기관 (관련법에 의함)

③ 10,000평 미만의 가축 방목 행위 (15년 이상 산지, 울타리 조건)

④ 10,000평 미만의 관상수 재배

⑤ 5,000평 미만의 사찰, 교회, 성당 등 종교시설 (문화부 허가 종교단체에 한함)

⑥ 3,000평 미만의 산채, 약초, 야생화 등 농작물 재배

⑦ 3,000평 미만의 종합병원, 치과, 한방, 요양병원

⑧ 3,000평 미만의 사회복지시설

⑨ 3,000평 미만의 청소년수련시설

⑩ 3,000평 미만의 근로자주택과 근로자를 위한 기숙사, 복지회관, 보육시설

⑪ 3,000평 미만의 직업능력개발 훈련시설 (국가, 지자체, 공공단체에 한함)

⑫ 3,000평 미만의 양어장, 양식장, 낚시터, 버섯재배사, 온실, 임산물 창고 집하장, 유기질비료 제조시설, 야생조수 사육

⑬ 3,000평 미만의 농어촌 관광휴양단지 및 관광농원

⑭ 1,000평 미만의 누에사육시설, 농기계 수리 및 창고, 농축산물 창고, 집하 가공시설

⑮ 200평 미만의 농림어업인의 주택 (자기 소유 산지에 한함)

⑯ 60평 미만의 농막, 농축산용 관리사


## 산지전용에서 주의해야 할 현실적인 상황들

### 10필지로 분할해 분양하는 단지 구입

3,000평의 임야를 300평씩 10필지로 나누어 분양하는 단지를 구입할 경우는 보통 초기 분양 시점에 가분할도에 의한 실 부지와 도로 위치를 확인하고 구입하게 된다.

단지의 메인 도로는 임야를 개발할 경우 단지 입구 필지에서 마지막 필지까지 1회의 허가로 도로를 개설할 수 있다. 가장 많이 사용하는 방법이 마지막 필지에 전용을 목적으로 주택 또는 창고로 허가받아 도로를 개설하는 방법이며, 주택으로 허가 받게 되면 주택을 착공, 완공하는 기간이 약 4개월 정도로 많은 시간이 소요되므로 대개 창고를 허가 받아 도로를 개설하는 경우가 많다. 창고를 지어 준공허가를 받게 되면 진입도로도 자연적으로 준공 처리되어 분할 후 도로로 지목이 변경된다.

이러한 단지 내 도로의 경우 진입도로를 각 필지와 접하게 하여 허가를 신청하게 되므로 마지막 필지의 창고 준공이 종료되면 모든 필지에 도로가 접하게 된다.

만일, 전용허가에 의한 목적 건물의 준공이 되지 않았을 경우 인·허가 도로를 접하게 되는 중간 필지들은 선 허가의 준공이 처리되기까지 허가상 도로를 이용하여 인·허가를 신청할 수 없게 되므로 완벽한 도로라고 볼 수는 없는 것이다.

이러한 경우에는 계약 후 도로 준공 후 잔금을 지급한다는 조건을 명시하여 사전에 피해를 방지하여야 한다.

총 면적이 2,000~3,000평일 경우와 도로의 총길이가 200m 이상일 경우 2회에 나누어 인·허가를 신청하여 도로를 개설하여야 하므로 도로준공 시점까지의 시간이 많이 소요되므로 특히 주의하여야 한다.

구입 시점에 지적상 도로 형태가 필지로 구분되어 있는 상태나 지목이 도로가 아닌 임야 또는 전·답 등이라면 전체 개발의 진행 과정에 관한 인·허가 서류를 꼼꼼히 살펴 언제쯤 도로로 지목변경이 되는지를 정확히 알고 토지를 구입하여야 한다.


## 토지사용승낙서를 교부받게 되는 경우

단독필지의 임야 또는 토지를 구입하려는데 길이 없어 지적상 도로와 연결되는 토지의 토지사용승낙서를 교부받을 경우, 이런 경우에 토지사용승낙서의 승낙기간은 별도로 명시하지 않기 때문에 몇 년 후에라도 사용은 가능하나 다음과 같은 문제가 가장 많이 발생하기 때문에 주의를 요한다.

1. 토지사용승낙서를 교부한 후 승낙자(토지소유자)의 명의가 변경(매매 또는 사망에 의한 증여)되었을 경우 변경된 소유자가 진입도로의 사용을 거부할 경우 – 예전 승낙서는 사용할 수 없음.

2. 토지사용승낙서에 사용자를 기재하여 받은 경우에 간혹 토지를 매매하여 타인이 예전의 승낙서를 사용하려 할 때 승낙자가 이를 거부하는 경우 – 예전에 받은 승낙서는 사용할 수 없음.

3. 토지사용승낙서를 통해 승낙을 받은 평수를 표기하였으나 표기된 면적으로 진입이 불가 할 경우 – 사용이 불가함.

4. 1통의 승낙서를 받은 경우 – 대표적인 분쟁이 위의 1항과 2항으로 인한 것이다. 따라서 토지사용승낙서를 교부받을 경우에는 다음과 같은 사항을 유념해야 한다.
① 승낙자는 기입하되 사용자의 인적사항은 기입하지 말고 토지사용 승낙서를 교부받아야 한다.
② 승낙 받는 사용면적은 지적공사 또는 측량사무실에 의뢰하여 승낙 받는 면적에 부족함이 없도록 표기하여야 한다
③ 승낙기간은 표기하면 안 된다. 표기를 하지 않으면 기간이 없이 지속적으로 인정되어 문제가 발생하지 않으나 간혹, 20년~30년으로 기간을 명시하여 달라는 사람들이 있는데 이런 경우에 추후 분쟁 소지가 있으므로 주의하여야 한다.

문제는 위 ①항의 경우이다.

승낙한 토지의 소유자가 영구히 토지를 소유한다는 보장이 없으므로 이에 대한 해결책에 대하여 단순히 간단한 사항으로 또 받으면 되겠지 하는 식의 안이한 생각으로 대처한다면 큰 문제가 생길 수 있기 때문이다.

　위 ①항의 경우를 해결하기 위하여는

Ⓐ 승낙서를 받고

Ⓑ 승낙서를 받는 즉시 소유토지와 승낙받은 진입도로를 이용하여 인·허가를 받는 것이다.

Ⓒ 전용목적물은 최소한 간단하게 창고로 하여 허가를 득한 후 목적사업을 완료하여

Ⓓ 진입도로를 허가에 의한 분할신청하여 분할과 지적정리를 마친 후

Ⓔ 목적사업의 준공을 받고

Ⓕ 승낙 부분의 지목을 도로로 변경하여야 한다.


　간혹, 포장만 되어 있으면 사용을 막을 수 없지 않냐는 실제 포장된 도로를 뜯어내고 현황도로를 폐도시키는 경우가 비일비재하기 때문에 포장이 되어 있다고 하더라도 도로의 소유자가 개인이라면 완전한 도로로 볼 수가 없는 것이다.

　또 한 가지 주의할 점은 토지사용승낙서를 받을 경우 위 Ⓓ항과 같이 1통만 받는 사람들이 많이 있다.

　최근에는 인·허가에 건축물이 수반된다면 개발행위허가(전용허가)가 처리되어 허가증을 발급받기 전 건축허가를 받도록 되어 있다.

　이때 개발행위허가신청에 승낙서 1부와 건축허가를 신청할 때 승낙서가 1부 첨부하여야 한다. 변경사항이 없다면 최소 2부는 필요하게 되

며 구거·하천 등을 점용하여 인·허가를 받아야 한다면 목적 외 사용승인이라는 허가가 수반되므로 이때 또 1부의 승낙서가 필요로 하게 된다.

만약, 인·허가 과정에서 다소 문제가 발생하여 허가가 반려되어 다시 신청할 경우 신청서류가 일체 반환되지 않으므로 토지사용승낙서 전체가 또 다시 필요하게 된다.

변경사항이 발생할 경우에도 토지사용승낙서가 새로 필요하다. 결국 몇 통의 승낙서가 필요할지 모르는 상황에서 1통이 승낙서만 받는다면 나중에 승낙서를 다시 교부받을 때 난감한 일이 발생할 수 있다.

※ 꼭 승낙서를 교부 받을 경우에는 설계사무실에 의뢰하여 총 몇 부가 필요한지 점검하고 필요 부수 이상의 승낙서를 교부받아 두어야 안전하다.(승낙서를 받을 때 각 승낙서 1부에 인감증명서 1부씩을 첨부하여야 함)
간혹 있는 경우지만 승낙서를 받아야 하는 토지의 국토이용계획법상 용도지역도 확인하여야 한다.

구입한 토지가 관리지역이지만 승낙서를 받는 부분의 용도지역이 보전임지, 농림지역, 자연환경보전지역, 공익임지 등 도로개설에 문제가 있는 토지들도 간혹 발생한다.

토지를 구입할 때 진입도로를 토지사용승낙서를 교부받았는데 승낙서를 받은 부분이 당시 보전임지였다.

하지만 허가를 받는 과정에서 자연환경보전지역과 공익임지까지 중복되는 용도지역의 변경으로 3년째 인·허가에 어려움을 겪고 있음을 참고하기 바란다. (공익임지와 자연환경보전지역에서는 주택 진출입도로를 신규개설할 수 없음 : 2004년 5월경 법령 개정)

## 토지 매입 없이 농가주택 건축 허용

최근 산지관리법 시행령이 개정돼 임업용 보전산지를 개발하는 길이 열려 주목받고 있다. 특히 개정된 시행령은 보전산지 내에서 특용작물 등을 재배한다면 농가주택까지 지을 수 있도록 허용하고 있어 기존의 '개발제한' 방침에서 상당히 완화됐다.

물론 농가주택을 짓는다고 해도 펜션처럼 숙박업을 할 수는 없지만 편안한 전원생활을 만끽하고 수 억에서 수십억 원이 소요되는 펜션에 비해 훨씬 저렴한 가격에 토지를 구입할 수 있다는 매력이 있다는 평가다.

지금까지 산지관리법상 보전산지는 개발이 불가능했다. 하지만 산지관리법 12조 개정을 통해 '임업용 산지 안에서의 행위제한 완화' 방침이 확정되면서 상황이 바뀌었다.

개정된 산지법 12조는 농림어업인이 보전산지에서 재배할 수 있는 임산물 품목 범위를 '임업 및 산촌진흥 촉진에 관한 법률'에서 규정하고 있는 임산물 소득원 지원 대상 품목으로 확대한다는 내용이다.

또 기존의 산림경영관리사는 주거용으로 사용할 수 없었지만, 법 개정을 통해 주거용 시설이 필요한 경우에는 50㎡(15평) 미만에 한해 허용했다.

산림청 관계자는 "보전산지라도 임업용의 경우는 개발이 가능하도록 한 것"이라며 "임업용 산지 안에 간벌(나무가 일정한 크기 이상으로 자란 다음 비교적 굵은 나무들을 다시 솎아내는 작업)을 한 뒤 빈 공간에 버섯류, 유실수, 특용작물 등 57개 작물을 재배할 수 있다."고 설명했다.

산지법상 임업용 보전산지는 3만 ㎡까지 개발 가능하며 농가 주택 주변에 길을 내는 것도 가능하다. 산림청 관계자는 "지금까지 보전산지에는 길을 낼 수가 없었지만 산지관리법의 개정으로 농가주택을 허용한만큼 향후 추가적인 법 개정에서 도로 허용을 검토하고 있다."고 확인해주었다.

과거에는 펜션업을 하고자 하는 경우에는 개발이 가능한 준보전산지이면서 관리지역의 토지를 매입해야 했다. 이에 따라 펜션업을 하는 데있어서 토지 매입 비용이 가장 큰 부담이었다.

하지만 시행령 개정에 따라 농가주택을 지을 수 있어 펜션과 유사한용도로 사용할 수 있다는 장점이 있다. 다산서비스 이종창 대표는 "기존펜션은 대지 구입비 등 초기 투자비가 너무 많았다."며 "보전산지 내에농가주택을 지을 경우 땅값이 대폭 낮아지는 게 장점"이라고 말했다.

반면 보전산지 개발의 경우는 실제로 농림어업인의 소득 확대를 위한것이 법 개정의 취지인 만큼 실제 이곳에 거주하면서 작물 재배에 종사해야 한다는 점에 유의해야 한다. 경작 지역으로 주소를 이전해야 하는것은 물론 최초 1년 이상 상주하면서 1년에 2/3 이상을 경작하는 조건을 만족시켜 농지원부를 발급받아야 하는 만큼 과정이 까다롭다

# PART 3

# 산지전용행위 제한에 따른 개발 노하우 분석

# 공익용 산지의 건축 행위

산지관리법 및 동법 시행령이 2009년 11월 28일 개정, 시행되면서 공익용 산지에 대해서도 농림어업인이 자기 소유의 산지에서 직접 농림어업을 경영하면서 실제로 거주하기 위하여 신축하는 주택 및 그 부대시설을 설치하는 경우 부지면적 660㎡ 이하로 산지전용 허가를 받을 수 있게 되었다.

또한 개정된 법령에 따라서 농림어업인 주택 및 그 부대시설을 공익용 산지에서 건축하기 위해서는 건축법령에서 인정되는 도로가 없어도 자기소유의 기존 임도를 이용하는 것으로 산지전용 허가가 가능하게 되었다.

2010년 12월 1일 개정 시행된 산지관리법에서는 산지전용제한지역, 산지 일시사용제한지역 및 보전산지에서 허용되는 시설에 대해서 건축법상 건축물에 진입하기 위한 영구적인 진입로 시설의 설치를 허용하였다. 이로써 보전산지에 사설도로 등의 설치는 사도법에 의한 사도(최소 2차선 이상의 규격과 기준 이상)가 가능할 뿐이었던 엄격한 규제에 극히 제한 적이지만 예외가 허용된 것이다. 동법 시행령 2010년 12월 7일 개정되어 진입로는 절·성토 사면을 제외한 유효너비가 3m 이하이고, 그 길이가 50m 이하로 정하였다.

따라서 공익용 산지에서 법령 개정 전에는 건축법상의 도로나 기존 임도를 이용할 수 있는 경우에만 농림어업인 주택 및 그 부대시설을 설치할 수 있었던 것이 이제는 그 부지와 건축법상의 도로들을 연결하는 최소한의 진입로를 설치할 수 있게 되었다.

공익용 산지에 다른 법률로 지역·구역 등이 지정되어 그 법률에서 별도의 행위제한 규정이 있는 경우는 산지관리법 제12조의 보전산지 안에서의 행위제한 규정의 적용을 배제하고 그 법률의 행위 제한 규정을 적용한다.

야생동식물(특별)보호구역(야생동식물보호법), 공원구역(자연공원법), 문화재보호구역(문화재보호법), 상수원보호구역(수도법), 개발제한구역(개발제한구역의 지정 및 관리에 관한 특별조치법), 보전녹지지역(국토계획법), 생태·경관보전지역(자연환경보전법), 습지보호지역(습지보전법), 특정도서(독도 등 도서지역의 생태계보전에 관한 법률), 백두대간보호지역(백두대간 보호에 관한 법률), 산림보호구역(산림보호법) 및 수산자원보호구역(수산자원관리법)의 산지는 공익용 산지에서 지정한 것이지만 각기 해당 지역·구역 등에 따른 법률의 행위제한 규정을 적용한다.

공익용 산지에서 산지관리법의 행위 제한 규정을 배제하고 다른 법률로 정한 행위 제한 규정을 적용함으로써 보전녹지지역 또는 수산자원보호구역과 같이 할 수 있는 건축 행위가 산지관리법에서 정하는 것보다 많아져 행위 제한이 완화된 결과에 해당하는 것도 있고, 공원구역은 5개로 나눈 지구에 따라 행위제한의 정도가 각기 다르며, 그 외 대부분의 보호·보전구역은 각 해당 법률의 행위 제한 규정으로 말미암아 농림어업인 주택마저도 설치가 허용되지 않을 만큼 강화된 것이다.

산지관리법에 따른 공익용 산지에서 농림어업인 주택 및 그 부대시설을 설치하기 위해서는 일단 농림어업인의 정의, 조건 및 제한 사항 등과 농지법에 따라 농업진흥지역에 농지전용허가를 받을 수 있는 농업인 주택과의 차이 등을 살펴봄으로써 실천에 옮길 수 있는 배경 지식을 착실히 다질 수 있다.

산지전용 허가기준에 해당하는 전용하고자 하는 산지의 입목축적, 경사도 및 허용되는 건축물의 도로 관련 사항 등에 관한 법령의 개정 이력도 꼼꼼하게 짚어볼 일이다.

## 농림어업인

공익용 산지에서 농림어업인 주택에 대한 규정에서 농림어업인의 정의를 별도로 하지 아니하고 있으나 임업용 산지에서 규정한 바와 같을 것이다.

산지관리법 시행규칙 제 7조에 따르면 임업용 산지에서 농림어업인 주택에 대한 규정에서 농림어업인은 다음의 자를 말한다.

## 농지법 제2조 제2호에 따른 농업인

1. 농지법 시행령 제3조(농업인의 범위) 법 제2조 제2호에서 "대통령령으로 정하는 자"란 다음 각 호의 어느 하나에 해당하는 자를 말한다. 〈개정 2008.2.29, 2009.11.26〉

1) 1천 7 이상의 농지에서 농작물 또는 다년생식물을 경작 또는 재배하거나 1년 중 90일 이상 농업에 종사하는 자.

2) 농지에 330㎡ 이상의 고정식온실·버섯재배사·비닐하우스, 그 밖의 농림수산식품부령으로 정하는 농업생산에 필요한 시설을 설치하여 농작물 또는 다년생식물을 경작 또는 재배하는 자.

3) 대가축 2두, 중가축 10두, 소가축 100두, 가금 1천 수 또는 꿀벌 10군 이상을 사육하거나 1년 중 120일 이상 축산업에 종사하는 자.

4) 농업경영을 통한 농산물의 연간 판매액이 120만 원 이상인 자.


2. 임업 및 산촌진흥촉진에 관한 법률 시행령 제2조 제1호의 임업인.(산림자원의 조성 및 관리에 관한 법률에 따라 산림경영계획의 인가를 받아 산림을 경영하고 있는 자를 말한다) 같은 조 제2호·제3호의 임업인, 임업 및 산촌진흥촉진에 관한 법률 시행령 제2조(임업인의 범위) 임업 및 산촌진흥촉진에 관한 법률(이하 "법"이라 한다) 제2조 제2호에서 "대통령령으로 정하는 자"란 다음 각 호의 어느 하나에 해당하는 자를 말한다.

1) 3ha 이상의 산림에서 임업을 경영하는 자.

2) 1년 중 90일 이상 임업에 종사하는 자.

3) 임업경영을 통한 임산물의 연간 판매액이 120만 원 이상인 자.

4) 산림조합법 제18조에 따른 조합원으로서 임업을 경영하는 자.

3. 수산업법 제2조 제12호에 따른 어업인 ("어업인"이란 어업자와 어업 종사자를 말한다.)

## 농림어업인 주택 및 부대시설의 부지면적

공익용 산지에서 부지면적에 대해 별도의 규정이 없으나 임업용 산지의 규정을 준용할 것으로 본다.

산지관리법 시행령 제12조 제4항에 따라 농림어업인이 자기 소유의 산지를 전용하여 농림어업인의 주택 및 그 부대시설을 설치하고자 하는 경우에는 그 전용하고자 하는 면적에 해당 농림어업인이 해당 시·군·구 (자치구)에서 그 전용허가신청일 이전 5년간 농림어업인 주택 및 그 부대시설의 설치를 위하여 전용한 임업용 산지의 면적을 합산한 면적(공공사업으로 인하여 철거된 농림어업인 주택 및 그 부대시설의 설치를 위하여 전용하였거나 전용하고자 하는 산지 면적을 제외)을 해당 농림어업인 주택 및 그 부대시설의 부지면적으로 본다. 따라서 이 합산 면적에 대해서 660㎡ 미만에 해당하는지를 판단한다.

## 산지전용 신고에 해당하는 부지면적 등

농림어업인이 자기소유의 보전산지에서 농림어업을 직접 경영하면서 실제로 거주하기 위하여 자기소유 산지에 주택 및 그 부대시설을 설치하는 것과 5년간 산지전용 면적의 합산하는 것(산지관리법 시행령 제12조 제3항, 제4항)은 산지전용 허가의 경우나 산지전용신고의 경우가 같다.

다만, 산지전용 신고일 경우에 한해서는 부지면적이 330㎡ 미만이어야 하고, 자기 소유의 기존 임도를 활용하여 농림어업인 주택의 설치가 가능하여야 한다. (산지관리법 시행령 별표 3 제5호)

산지전용신고와는 달리 산지전용 허가인 경우는 보전산지에서 농림어업인 주택을 설치에 관련하여 산지관리법 2010년 12월 1일 개정 시행으로 유효너비 3m 이하 및 길이 50m 이하의 진입로 시설을 설치할 수 있는 규정이 추가되었다. (산지관리법 제12조 제1항 제15호 및 제12조 제2항 제7호).


## 산지관리법상의 농림어업인 주택과 농지법상의 농업인 주택

### 1. 보전산지에서 농림어업인 주택

1) 농림어업인이 농림어업을 영위하는 자가 자기 소유의 산지에 설치하는 주택 및 그 부대시설에 따른 산지전용 허가 또는 산지전용신고.

2) 해당 세대 범위의 조건이 없음.

3) 림어업을 영위하는 바로 그 산지에 농림어업인 주택 및 그 부대시설의 설치.

4) 농림어업인이 농림어업인 주택 및 그 부대시설을 해당 시·군·구(자치구에 한함) 설치한 5년간 부지면적의 합산으로 660㎡ 미만.

5) 자기소유 산지만 농림어업인 주택 및 그 부대시설의 설치가 가능.

6) 보전산지에 330㎡ 미만의 부지면적 및 자기소유의 기존 임도를 활

용하는 경우는 산지전용신고 가능.

### 2. 농업진흥구역에서 농업인 주택

1) 농업인 1인 이상이 구성원인 농림축산업을 영위하는 세대주가 농업인 주택 및 그 부속시설(창고, 축사 등)의 설치에 따른 농지전용허가.

2) 해당 세대가 농림축산업으로 세대의 연간 총수입의 2분의 1을 초과 또는 세대의 노동력 2분의 1 이상 조건 갖춰야 하는 농업인 주택 및 그 부속시설의 설치.

3) 농지·산림·축사 등의 소재지 시(구를 두지 아니한 시를 말함)·구(도농복합 형태의 시는 동 지역에 한함)·읍·면 또는 이에 연접한 시·구·읍·면 지역에 농업인 주택 및 그 부속시설의 설치.

4) 해당 세대주가 농업인 주택 및 그 부속시설을 설치한 5년간 부지면적의 합산으로 660㎡ 이하.

5) 농업인 주택 및 그 부속시설의 설치하는 부지의 소유권에 대한 제한은 없음.

6) 농업진흥지역에서 농업인 주택 및 그 부속시설의 설치를 위해서 농지전용신고로서는 할 수 없음. (농업진흥지역 밖의 경우에 농업인 무주택 세대주가 부지면적 660㎡ 이하로 농지전용 신고 가능)


### 산림조사서 제출 면제 신설(규칙 제10조 제2항 제6호)

산지전용이 660㎡ 미만인 경우에는 산지전용 허가 또는 변경허가를 받거나 변경신고에서 산림조사서를 제출하지 아니한다.

1. 공익용 산지에서 농림어업인의 주택신축 허용(영 제13조 제2항)

농림어업인이 자기 소유의 산지에서 직접 농림어업을 경영하면서 실제로 거주하기 위하여 주택 및 그 부대시설을 설치할 경우, 부지면적 660㎡ 이하까지로 신축할 수 있다.

2. 임도를 활용한 농림어업인의 주택 및 그 부대시설 설치 허용(영 별표 3의 제5호 및 별표 4의 제1호 마목 15) 농림어업인이 자기 소유의 산지에서 직접 농림어업을 경영하면서 실제로 거주하기 위하여 주택 및 부대시설을 설치할 경우 자기 소유의 기존 임도를 활용하여 설치할 수 있다.

3. 계획상의 도로를 이용한 산지전용 허가(영 별표 4의 제1호 마목 10)준공 검사가 완료되지 않았으나 실제로 통행이 가능한 도로로서 도로관리청 또는 도로관리자가 도로이용에 관하여 동의한 경우에는 그 도로를 이용한 산지전용 허가를 받을 수 있다.

4. 평균경사도 조사서 제출 면제 신설(규칙 제10조 제2항 제8호 단서)

660㎡ 이하로 산지를 전용하려는 경우에는 평균경사도 조사서를 제출하지 아니한다.

[2010. 12. 01]

1. 산지전용·일시사용 제한지역 및 보전산지에서의 진입로 시설 허용 (법 제10조 제11호, 제12조 제1항 제15호 및 제12조 제2항 제7호 신설)

산지전용·일시사용제한지역 및 보전산지에서 허용되는 시설 중 건축법상 건축물(농림어업인 주택 등)에 진입하기 위한 진입로 시설을 설치할 수 있다.

2. 공익용 산지에서 다른 법률에 따른 별로의 행위제한이 있는 경우는 산지관리법 행위 제한 배제(법 제12조 제3항) 공원구역, 문화재보호구역, 상수원보호구역, 개발제한구역 등의 산지는 공익용 산지로 구분하므로 행위 제한의 적용이 산지관리법과 각 해당 법률에서 정하는 것으로 중복되었던 규제가 개선되었다.

3. 장기간 타 용도로 사용한 산지의 지목변경 허용(법 부칙 제2조)

적법한 절차에 의하지 아니하고 5년 이상 계속하여 관습적으로 산지를 전·답 또는 농림어업인의 주된 주거용 등의 용도로 이용하고 있는 경우 2011년 12월 2일까지 시장·군수·구청장에게 신고하여 실제 이용 용도에 맞추어 지목변경을 할 수 있다.

### [2010.12.07]

건축법상 건축물에 진입하기 위한 진입로의 너비와 길이 규정. (영 제13조 제5항)

진입로는 절·성토 사면을 제외한 유효너비가 3m 이하이고, 그 길이가 50m 이하를 말한다.

## 산림경영관리사와 임도

### 산림경영관리사

산림경영관리사란 임업인이 임산물의 육성, 채취나 보관, 휴식 등 산림작업의 관리를 위한 건물(주거용을 제외한다)이다. 임업인을 위한 산림경영시설의 일종으로, 현행 산지관리법상 산지전용제한지역을 제외한 모든 산지에 신축이 허용된다. 즉 관리지역인 준보전산지는 물론 공익용 산지나 임업용 산지에도 허용되고 있다.

산림경영관리사는 농막과 같이 산림경영시설의 일종으로서, 산지 내 단독주택이 아니고, 또 순수한 임업용 창고와도 구별된다. 단독주택이나 임업용 창고는 동시에 건축법의 적용을 받는다.

산림경영관리사는 임업인이 신축하는 경우에는 60평(300㎡)까지는 산지전용 신고만으로 지을 수 있다. 다만 산지전용시 내는 대체산림자원 조성비는 면제되지 않는다.

[근거] 산지관리법 제15조 제1항 제1호 및 동법 시행령 제18조 제2항 관련 시행령 별표 3의 관한 법률 시행령 제2조 제1호 또는 제4호에 따른 임업인이 산림작업의 관리를 위한 부지면적 200㎡ 미만의 산림경영관리사(주거용은 제외)를 신축하고자 하는 경우에는 산지전용신고로도 가능한 것으로 규정한다. 산림경영관리사는 산지 내 단독주택이 아니므로 다음의 세 가지 점에서 차이가 있다.

1. 보전산지 내의 산림경영사는 200㎡(60평)까지만 허용된다.

다만 준보전산지에서의 면적 제한은 별도의 규정이 없다. 단독주택은 660㎡(200평)까지도 허용된다.

2. 단독주택의 경우에는 자기 소유 산지에 한하여 신축할 수 있으나, 소유 산지의 산림작업 관리를 위한 산림경영관리사라면 타인 소유 산지

를 사용 동의를 받아 산림경영관리사를 신축할 수 있을 것으로 해석된다. [산림청 회신]

3. 주택신축시 요구되는 건축법상 필수적인 진입도로 요건의 제한을 받지 않는다. 즉 지적상 도로가 아닌 현황도로나 임도로도 산림경영관리사의 신축이 가능할 것이다.

## 산림경영관리사 설치 실무

산림경영관리사를 설치하려면 산지 일시사용신고와 가물건축물 설치 허가를 받아야 한다.

### 산지 일시사용신고

▶ 신고 조건 : 임업인, 농업인
▶ 제출서류(산지관리법 시행규칙 별지 서식 7의 4)
• 사업계획서
• 토지사용승낙서 (본인 땅이 아닌 경우)
• 토지주의 인감증명(본인 땅이 아닌 경우 필수 서류는 아님)
• 평균경사도 조사서(면허를 가진 자에게 측량 의뢰)
▶ 제출시 수수료 - 5,000원
▶ 면허세 - 6,000원

▶ 허가면적 - 199㎡


**가설건축물 신고**


▶ 제출서류

• 가설건축물 축조신고서

• 사용계획서

• 행정정보 공동이용 사전 동의서

• 평면도(각 동별로 작성)

• 위치도(지적도에 표시)

• 지사용승낙서(본인 땅이 아닌 경우)

• 토지주의 인감증명(본인 땅이 아닌 경우 필수 서류는 아님)

▶ 신청비 - 4,800원

▶ 면허세 - 6,000원

▶ 취득세 - 407,880원, 108㎡

▶ 91㎡는 추후 증축 예정(면허세, 취득세가 추가 소요)


**임도개설 허가와 건축 행위**


임도를 내기 위해서는 차량과 작업 중장비가 드나들 수 있는 길을 내는 산림경영계획서가 작성되어야 하고, 산지전용신고를 해야 한다.

산림경영관리사를 신축하기 위한 임도에 관하여는 다음의 산림청 질

의회신을 참고해 보자.

임도는 산림의 효율적인 개발·이용의 고도화 또는 임업의 기계화 등 임업의 생산기반 정비를 촉진하기 위하여 설치하는 것으로 산지관리법 제2조 제1호 라목의 규정에 의하여 산지에 해당되므로 산지 내에 있는 임도 또한 산지로 보아야 한다.

또한 임도는 산림에 적합한 용도로 사용하기 위하여 설치하기 전에 임도 설치에 관한 타당성 평가를 거치도록 하는 등 그 설계·시설기준 및 설치절차 관리적인 측면에서 임도는 일반의 교통에 공용될 목적으로 설치되는 도로와는 그 설치목적 및 관리방법 등이 다르므로, 원칙적으로 임도는 임업의 생산기반 정비를 촉진하는 본래의 목적이 아닌 특정시설의 진입로 등의 다른 목적으로 이용할 수 없다.

다만 임도 외의 별도의 도로 등을 설치하는 것이 환경보전 등 산지관리의 목적에 반하고, 당해 임도의 본래의 목적에 반하지 않은 범위 안에서 특정시설의 진입도로로 이용될 수 있는 여지가 있다면 당해 임도의 목적 외 이용이 가능하다. 다만 임도는 산지에 해당되므로 산지전용 허가신청이 있어야 하며, 이 경우에도 임도와 진입로로 병행 이용하는 것이 가능한지 여부 등을 종합적으로 고려하여야 한다. 구체적인 사항은 허가권자와 상담해 보는 게 좋다.


## 임도를 이용한 건축 행위의 가능 여부

건축법에 따른 건축허가(신고)를 받으려면 지역에 따라 다르나 허가를 받는 부지는 통상 폭 4m 이상의 도로(건축법 시행령 제3조의 3)에 2m 이상을 도로에 접하도록(건축법 제33조) 되어 있다.

이 경우에 임도가 허가받을 수 있는 도로인지에 대해 가끔 문의를 받는다.

임도란 산림법에 의하여 산림의 효율적인 개발, 이용의 고도화·임업의 기계화 등 임업의 생산기반 정비를 촉진하기 위하여 산림청장이 산림소유자의 동의를 받아 개설한 도로이기 때문에(산림법 제10조의 4) 개인의 다른 용도로는 사용할 수는 없다. 따라서 건축허가시에 요구되는 진입도로로 인정되거나 사용할 수는 없다.

그러므로 임도를 이용한 건축허가는 나지 않는다.


## 임도의 의미와 설치 목적

임도를 다른 말로는 임간도로林間道路라고 하며 "숲속의 길"이라는 뜻으로 산림의 경영, 산림자원의 보호 및 관리, 산림휴양자원의 이용 등을 주목적으로 하고 산림의 공익적 기능 향상, 산촌진흥, 농산촌 마을의 연결 등 지역사회 개발 등을 위하여 산림 내에 개설하는 도로를 말한다.

우리나라의 산림 면적은 전 국토 면적의 약 65%를 차지하고 있으며, 그동안 황폐화된 산에 많은 나무를 심어 푸른 숲을 만들었으나 대부분의 산림이 아직까지 목재로 이용할 수 없는 어린 나무로 이루어져 있다.

이런 숲을 우리가 이용할 수 있는 큰 나무로 가꾸고, 산불 및 병해충 등으로부터 보호하여 생산성 있는 숲으로 만들고, 산림 내 휴양 활동 등 공익적 기능에 이용하여야 하나 우리나라의 산은 대부분 지형이 험준하여 접근이 불편하므로 숲 가꾸기 및 공익적 이용에 많은 시간과 노력(사업비)이 필요하게 된다.

일반 도로가 국가 발전의 원동력이 되는 기반시설이라고 한다면, 임도는 보다 가치 있는 산림자원 조성, 경쟁력 있는 산림사업 육성 및 건강하고 쾌적한 산림환경의 조성을 위한 임업의 생산기반 시설이며 사회간접자본으로서의 기능을 갖고 있으므로 임도의 설치는 반드시 필요하다.


## 임도의 기능

### 임도의 효과

1. 산림의 공익적 기능 증진 / 임업 임산업의 진흥


1) 체계적인 산림사업의 추진
- 생산계획, 수송계획의 합리화
- 마을 근교림의 과벌의 완화
- 자재 운반 용이
- 유통 과정의 합리화
- 시장권의 확대


2) 산림자원의 이용 증대
- 오지림과 미이용 자원의 개발 촉진
- 저가재 폐잔재의 이용 확대

- 각종 임산물의 생산증대
- 임산물의 손상 저하로 품질 향상
- 조재율, 제재율의 향상

## 3) 임업 생산성의 향상
- 집재 거리와 시간의 단축, 운재 차량의 대형화 및 신속화 등으로 반출비 절감
- 작업인력 및 자재의 현장 접근 용이, 적지 정리 작업의 용이 등으로 벌채 조림비 절감
- 각종 작업기계의 현장투입이 용이함으로 인한 임업기계화가 촉진됨과 동시에 작업 방법의 개선 및 작업 능률의 향상
- 집약적 노동관리로 경비 절감

## 4) 작업의 안정성과 노동환경 개선
- 특수기능 소유의 노동력의 경감
- 통근의 용이(보행노동의 경감)
- 각종 사고에 대한 신속한 대처
- 중노동의 경감

## 5) 산림보호 및 관리의 강화
- 산불 예방 및 신속한 진화
- 각종 산림재해에 대한 예방 및 신속한 대처 가능
- 임내 순찰 용이로 도벌, 과벌과 오벌 경감
- 병해충의 신속한 방제

2. 지역 진흥(농산촌 생활환경의 개선 및 소득증대)


1) 지역교통의 개선

• 농산촌 도로망 형성

2) 지역산업의 진흥

• 타 산업에서의 이용

• 토지이용의 개선 및 지가의 상승

• 취업기회의 증대

3) 보건휴양자원의 개발 제공

• 관광자원 및 휴양자원의 개발


**임도의 단점**

1) 부정확한 계획 및 시공시에는 생태계 파괴 및 산지재해 발생 우려

2) 임도건설에 따른 생산 임지 면적의 감소(임도 1km 당 1-2ha)

3) 임도 인근 산림의 무분별한 개발 우려

4) 노출된 절개지, 성토지에 대한 신속한 안정녹화가 이루어지지 않
   을 경우, 자연경관 파괴

# 평균경사도 25도가 넘을 경우
# 산지 개발 방법

관상수 재배를 목적으로 하는 산지전용신고를 통해 산지를 절토 및 성토한 후 원성복구와 재설계를 통하여 희망하는 사업으로 사업을 추진한다. 2002년도에 산지관리법 신설도로 경사도가 45도에서 25도로 개발기준이 강화되었다.

**산지관리법상 관상수 재배지로 허가를 받을 경우, 근거 관련 법령**

| |
|---|
| 산지관리법 제12조 (보전산지 안에서의 행위 제한)<br>① 임업용 산지 안에서는 다음 각 호의 어느 하나에 해당하는 행위를 하기 위하여 전용을 하는 경우를 제외하고는 산지전용을 할 수 없다. <개정 2007.1.26, 2007.7.13> |
| 14. 그밖에 가축의 방목, 산채, 야생화, 관상수의 재배, 물건의 적치, 농로의 설치 등 임업용 산지의 목적 달성에 지장을 주지 아니하는 범위 안에서 대통령령이 정하는 행위 |
| 시행령 제12조 (임업용 산지 안에서의 행위 제한) |
| ⑪ 법 제12조 제1항 제14호에서 "대통령령이 정하는 행위"라 함은 다음 각 호의 어느 하나에 해당하는 행위를 말한다. <개정 2005.8.5, 2006.8.4, 2007.7.27> |
| 7. 농림어업인 또는 관상수 생산자가 3만 ㎡ 미만의 산지에서 관상수를 재배하는 행위 |

## 관상수의 재배 [산지관리법 시행령 별표 3항 11조 다항]

농림어업인이 평균경사도 30도 미만인 산지에서 재배하는 경우로 부지면적이 3만 ㎡ 미만일 것. 이 경우 당해 산지 안에 생육하고 있는 입목 중 50년생 이상인 수목의 비율이 50퍼센트를 초과하여서는 아니 된다.

1. 사업계획서 (산지전용목적, 사업기간, 산지전용을 하려는 산지의 이용계획, 토사처리계획 및 피해방지계획 등이 포함되어야 함) 1부

2. 전용을 하려는 산지의 소유권 또는 사용·수익권을 증명할 수 있는 서류 1부 (토지등기부등본으로 확인할 수 없는 경우에 한정하고, 사용·수익권을 증명할 수 있는 서류에는 사용·수익권의 범위 및 기간이 명시되어야 함)

3. 산지전용예정지가 표시된 축척 1/25,000 이상의 지형도 1부 (10만 ㎡ 이상의 산지전용인 경우에는 국토지리정보원이 작성한 수치지형도이어야 함)

4. 지적법 제41조의 2에 따라 지적측량업의 등록을 한 지적측량업자나 같은 법 제41조의 9에 따라 설립된 대한지적공사 또는 측량법 제2조 제10호에 따른 측량업자가 측량한 축척 1/6,000 내지 1/1,200의 산지전용예정지 실측도 (산지관리법 시행령 별표 3 제1호 가목에 따라 임도를 시설하는 경우에는 임도설계도서로, 동 호 바 목에 따라 조림·육림 및 임산물 생산을 위하여 운재로 또는 작업로를 설치하는 경우에는 산지전용예정지 노선이 표시된 임야도 사본으로 갈음할 수 있다.)

5. 복구대상산지의 종단도 및 횡단도와 복구공종·공법 및 견취도가 포함된 복구계획서 1부 (복구하여야 할 산지가 있는 경우에 한정하고, 산지관리법 시행령 별표 3 제1호 바목에 따른 운재로 또는 작업로를 조림·육림 및 임산물 생산을 위하여 설치하는 경우에는 복구대상 산지의 종단도 및 횡단도 제출을 생략할 수 있다.)

# 산지전용신고서

| | | | | 처리기간 |
|---|---|---|---|---|
| | | | | 10일 |

| 신고인 | 성명 | | 생년월일 | |
|---|---|---|---|---|
| | 주소 | (전화, 휴대폰 : ) (전자우편주소 : ) | | |
| | 당해 산지에 대한 권리관계 | | | |

| 소재지 | | 지적 | m² |
|---|---|---|---|

| 전용면적 | 계 | 임업용 산지 | 공익용 산지 | 준보전산지 |
|---|---|---|---|---|
| | m² | m² | m² | m² |

| 부산물 생산현황 | 벌채 수량 | | | 굴취 수량 | | | 토석 | | |
|---|---|---|---|---|---|---|---|---|---|
| | 수종 | 본수 | 재적 | 수종 | 본수 | 재적 | 계 | 석재 | 토사 |
| | | 본 | m² | | 본 | m² | m² | m² | m² |

| 전용기간 | |
|---|---|
| 전용목적 | |

산지관리법 제15조 제1항 및 같은 법 시행규칙 제13조 제1항에 따라
위와 같이 산지전용신고를 합니다.


년    월    일


신고인                     (서명 또는 인) 지방산림청국유림관리소



시장 · 군수 · 구청장 귀하

| 구비서류 | 신고인(대표자) 제출서류 | 담당 공무원 확인사항 (부동의 하는 경우 신고인이 직접 제출하여야 하는 서류 | 수수료 |
|---|---|---|---|
| | 1. 사업계획서(산지전용목적, 사업기간, 산지전용을 하려는 산지의 이용계획, 토사처리계획 및 피해방지계획 등이 포함되어야 합니다) 1부<br><br>2. 산지전용을 하려는 산지의 소유권 또는 사용·수익권을 증명할 수 있는 서류 1부(토지등기부등본으로 확인할 수 없는 경우에 한정하고, 사용·수익권을 증명할 수 있는 서류에는 사용·수익권의 범위 및 기간이 명시되어야 합니다.)<br><br>3. 산지전용예정지가 표시된 축척 2만 5천분의 1 이상의 지형도 1부(10만 ㎡ 이상의 산지전용인 경우에는 국토지리정보원이 작성한 수치지형도이어야 합니다.)<br><br>4. 지적법 제41조의 2에 따라 지적측량업의 등록을 한 지적측량업자나 같은 법 제41조의 9에 따라 설립된 대한지적공사 또는 측량법 제2조 제10호에 따른 측량업자가 측량한 축척 6천분의 1 내지 1천 200분의 1의 산지전용예정지 실측도(산지관리법 시행령 별표 3 제1호 가 목에 따라 임도를 시설하는 경우에는 임도설계도서로, 동 호 바 목에 따라 조림·육림 및 임산물생산을 위하여 운재로 또는 작업로를 설치하는 경우에는 산지전용예정지 노선이 표시된 임야도 사본으로 갈음할 수 있습니다.)<br><br>5. 복구대상산지의 종단도 및 횡단도와 복구공종·공법 및 견취도가 포함된 복구계획서 1부(복구하여야 할 산지가 있는 경우에 한정하고, 산지관리법 시행령 별표 3 제1호 바 목에 따른 운재로 또는 작업로를 조림·육림 및 임산물생산을 위하여 설치하는 경우에는 복구대상산지의 종단도 및 횡단도 제출을 생략할 수 있습니다.) | | |
| 본인은 이 건 업무처리와 관련하여 「전자정부법」제21조 제1항에 따른 행정정보의 공동이용을 통하여 담당 공무원이 위의 담당 공무원 확인사항을 확인하는 것에 동의합니다.<br><br><br>신고인(대표자)　　　　　　　　(서명 또는 인) | | | |

# 농업인만 갖는 특권, 보전산지전용 허가

농지법·산지관리법 등 관련법에 따르면 농업인에게 주어지는 혜택이 많다. 농지는 물론이고 임야 등 용도지역에 관계 없이 시골 땅에 관한 한 어떤 곳에서든 집을 지을 수 있다. 즉 보전산지 내에서도 산지전용 허가를 통해 주택을 지을 수 있다.

물론 보전산지 중 보안림, 채종림, 시험림, 천연보호림 등의 공익용 보전산지의 경우에는 농업인이라도 전용이 허가되지 않지만, 실제 이런 땅은 깊은 산속에나 있으므로 이곳에 주택을 짓는 경우는 현실적으로 드물다.

그러면 농지법상의 농업인 조건은 무엇인가?

1,000㎡(303평) 이상의 농지를 경작하면서 농·임·축산업 수입이 전체 가족 연간 총 수입액의 1/2를 초과하거나 전체 가족 노동력의 1/2 이상

으로 농·임·축산업을 영위하는 세대를 일컫는다. 여기서 생각해야 하는 것이 바로 농업인으로 인정받을 수 있는 최소 경작 면적이다.

농업인으로 인정받으려면 최소 경작 면적이 303평 이상이 되어야 하는데, 여기에 더해 농업인 주택으로 건축허가를 받으려면 집터, 다시 말해 대지로 전용할 땅을 제외하고도 303평 이상 농사를 짓고 있어야 한다는 것이다. 이를 잘못 이해할 경우 농림지역 내의 농업진흥지역이나 보전산지에서의 농업인주택(전원주택)을 짓지 못할 수도 있으니 주의해야 한다.

약 20평의 농가주택도 짓고 조그마한 텃밭도 일구고자 농업진흥지역 내의 농지 300평을 구입한 경우를 예로 들어 보자.

이 경우 20평의 농가주택을 지으려면 100평의 땅을 대지로 전용해야 한다.(건폐율이 20%인 경우). 그러면 남은 땅 200평에 농사를 지어야 하는데, 이 경우 최소 요건인 303평에 못미쳐 농업인 요건을 충족시키지 못하게 되므로 농가주택을 지을 수 없게 된다.

## 임업용 보전산지 내에 집을 지을 경우

농업진흥지역 내에서 농가주택을 짓는 경우와 마찬가지로 부지 총면적 660㎡(200평) 한도 안에서 전용이 허용된다.

따라서 가장 싼 땅값의 하나인 보전산지에서 전용허가를 받아 집을 지을 경우 높은 투자수익도 기대할 수 있는데, 이는 농업인만이 갖고 있는 혜택의 하나이다.

관리지역 내의 땅을 사서 전원주택을 지을 경우, 임야가 농지보다 유리한 점은 다음과 같다.

우선 땅값이 농지에 비해 싸므로 그만큼 경제적인 부담도 적다. 그리고 대개 마을이나 논밭이 있는 산 중턱에 자리하고 있기 때문에 전망이나 주변 경관이 뛰어나다.

무엇보다 절차 면에서도 농지보다 덜 까다롭다. 전용허가시 농지는 소재지의 읍·면 농지관리위원회의 심사를 받은 다음 관할 시·군의 허가를 받아야 하지만, 임야의 경우에는 관할 시·군의 허가를 받기만 하면 되기 때문이다.

## 보전산지 활용을 위한 방법들

일반적으로 보전산지는 개발이 안 되는 것으로 알고 있지만 자세히 알고 보면 실상은 그렇지 않다.

보전산지라고 전혀 개발이 안 되는 것이 아니라 보전산지 중 임업용 산지는 개인이 조림사업 등의 목적으로 이용할 수 있다. 허용행위와 관련법의 내용을 살펴보자.

간벌 또는 개벌 허가를 받아 벌목한 후 임도를 개설하고 수목갱신을 할 수 있으며 종교시설의 신축이나 개축도 가능하고 특히, 재촌 하는 농업인은 산지의 일부를 전용허가 받아 농업인주택을 지을 수도 있으며 1만 ㎡(3,025평)까지 버섯재배사나 과수원 등을 만들 수도 있다. 따라서 법을 잘 알고 사용한다면 여타 돈이 되는 수목(조경/관상수)과 약초 등 기타 작물을 재배하여 수익을 올릴 수도 있는 것이 바로 보전산지이다.

농업이나 임업에 종사하는 사람이 농막이나 축사, 버섯재배사, 잠사, 저장시설 등을 지을 경우에는 신고만으로 산림을 훼손해 사용할 수 있고, 수목원이나 자연휴양림 같은 시설을 개발할 수도 있고, 농·임업 기계를 보관하기 위한 시설이나 농막, 농도(임도)도 신고만으로 가능하다.

신고를 할 때 구비서류는 훼손 실측구역도(1/6,000 또는 1/3,000), 임도시설의 경우 설계도서 1부, 임야소유권·사용수익권을 증명할 수 있는 서류 등의 국가 공인 산림기술사의 산림조사서를 필요로 한다.

일부에서는 편법으로 현지민의 명의로 허가를 받아 농가주택을 짓는다든지 개발이 안 되는 넓은 임야를 개인별로 분할해서 전원주택단지로 개발이 가능한 것처럼 분양하는 경우도 있지만, 보전산지는 보전산지의 본래 용도인 '보전'의 지정 목적에 위배되지 않는 한도 내에서의 합법적 사용·수익을 하기 위해서는 반드시 법적 허용한도를 분석해 보고 접근해야 한다.

임야에 적용되는 관련 법률은 여러 가지가 있지만 위의 내용대로 사용하기 위해서는 기본적으로 산지관리법과 동법 시행령을 보면 된다.

임야(또는 산림, 산지)를 관장하는 법률은 산림법이었지만 2004년 산지관리법으로 개정되면서 산림법은 폐지되고 임업 및 산촌진흥촉진에 관한 법률과 전 국토를 관장하는 국토의 계획 및 이용에 관한 법률, 농어촌정비법, 농어업경영체 육성 및 지원에 관한 법률 등의 수십 가지 연관법을 두루 살펴야 효과적인 사용 방안을 찾을 수 있다.

또한 이러한 관련 법규와 아울러 임야 소재 지자체의 조례와 고시 그리고 담당 주무부서의 방침과 선례 등을 넓게 파악하여야 구체적인 인허가 가능성과 효과적인 개발계획수립이 가능하다.

또한 개발 및 공사 시행에 따른 주변 마을주민들의 민원사항도 매우 중요하므로(특히 집단묘지, 장지 등의 설치와 야생동물 사육 등의 혐오 기피시설의 경우나 토석채취의 경우) 사전에 이에 대한 충분한 대책이 있어야 할 것이다

# 임야에 따른
# 행위 제한에 대한 법률 해석

## 산지관리법상 임야의 구분과 행위제한(산지관리법 및 동법 시행령 제12조)

산지관리법상 산지(임야)는 크게 보전산지와 준보전산지로 나누고 이용에 관한 규제가 필요한 임야는 보전산지로 묶고 그 이외는 준보전산지로 하는데, 규제의 대상이 되는 보전산지는 다시 공익용 산지와 임업용 산지로 구분된다.

공익용 산지는 국가의 기반시설이나 군사 등의 공익사업을 위해 지정하는 것으로 산림자원보전과 수자원 및 자연환경 생태보존 등 공익을 목적으로 보존하며 군사도로, 국민보건 휴양 등 오직 공공목적 외에는 개발이 엄격히 금지되고 있다.

이에 반하여 임업용 산지는 역시 보전산지이기는 하나 공익목적뿐 아니라 산림보존의 합리적인 범위 내에서는 일반인의 개발과 이용이 부분적으로만 허용하고 있다.

## 산지관리법상 임업용 산지에서의 행위 제한(시행령 제12조)

산지관리법 및 동법 시행령 등에 규정된 개발허용행위는 다음과 같다.

1. 임도·작업로 및 임산물 운반로 (유효너비 3m, 길이 50m 이하 일 것)

2. 산림경영계획의 인가를 받아 산림을 경영하고 있는 임업인이 설치하는 다음 각 목의 하나

　가. 부지면적 1만 ㎡ 미만의 임산물 생산시설 또는 집하시설

　나. 부지면적 3천 ㎡ 미만의 임산물 가공·건조·보관시설

　다. 부지면적 1천 ㎡ 미만의 임업용 기자재 보관시설(비료·농약 기계 등을 보관하기 위한 시설) 및 임산물 전시·판매시설

　라. 부지면적 200㎡ 미만의 산림경영관리사(산림작업의 관리를 위한 시설로서 작업대기 및 휴식 등을 위한 공간이 바닥면적의 100분의 25 이하인 시설) 및 대피소

3. 부지면적 1만 ㎡ 미만의 다음 시설

　가. 산림욕장, 치유의 숲, 산책로·탐방로·등산로 등 숲길, 전망대

　나. 자연관찰원·산림전시관·목공예실·숲속교실·숲속수련장·산림박물관·산악박물관·산림교육자료관 등 산림교육시설

　다. 목재 이용의 홍보·전시·교육 등을 위한 목조건축시설

4. 부지면적 3만 ㎡ 미만의 축산시설

5. 부지면적 1만 ㎡ 미만의 다음의 시설

가. 야생조수의 인공사육시설

나. 양어장·양식장·낚시터시설

다. 폐목재·짚·음식물쓰레기 등을 이용한 유기질비료 제조시설

라. 가축분뇨를 이용한 유기질비료 제조시설

마. 버섯재배시설, 농림업용 온실

6. 부지면적 3천 ㎡ 미만의 다음의 시설

가. 누에사육시설·농기계수리시설·농기계창고

나. 누에사육시설·농기계수리시설·농기계창고

다. 농축수산물의 창고·집하장 또는 그 가공시설

7. 부지면적 200㎡ 미만의 다음의 시설 (작업대기 및 휴식 등을 위한 공간이 바닥면적의 100분의 25 이하인 시설을 말한다.)

가. 농막

나. 농업용·축산업용 관리사(주거용이 아닌 경우에 한한다.)

8. 종교법인으로 허가한 종교단체 또는 그 소속단체에서 설치하는 부지면적 1만 5천 ㎡ 미만의 사찰·교회·성당 등 종교의식에 직접적으로 사용되는 시설

9. 의료기관중 종합병원·병원·치과병원·한방병원·요양병원

10. 청소년 수련시설

11. 농도 및 양수장·배수장·용수로 및 배수로를 설치하는 행위

12. 사도법에 의한 사도를 설치하는 행위

13. 농림어업인이 3만 ㎡ 미만의 산지에 임산물 소득원의 지원 대상 품목을 재배하는 행위

14. 농림어업인이 3만 ㎡ 미만의 산지에서 가축을 방목하는 행위 (조림

후 15년 경과, 울타리 및 보호시설 설치)

15. 농림어업인 또는 관상수 생산자가 3만 ㎡ 미만의 산지에서 관상수
를 재배하는 행위

16. 부지면적 200㎡ 미만의 간이농림어업용 시설(농업용수개발시설을 포
함) 및 농림수산물 간이처리시설을 설치하는 행위 등

## 산지관리법상 공익용 산지에서의 행위 제한(시행령 제13조 )

공익용 산지는 농업인, 임업인, 어업인 또는 농림수산물의 생산자 단
체가 아래 항목의 행위를 할 경우에는 가능하다.

1. 농림어업인이 부지면적 1만 ㎡ 미만의 농림어업용 시설 및 진입로
(3×50m 이하) 등 부대시설을 설치하는 행위

2. 농림어업인이 자기 소유의 산지에서 직접 농림어업을 경영하면서
실제로 거주하기 위하여 신축하는 주택 및 그 부대시설(부지면적 660㎡ 이
하)을 설치하는 행위

3. 농림어업인의 주택 또는 종교시설을 증축 (종전 주택·시설 연면적의
100분의 130 이하)

4. 농림어업인의 주택 또는 종교시설을 개축 (종전 주택·시설 연면적의
100분의 100 이하)

5. 농림어업인이 1만 ㎡ 미만의 산지에서 관상수를 재배하는 행위

6. 수산자원보호구역 안에서 농림어업인이 3천 ㎡ 미만의 산지에 양
어장 및 양식장을 설치하는 행위

7. 농림어업인의 주택 또는 사찰림의 산지 안에서의 사찰을 신축하는 하는 행위

가. 농림어업인이 자기 소유의 산지에서 직접 농림어업을 경영하면서 실제로 거주하기 위하여 신축하는 주택 및 그 부대시설 : 부지면적 660㎡ 이하

나. 신축하는 사찰 및 그 부대시설 : 부지면적 1만 5천 ㎡ 이하

# PART 4

# 실전 사례로 보는
# 임야 개발 분석

# 보전산지에서 해제될 가능성이 있는 임야를 찾아라

## 정책을 읽고 성공한 임야투자 사례

A 씨는 2008년 경기도에 있는 한 농림지역의 보전산지의 임야 1만 3,000평을 매입했다. (경사도가 완만한 임야였다.)

그는 먼저 농림지역의 행위 제한에 따른 농가주택으로 허가를 넣은 후 지자체에 이의신청을 했으며, 이후 지자체의 현장조사 등을 통해 2009년 준보전산지로 바뀌었다.

용도지역은 농림지역인데, 산림청의 산지구분 타당성조사를 통해 산지가 개발이 어려운 보전산지에서 개발이 용이한 준보전산지로 바뀐 것이다.

용도지역도 1만 3,000평 중 약 6,000평 가량이 농림지역에서 관리지역으로 바뀌었다.(약 7,000평은 아직 농림지역의 준보전산지이고 계속 용도지역 변경을 강구 중이다.)

A 씨가 2008년에 매입한 단가는 평당 10만 원이었고, 취득시 소요비용, 농가주택 허가 비용 등 토지 취득 원가는 대략 15만 원 정도였다.

자금이 필요했던 A 씨는 지난해 초 농림지역의 준보전산지를 용도지역을 변경해 주는 조건으로 2,000평 가량을 평당 70만 원에 매매했고, 용도지역까지 바뀐 지금은 평당 시세가 120만 원 정도다.

산지관리법 제7조(산지구분타당성조사. 2007.1.26개정)에 따르면 산지 구분 타당성조사를 통해 개발이 아주 어려운 보전산지를 개발이 용이한 준보전산지로 바꿔 준다. 그렇다고 모든 보전산지를 다 바꿔 준다는 얘기는 아니다.

산림청이나 산지관리법에 규정하는 내용은 있지만 현장에서 적용되는 내용으로 정리를 해보면 이렇다.

- 도로에 접해 있거나 도로를 개설할 수 있는 조건을 갖춘 임야
- 필히 관리지역(준보전산지)에 접한 보전산지
- 경사도가 25도 미만인 보전산지 (각 지역의 관청, 설계 사무소등에서 확인 가능)

이런 임야들은 지금도 지자체별로 일정과 진행은 조금씩 다르지만 '직권조사'를 통해 용도지역과 산지를 변경해 주는 작업을 하고 있다.

위에 설명한 내용을 정리해 보자.

토지이용계획 확인서상 산지의 색깔이 연보라 색깔로 표시된 임야는 해제된 임야이며, 준보전산지로 해제되면 용도지역이 환원된다. 즉 보전산지는 농림지역 또는 자연환경보전지역에서 관리지역으로 용도지역이 바뀐다는 내용이다. 그래서 '보전산지 해제 및 용도지역 환원 고시'라고 표기되는 것이다. 또 농림지역이 관리지역이 되면 관리지역이 도시지역으로 편입되는 것과 맞먹는 효과를 낸다.

다양한 개발허용 행위와 훗날 도시 지역으로 편입될 지역을 내포하고 있으니 보전산지 해제 및 용도지역 환원이 주는 위력은 실로 엄청나다.

이는 산지구분 타당성조사를 통해 결정되며 현재는 매년 지역별로 고시되고 있다. 또한 보전산지가 준보전산지로 편입되기도 하고 공익용산지가 임업용으로, 임업용 산지가 공익용 산지로 상호 변경되고 있다.

따라서 극히 일부의 보전산지만이 준보전산지으로 변경된다는 것을 명심해야 한다. 준보전산지으로 해제된 산지는 또다시 토지적성평가를 통해 보전, 생산, 계획관리로 세분화된다.

해제된 산지에서는 과거에는 불가능했던 단독주택과 다가구 주택 등의 건축이 가능해지면서 전원주택, 민박, 펜션 등의 분양사업도 가능해졌다.

수익형 부동산은 현재에 투자하는 것이고, 토지는 미래다. 미래에 형성될 가치를 읽고 투자하는 것이다.


## 산지의 구분, '준보전산지와 보전산지'

'산지'의 법률적 정의는 아래에 해당하는 토지를 말한다. 현장에서는 특별한 사항이 없으면 지목을 기준으로 임야를 산지라고 이해하면 된다.

  가. 입목·죽이 집단적으로 생육하고 있는 토지

  나. 집단적으로 생육한 입목·죽이 일시 상실된 토지

  다. 입목·죽의 집단적 생육에 사용하게 된 토지

  라. 임도

  마. 가목 내지 다목의 토지 안에 있는 암석지 및 소택지

'산지전용'이라 함은 산지를 조림·육림 및 토석의 굴취·채취 그 밖에 임산물생산의 용도 외로 사용하거나 사용하기 위하여 산지의 형질을 변경하는 것을 말한다.

## 산지의 구분

산지는 크게 보전산지와 준보전산지로 구분하며 해당 여부는 토지이용계획확인서를 보고 판단한다. 토지이용계획확인서의 '산지' 란에 아무런 표시가 없거나 해당 없음에 체크가 되어 있는 것이 준보전산지이다. 그에 반해 보전산지는 아래와 같이 공익용 산지와 임업용 산지에 표시가 되어 있고 둘 중에 하나에 체크가 되어 있는 것이 보전산지이다.

| 4 | 산지 | 보전임지(공익(   ) 임업(   ) 해당없음(   ) |
|---|------|-----------------------------------------|

온라인에서 제공하는 토지이용계획확인서에는 산지는 보전산지, 준보전산지로 정확히 구분하여 표시하고 있으며, 보전산지는 공익용 또는

임업용이라고 구체적으로 표시가 되어 있다.


## 용도지역으로 평가하는 '준보전산지'

산지란에 아무런 표시가 없거나 준보전산지라고 명확히 표시되어 있는 준보전산지 토지의 가치는 용도지역을 보고 평가한다. 즉 해당 토지의 용도지역이 '계획관리지역' 또는 '생산관리지역' 등으로 표시가 되어 있으면 해당 용도지역에서 허용되는 건폐율, 용적률, 건축할 수 있는 건축물, 세 가지를 가지고 토지의 가치를 평가하는 것이다.


## 공익용 보전산지의 가치 평가와 투자 포인트

임업생산과 함께 재해방지·수원보호·자연생태계보전·자연경관보전·국민보건휴양증진 등의 공익기능을 위하여 필요한 산지로 산림청장이 지정한 산지를 '공익용 보전산지'라 한다. 현장에서는 토지이용계획확인서 산지란에 보전산지중 공익용으로 표시되어 있는 토지를 말한다.

투자대상 토지가 토지이용계획확인서에 '농림지역 보전산지 공익용'이라고 표시된 토지는 아래와 같이 가치를 평가하면 된다.

건축할 수 있는 건축물에 가치평가의 포인트가 있다.

건폐율은 농림지역에서 허용하는 20%를 적용하고, 용적률은 50%를 적용한다.

## 공익용 보전산지에서 할 수 있는 행위들

1. 산지전용제한지역에서 할 수 있는 시설의 설치.

2. 임업용 산지에서 할 수 있는 행위 제2호, 제3호 및 제6호의 규정에 의한 시설의 설치

2. 임도·산림경영관리사 등 산림경영과 관련된 시설 및 산촌산업개발시설 등 산촌개발사업과 관련된 시설로서 법령이 정하는 시설의 설치.
- 임도·운재로 및 작업로
- 임업인(연중 90일 이상 임업에 종사하거나 임업경영을 통한 임산물의 연간 판매액이 100만 원 이상인 자)이 산림경영을 목적으로 설치하거나 임산물 소득원의 지원 대상 품목을 생산·가공·유통하기 위한 다음 각 목의 어느 하나에 해당하는 시설.

가. 부지면적 10,000㎡ 미만의 임산물 생산시설 또는 집하시설

나. 부지면적 3,000㎡ 미만의 임산물 가공·건조·보관시설

다. 부지면적 1,000㎡ 미만의 임업용기자재 보관시설 및 임산물 전시·판매시설

라. 부지면적 200㎡ 미만의 산림경영관리사
- 삭도·궤도법에 따른 삭도 및 궤도.
- 부지면적 10,000㎡ 미만의 산촌산업개발시설로서 임산물 공동저장·판매·가공·이용시설 및 산촌휴양시설로서 임업체험시설·산림문화회관.

3. 수목원·자연휴양림·수목장림·산림욕장·산책로·탐방로·등산로·전망대 및 자연관찰원·산림전시관·목공예실·숲속교실·숲속수련장·산림박물관·산림교육자료관 등 산림교육시설.

6. 광물, 지하수 그 밖에 대통령령이 정하는 지하자원의 탐사·시추 및 개발과 이를 위한 시설의 설치.

3. 교육·연구 및 기술개발과 관련된 시설의 설치 중 국가과학기술위원회에서 심의한 우주항공기술 개발과 관련된 시설.

4. 농림어업인 주택의 증축 또는 개축, 종교시설의 증축 또는 개축, 공익용 산지로 지정된 사찰림의 산지 안에서의 사찰의 신축.

- 증축의 경우 : 종전 규모(연면적을 기준으로 한다)의 100분의 130
- 개축의 경우 : 종전 규모(연면적을 기준으로 한다)의 100분의 100
- 신축의 경우 : 부지면적 15,000㎡ 이하

5. 공용·공공용사업을 위하여 필요한 시설의 설치.

- 공기업·준정부기관·지방공사·지방공단이 시행하는 사업으로 설치하는 시설
- 폐기물처리시설 중 국가 또는 지방자치단체가 설치하는 폐기물처리시설
- 광해鑛害를 방지하기 위한 시설

6. 제1호부터 제5호까지의 시설의 설치를 위한 진입로, 현장사무소 등 법령이 정하는 부대시설의 설치.

7. 그 밖에 산채·야생화·관상수의 재배, 농로의 설치 등 공익용 산지의 목적 달성에 지장을 주지 아니하는 범위 안에서 법령이 정하는 행위.


**공익용 보전산지의 투자 포인트**


임산물 생산, 가공, 집하, 판매시설 등의 행위 등이 가능하다. 우주항공기술개발과 관련된 시설의 설치도 가능하다. 위의 4번 항목에 있는 것처럼 농림어업인의 주택과 종교시설의 증축 개축은 가능하지만 신축은

허용되지 않는다. 단 사찰림으로 지정된 산지에서는 사찰의 신축은 가능하다.

　투자 포인트로, 산지전용제한지역보다는 허용되는 건축물의 범위가 조금 넓기는 하지만 개발을 해서 분양할 수 있는 사업성 있는 건축물은 별로 없다. 따라서 공익용 보전산지라고 토지이용계획확인서에 표시된 토지는 위에서 열거한 항목 중에 안성맞춤인 것이 없다면 투자가치가 매우 낮은 토지라고 할 수 있다.

## 임업용 보전산지의 가치 평가와 투자 포인트

　임업용 산지란 산림자원의 조성과 임업 생산기능의 증진을 위하여 필요한 산지로서 산림청장이 지정한 산지를 말한다. 현장에서는 토지이용계획확인서 산지란에 보전산지 중 임업용으로 표시되어 있는 토지를 말한다.

　임업용 산지의 가치를 평가하는 데 있어서는 만약 경매대상 토지가 토지이용계획확인서에 '농림지역보전산지 임업용'으로 표시된 토지는 아래와 같이 가치를 평가하면 된다. 건축할 수 있는 건축물에 가치평가의 포인트가 있다.

　건폐율은 농림지역에서 허용하는 20%를 적용하고, 용적률은 50%를 적용한다.

## 임업용 보전산지에서 할 수 있는 행위들

1. 산지전용제한지역에서 할 수 있는 행위

2. 임도·산림경영관리사 등 산림경영과 관련된 시설 및 산촌산업개발시설 등 산촌개발사업과 관련된 시설로서 법령이 정하는 시설의 설치.

- 임도·운재로 및 작업로

- 임업인(연중 90일 이상 임업에 종사하거나 임업경영을 통한 임산물의 연간 판매액이 100만 원 이상인 자)이 산림경영을 목적으로 설치하거나 임산물 소득원의 지원 대상 품목을 생산·가공·유통하기 위한 다음 각 목의 어느 하나에 해당하는 시설

가. 부지면적 10,000㎡ 미만의 임산물 생산시설 또는 집하시설

나. 부지면적 3,000㎡ 미만의 임산물 가공·건조·보관시설

다. 부지면적 1,000㎡ 미만의 임업용 기자재 보관시설 및 임산물 전시·판매시설

라. 부지면적 200㎡ 미만의 산림경영관리사

- 삭도·궤도법에 따른 삭도 및 궤도

- 부지면적 10,000㎡ 미만의 산촌산업개발시설로서 임산물 공동저장·판매·가공·이용시설 및 산촌휴양시설로서 임업체험시설·산림문화회관

3. 수목원·자연휴양림·수목장림·산림욕장·산책로·탐방로·등산로·전망대 및 자연관찰원·산림전시관·목공예실·숲속교실·숲속수련장·산림박물관·산림교육자료관 등 산림교육시설.

4. 농림어업인이 자기소유의 산지에 농림어업의 경영을 위하여 실제 거주할 목적으로 부지면적 660㎡ 미만으로 건축하는 주택 및 그 부대시설.

5. 농림어업용 생산·이용·가공시설 및 농어촌휴양시설로서 법령이 정하는 시설의 설치.

• 농림어업인등이 설치하는 다음 각 목의 어느 하나에 해당하는 시설

가. 부지면적 30,000㎡ 미만의 축산시설

나. 부지면적 10,000㎡ 미만의 다음의 시설

(1) 야생조수의 인공사육시설

(2) 양어장·양식장·낚시터시설

(3) 폐목재·짚·음식물 쓰레기 등을 이용한 유기질비료 제조시설 (퇴비화 시설에 한한다)

(4) 가축분뇨를 이용한 유기질비료 제조시설

(5) 버섯재배시설, 농림업용 온실

다. 부지면적 3,000㎡ 미만의 누에사육시설·농기계수리시설·농기계창고·농축수산물의 창고·집하장 또는 그 가공시설

라. 부지면적 200㎡ 미만의 농막 농업용·축산업용 관리사

• 농어촌정비법에 따라 개발되는 30,000㎡ 미만의 농어촌관광휴양단지 및 관광농원

6. 광물, 지하수 그 밖에 대통령령이 정하는 지하자원의 탐사 시추 및 개발과 이를 위한 시설의 설치.

7. 석유비축 및 저장시설·전기통신설비 그 밖에 법령이 정하는 공용·공공용 시설의 설치.

8. 허가를 받거나 신고를 한 묘지·화장장·납골시설의 설치.

9. 종교시설의 설치

• 문화체육관광부장관이 종교법인으로 허가한 종교단체 또는 그 소속단체에서 설치하는 부지면적 15,000㎡ 미만의 사찰·교회·성당 등

종교의식에 직접적으로 사용되는 시설과 그 부대시설로서 숙소·창고·화장실·식당·주차장

10. 병원·사회복지시설·청소년수련시설·근로자복지시설·공공직업훈련시설 등 공익시설의 설치.

11. 교육·연구 및 기술개발과 관련된 시설의 설치.

12. 지역사회개발 및 산업발전에 필요한 시설의 설치.

- 대기환경보전법에 의한 특정 대기유해물질을 배출하는 시설
- 대기환경보전법에 의한 대기오염물질배출시설
- 수질 및 수생태계 보전에 관한 법률에 따른 특정 수질유해물질을 배출하는 시설
- 수질 및 수생태계 보전에 관한 법률에 따른 폐수배출 시설
- 폐기물관리법에 의한 지정 폐기물을 배출하는 시설

13. 제1호부터 제12호까지의 시설의 설치를 위한 진입로, 현장사무소 등 부대시설의 설치.

14. 그밖에 가축의 방목, 산채·야생화·관상수의 재배, 물건의 적치, 농로의 설치 등 임업용 산지의 목적 달성에 지장을 주지 아니 하는 범위 안에서 다음의 행위.

- 농어촌도로정비법에 따른 농도 및 농업용 수로를 설치하는 행위
- 부지면적 100㎡ 미만의 제각을 설치하는 행위
- 사도를 설치하는 행위
- 생태통로 및 조수의 보호·번식을 위한 시설을 설치하는 행위
- 농림어업인이 10,000㎡ 미만의 산지에 임산물 소득원의 지원대상 품목을 재배하는 행위
- 농림어업인이 30,000㎡ 미만의 산지에서 가축을 방목하는 행위

- 농림어업인 또는 관상수 생산자가 30,000㎡ 미만의 산지에서 관상 수를 재배하는 행위
- 지적측량 기준점 표지 및 측량표를 설치하는 행위
- 폐기물이 아닌 물건을 1년 이내의 기간 동안 산지에 적치하는 행위
- 채석 경제성 평가를 위하여 시추하는 행위
- 영화제작자·방송사업자 또는 방송 영상 독립제작사가 영화 또는 방송 프로그램의 제작을 위한 목적으로 설치하는 야외촬영 시설

## 임업용 보전산지의 투자 포인트

공익용 보전산지보다는 허용되는 건축물의 범위가 조금 다양하다. 임산물 생산 가공 집하 판매시설 등의 행위 등이 가능하다. 660㎡ 미만의 농림어업인의 주택도 가능하다. 단, 농림어업인의 주택 신축만으로는 주택 1채의 신축은 가능하지만 전원주택 분양사업은 할 수 없다. 종교시설이나 병원 사회복지시설 청소년수련원 등의 시설도 가능하다.

따라서 현장에 나갔을 때 투자 포인트로 임야를 소개하면서 종교시설이나 청소년수련시설·사회복지시설 등이 가능한 값싸고 좋은 부지가 나왔다고 하면, 토지이용계획확인서를 열람해 보지 않아도 대개 임업용 보전산지라고 미루어 짐작할 수 있다. 즉 임업용 보전산지는 공익용 보전산지보다는 활용 범위가 넓기는 하지만 위에서 언급한 건축물에 100% 적합한 부지라야 가치를 발휘할 수 있는 것이지 그렇지 않은 부지라면 비록 값이 싸다고 해서 투자가치가 있는 것이 아니다.

토지를 개발해서 분양 사업 등을 하려면 공창·창고·전원주택지 등으로 허가 받아서 분양하는 것이 가장 기본이다. 그런데 그런 건축물 등은 허가가 나지 않기 때문에 투자 가치가 떨어지는 것이다

# 보전산지 해제와
# 임야투자 분석

## 산지 구분 타당성 조사와 보전산지 해제가 호재인 이유

산지구분 타당성 조사는 10년에 한 번씩 실시하며 최근에는 2008년 말 완료되었다. 그에 따라 보전산지가 해제되어 준보전산지로 편입되기도 하고 공익용과 임업용 보전산지 간에도 변동이 있었다.

보전산지에서 해제가 되면 용도지역이 농림지역에서 관리지역으로 편입이 된다. 그에 따라 해당토지의 개발이 용이해지고 건축할 수 있는 건축물의 범위가 넓어진다. 관리지역은 그 후 토지적성평가를 거쳐 보전 생산 계획관리지역 중 하나로 편입이 된다.

보전산지에서 해제되어 관리지역이 되면 단독주택(전원주택, 민박·펜션)의 분양사업이 가능해진다. 경매물건의 감정평가서에는 농림지역 보전산지(공익용 또는 임업용)로 표시되어 있는데, 토지이용계획확인서를 열람해보면 관리지역으로 표시된 임야를 가끔 볼 수 있다. 이것은 감정평가 당시에는 보전산지의 농림지역이었지만 2008년 말 보전산지에서 해제되면서 관리지역으로 편입된 토지이다. 즉 토지의 가치가 상승했다고 평가할 수 있다.

## 보전산지에서 해제돼 관리지역으로 편입된 임야

아래 그림에서 별색 부분은 보전산지에서 해제된 준보전산지로 '관리지역 미분류'라고 표시되어 있다. 준보전산지로 둘러싸여 있던 보전산지 부분이 해제된 것이며 이것이 보전산지 해제의 투자 포인트이다

## 보전산지 해제에서의 투자 포인트

사람들은 토지를 볼 때 좋은 것에 우선순위를 두고 매물을 수집한다. 토지라는 부동의 공간에 돈을 묻고 시간을 노래하는 전형적 투자라 했을 때, 대충 도시지역의 자연녹지와 관리지역 중 계획관리지역으로 세분화된 토지를 우선협상 대상으로 분류해놓고 현재의 용도와 현황을 기준으로 평가한다.

공법을 조금 알거나 귀동냥 정도의 지식을 가진 일반 투자자들은, 용도지역-용도지구-용도구역-각종 규제-허용행위-지목-현황 등으로만 모든 것을 다 조사했다고 생각하고 마음을 놓는다.

일면 합당한 방법일 수도 있다. 그러나 과거의 투자 방법이 앞으로도 맞아떨어진다고 장담할 수는 없다. 많은 투자자들이 원칙에만 집착해 그것만이 유일한 성공 비법인 것처럼 선택의 폭을 넓힐 줄 모른다.

그러나 돌이켜 보면, 우리나라의 토지투자는 70년대 후반부터 시작된 부동산시장의 중기 파동(10년 주기설)은 순환을 거듭하다 대규모 토목공사와 신도시 건설이라는 '88 특수'를 기점으로 1998년 IMF를 거치면서 경기순환의 정점으로 돌아갔고, 참여정부 시절 다시 한 번 전국을 휩쓴 투기 광풍과 정책의 남발로 인한 후유증으로 극심한 쇠퇴기를 겪었다. 과거와 현재 그리고 미래를 살펴 투자에 임해야 하는 이유다.

위에서 언급한 투자방식에 대한 필자의 소견은 정부의 정책과 시장의 흐름에 촉각을 세우고 있어야 한다는 것이다. "좋은 것을 먼저 고르는 것이 장땡이다?" 아니다. 겉으론 좋아 보이지 않더라도 장래 비전이 보이는 잠재력 있는 물건이 성공의 확률도, 수익률도 높다.

과거 10년 전으로만 돌아가 보라. 얼마나 많은 문명의 진화가 있었는가. 얼마나 많은 법률이 개정되었으며, 얼마나 많은 정책이 수정되었는가?

이런 현실에 아직도 과거의 투자기법이 최선이라고 생각한다면 오산이다. 경매시장에 가보면 바로 알 수 있다. 누가 먼저 옥석을 가려 흙속에 숨은 진주를 찾는가, 하는 게임이 바로 경매이다.

이제는 경매가 아닌 일반 토지시장에도 이와 같이 투자 수요의 성공과 실패가 갈릴 것이라고 본다. 다음과 같은 토지시장의 저변을 잘 둘러보자.

- 저가의 토지에 중점을 두고 도로 개설이 가능한 맹지
- 점용허가를 받을 수 있는 도로, 구거, 하천을 끼고 있는 토지
- 무연고 분묘가 있는 소규모 임야
- 준보전으로 해제되는 보전산지
- 관리지역으로 변경되는 농림지역 진흥지역 농지

적정 가격이 숨겨져 있는 토지를 찾는 현명한 투자자들이 점차 늘고 있다.

아래 고시문을 보자

다음 도면은 최근에 고시된 보전산지 해제 고시도면이다. 별색으로 표시된 임야가 해제 임야이며 준보전으로 해제되면 용도지역이 환원된다. 즉 보전산지는 농림지역 또는 자연환경보전지역이니 관리지역으로

용도지역이 바뀐다는 내용이다. 그래서 보전산지 해제 및 용도지역 환원 고시라고 표기되는 것이다.

농림지역이 관리지역이 되면 관리지역이 도시지역으로 편입되는 것과 맞먹는 효과를 낸다. "몇 배가 상승했다!"라는 정도로는 표현이 부족할 것이다.

더구나 다양한 개발허용행위와 먼 훗날 도시지역으로 편입될 가능성마저 내포하고 있으니 보전산지 해제 및 용도지역 환원이 주는 위력은 '국토이용의 효율화 방안' 중 하나로서 정부의 국토정책의 실천을 반영하는 최대의 파급 효과라 하겠다.

**보전산지 해제 고시문/보전산지 지정 해제 및 지형도면 고시**

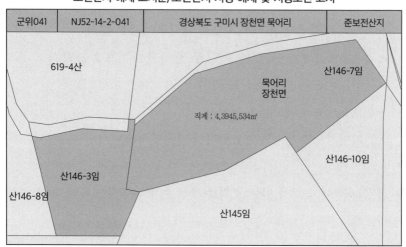

### 토지투자에 성공하고 싶다면 정책의 흐름을 예의주시 하라

이는 10년에 한 번씩 실시하는 '산지구분 타당성 조사'를 통해 결정되며 최근 2008년 말 완료되었고, 현재는 매년 지역별로 고시되고 있다.

또한 보전산지가 준보전으로 편입되기도 하고, 공익용 산지가 임업용으로, 임업용 산지가 공익용으로 상호 변경되고 있으니 극히 일부의 보전산지만이 준보전으로 변경된다는 것을 알아두어야 한다. 준보전으로 해제된 산지는 또 다시 토지적성평가를 통해 보전, 생산, 계획관리로 세분화 된다.

해제된 산지에서는 과거에는 불가능했던 단독주택과 다가구 등의 건축이 가능해지므로 전원주택, 민박, 펜션 등의 분양사업도 가능해진다.

수익형 부동산은 현재에 투자하는 것이고, 토지는 미래에 형성될 가치를 읽고 투자하는 것이다. 알고 준비하면 큰 수익을 낳을 수 있는 보전산지에서 해제되는 임야에 대한 투자 요령이라고 할 수 있다

# 보전산지투자 분석

　우리나라 국토이용 현황을 보면 산지는 전체 면적의 64.8%(64,638㎢)를 차지하고 있다. 따라서 국토를 개발한다고 할 때 가장 많은 면적이 할당될 수밖에 없는 것이 산지다.

　이미 보전산지 중에서 개발이 용이한 보전산지는 준보전산지로 전환하고 있다. 즉 보전산지에서 해제되어 준보전으로 전환되면 일단 농림지역이나 자연환경보전지역에서 관리지역으로 용도지역이 변경된다.

　따라서 개발이 용이해지고 건축행위의 범위가 넓어지게 되고, 이는 다시 적성평가를 거쳐 보전, 생산, 계획관리지역으로 세분화 된다. 그러므로 전원주택이나 민박, 펜션 등 다양한 용도로 가치가 격상되기 때문에 그만큼 큰 호재로 작용하는 것이다.

　모든 임야는 산지에 해당이 되고, 다시 '보전'과 '준보전'으로 나뉘며 '보전산지'는 '공익용 산지'와 '임업용 산지'로 분류된다.

임업용 산지는 자격을 갖추면 농가주택을 지을 수도 있으나 공익용 산지는 개인의 개발행위가 "절대불가"다.(농림어업인의 신·증·개축과 종교시설 등 일부 허용되나 외지인의 경우는 불가함)

그런데 전원주택지나 펜션 부지를 찾는 일부 초보자들은 이러한 산지에 대한 전문지식 없이 중개업자나 큰 땅을 쪼개 파는 분양업자의 말만 믿고 덜컥 계약했다가 낭패를 보는 경우가 종종 있다.

이러한 투자는 전적으로 '무지'에서 나오는 행동으로 나중에 등기를 받고 후회해봐야 소용 없다. 소유권이전등기를 받는 순간 이미 돌아올 수 없는 강을 건넌 것이다.

양평의 서종면 문호리는 예전부터 유명연예인이나 재력가들에게는 아주 잘 알려진 전원주택지로 각광받는 곳이다.

과거 이곳의 공익용 산지 20여만 평에 달하는 임야를 분할도 하지 않은 채로 신문에 광고를 실어 분양했던 업체가 있었다. 해당 토지의 주변은 아름답게 지어진 전원주택들이 즐비했기에 그런 주택을 보고 많은 사람들이 앞을 다퉈 계약을 했으며 분양업체는 떼돈을 번 것으로 소문이 돌았다.

경춘고속도로 서종 IC에서 가까운 그 땅의 분양가는 당시 평당 39,000원이었다. 그런 땅을 사는 사람들이 그렇게 많은 걸 보고 놀랐던 기억이 있다. 공익용 산지에 공유자 지분등기되어 있는 그 땅은 1천 평만 해도 등기비용까지 합산하면 4,000만 원이 훌쩍 넘었다. 당시로서는 거금이었다.

개발이 안 된다는 걸 미리 알고도 산 사람은 아마도 없을 것이다. 분양하는 사람들은 미안한 마음도 없는 것 같다. 아니 사기꾼에게 양심을 기대하는 것 자체가 어불성설이다.

수도권에서만도 보전산지는 이런 식으로 한해에 수십, 수백만 평이 거래된다. 결국 피해자를 양산해 사회문제가 되어야만 끝이 나는 보전 산지의 분양은 오늘도 계속되고 있다.

투자를 하기 위해서는 먼저 충분히 관련 지식을 쌓아야 하는 이유가 여기에 있다.

※ 아래 토지는 어느 기획부동산에서 분양한 춘천의 보전산지이다.

| 지목 | 임야 | 면적 | 991㎡ |
|---|---|---|---|
| 공시지가 | 1,260원(1,260/01) | | |
| 지역지구등<br>지정 여부 | 국토의 계획 및 이용에 관한 법률<br>에 따른 지역·지구 등 | 농림지역 | |
| | 다른 법령등에 따른 지역·지<br>구 등 | 임업용 산지<산지관리법> | |
| 토지이용규제 기본법 시행령<br>제9조 제4항 각호에 해당되는 사항 | | | |

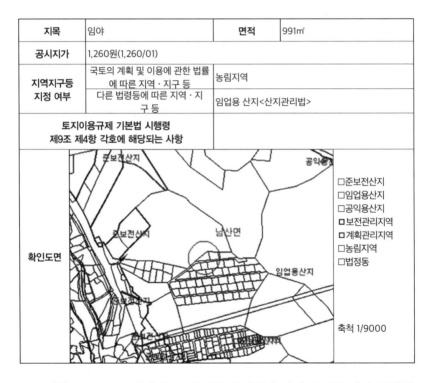

확인도면

□준보전산지
□임업용산지
□공익용산지
■보전관리지역
■계획관리지역
□농림지역
□법정동

축척 1/9000

자세히 보면, 용도지역은 농림지역에 임업용이니 보전산지가 틀림없다. 바둑판처럼 분할된 임야가 바로 해당 토지인데, 대각선으로 길게 뻗은 두 줄의 실선은 경춘선 복선전철의 터널 구간이다.

터널의 상부에 위치한 토지는 터널 내부와의 거리가 얼마냐에 따라서 개발이 되고 안 되고의 차이는 있지만 이런 경우는 어떨까?

개발? 단연코 안 된다. 더구나 임야는 경사도가 가장 크게 작용하는데 필자의 육안으로만 봐도 족히 25도는 넘어 보인다.

진입로도 없다. 등기부등본을 확인해보니 누군가 매입을 했다. 지역 부동산에서 알아보니 기획부동산에서 작업을 한 것이었다.

모든 땅의 기초 분석은 용도지역이 어떻다거나 주변 현황이 어떻다는 말들에 따라 투자를 하지만 임야는 다르게 분석하고 판단해야 한다.

가장 먼저 확인해야 할 것은 진입로이고, 둘째는 경사도, 셋째는 입목 상태다. (입목본수도, 입목축적(수목생밀도), 입목의 영급(나무의 수령으로 1~5영급, 1영급은 10년)을 살펴야 한다.)

입목의 수종도 문제가 된다. 조선소나무 등 보호수종 4~5영급은 벌목, 간벌이 거의 안 된다고 보면 된다.

경사도는 15도, 25도, 35도, 45도 이하로 나누고 경사가 급할수록 개발과 밀접한 관련이 있다. 가능하면 15도 이하로 하되 25도 이상은 무조건 넘기지 말아야 한다.

그 외에도 평가하는 방법이 여러 가지 있지만 단순 투자자나 전원주택을 지으려는 실수요자는 이 정도만 파악해도 무리가 없을 것 같다.

산지를 다루는 전문가로 산림기술사, 또는 산림경영기술사라는 자격을 취득한 사람이 있다. 임야를 고를 때 이런 전문가를 알고 있으면 더

할 나위 없다. 안심하고 맡겨도 되니 말이다.

사실 잘 만 고르면 농지보다 훨씬 수익을 많이 올릴 수 있는 게 바로 임야다. 농지는 개발행위를 할 때 성토 등을 통해 도로와 높이를 같게 해야 하지만 임야는 절토로 깎아내리면 되기 때문에 돈이 적게 든다. 또 임야에 존재하는 부수적 자산(토석, 암반, 나무 등)은 지역개발 현황을 잘 파악하고 매입해서 팔면 땅 값을 상회하는 부가수익도 올릴 수 있기 때문이다.

실제로 땅 투자로 돈을 번 투자 고수들은 임야를 잘 활용해 이러한 꿈 같은 투자를 지금도 하고 있는 게 현실이다.

하지만 부동산 투자분석도 이제는 참 좋아졌다. 과거에는 정보가 고수와 하수를 나누는 벽이었다면 이제는 다르다. 인터넷으로 안 되는 게 거의 없기 때문이다. 정보가 공평해지면 결국 그 차이는 정보를 보는 눈이고 그게 바로 지식이다.

임야를 평가할 때 산림청에서 제공하는 산지정보시스템(http://www.forestland.go.kr/)을 활용하면 해당 임야의 평균경사도에서 토질, 자생하는 입목의 종류, 개발행위허가 등등 많은 부분을 확인할 수 있다.

## 보전산지의 활용 방안 질의응답

**Q** : 가평에 보전산지를 20,000여 평 가지고 있습니다. 산 아래 일부에 지방도로를 내려고 도로 현장사무소가 들어서 쓰고 있는데, 도로공사가 끝난 후 훼손된 이 터를 다른 용도로 활용하고 싶습니다.

임야는 보전산지(공익용)입니다. 버섯이나 더덕 등 임산물 보관창고나

가공공장으로 쓸 수는 없을까요?

**A** : 최근 보전산지의 활용 방안에 대한 문의와 매각 의뢰를 많이 받는다. 아마도 종합부동산세의 부담이 가중되고 부재지주 양도세가 중과되면서 매각이 어려워진 결과가 아닌가 생각한다.

그러나 보전산지의 활용 혹은 매각은 그리 간단하지 않다.

종전에 공익용 산지는 공익임지, 임업용 산지는 생산임지라고 하였다. (아직도 일부 지역의 토지이용계획확인서는 이 용어를 사용한다.) 그리고 정부의 인터넷 토지이용규제서비스에서는 보전산지를 이 두 가지로 분류하지 않고 그냥 보전산지로 표현하고 있다.

그러나 공익용 산지와 임업용 산지의 규제와 활용 방안은 확연히 다르다.

공익용 산지는 국가의 도로, 철도, 발전, 공공개발, 군사 등 공공의 목적으로만 이용이 가능하고, 민간은 개발이 불가능하다고 보아야 한다. 그 외에 민간이 할 수 있는 행위는 자연휴양림, 약초 및 야생화 재배 등 자연을 훼손하지 않는 범위 내에서 극히 제한된 범위로만 활용할 수 있을 뿐이다.

주택이나 창고, 공장 등 일반이 생각하는 통상 이용은 생각할 수 없다고 보아야 한다. 따라서 공익용 산지는 일반의 거래대상으로 전혀 적합하지 않다고 보는 게 타당하다.

임업용 산지는 조림, 식목, 유실수나 버섯 야생화 재배나 관광농원 등을 영위하는 농업인이나, 조림 등 임업을 영위하는 임업인을 위주로 그 활용이 제한되고 있는 것이 원칙이다. 그 외 식물원, 사회복지시설, 청소년수련원 등도 일정 면적 이내에서는 가능하다.

공익용 산지와 임업용 산지는 모두 농림지역으로 지정된다. 반면 보전산지가 아닌 임야를 준보전산지라고 하며, 이 지역은 관리지역으로 지정된다.

따라서 아무리 일부 산지가 공공용 도로개설 현장사무소 건축 목적으로 훼손되었다 하더라도 이를 이용하여 다른 목적으로 개발 활용할 수는 없을 것이다.

훼손된 임야는 도로가 아니라면 원래의 임야 형태로 복구될 것으로 보이며, 이처럼 보전산지의 규제는 매우 엄격하다. 농지와 임야의 규제 정도를 엄한 것부터 약한 순서로 거칠게 표현하자면 다음과 같이 말할 수 있다.

공익용 산지 〉임업용 산지 〉농업진흥구역 농지 〉농업보호구역 농지 (이상 농림지역) 〉준보전산지(관리지역) 〉농업진흥지역 밖의 농지(관리지역)


그러면 어떤 임야를 공익용 산지로 하고, 어떤 임야를 임업용 산지로 구분할까? 공익용 산지와 임업용 산지의 구분은 국가(산림청)에서 한다.

공익용 산지는 국립공원, 백두대간지역, 군사시설, 사찰림, 수원함양림, 방풍림, 사방림 등의 보안림 등을 공익용 산지로 지정한다. 이 이외의 임야는 임업용 산지로 분류한다.

그렇다면 공익용 산지를 임업용 산지로 변경할 수는 없을까?

민간이 요청한다고 하여 공익용 산지가 임업용 산지로 변경되지는 않는다. 다만 보안림의 경우 5년마다 갱신 지정하게 되는데, 이때 주변의 상황 변화 등으로 더 이상 보안림으로 유지할 필요가 없다고 판단될 경우에 한하여 심시를 거쳐 해제 혹은 변경할 수 있다. (산림자원의 조성 및 관리에 관한 법률 제43조 및 동법 시행규칙 제51조)

넓은 면적의 임야에서는 한 필지에 공익용과 임업용이 함께 있는 경우가 간혹 있다. 이럴 때에는 임야 소재지 시·군·구의 산림계 혹은 농림계에 가서 산지이용구분도를 발급해보아야 한다. 그러면 도면에 구분 경계를 그려주고, 각각의 면적을 적어준다.

곳에 따라서는 구분도를 발급하는 대신 가져간 임야도에 표시를 해주기도 한다. 보전산지와 준보전산지가 같이 있는 경우도 동일하다.

# 산지전용 투자 사례 분석

임야는 특별한 경우를 제외하고는 투자용으로 판단하기에 상당한 노하우를 필요로 하는 분야다. 그 자체로서는 투자성이 있는 토지로 만드는 데 상당한 노하우가 필요하므로 보편적인 견해로는 투자성이 없다고 봐야 할 것이다.

하지만 모든 것은 다 경우에 따라 달라진다.

임야의 투자성은 점점 낮아지고 있는 흐름이라고 볼 수도 있는데, 이는 산지법이 갈수록 환경 위주의 규제로 무게를 많이 싣고 있기 때문이다.

물론 정책적인 변화에 따라서 행위제한의 강도가 조금씩 달라진다. 임야의 투자성이 낮더라도 조그마한 규모의 산지전용(주택 등)을 생각하는 실수요자들이 찾는 경우가 있어서 소규모 개발과 중개가 종종 이루어지고 있다.

산지전용을 통한 택지개발과 관련하여 사례를 통해 살펴보자.

## 산지전용을 통한 택지개발 실전 사례 분석

산지 개발은 쉽지 않지만 사실 개발 허가를 받는 것은 비용이 문제일 뿐 큰 어려움이 없다. 문제는 각종 전용허가를 받았다고 하더라도 자기 자신과의 보이지 않는 내면의 싸움이 시작된다고 보면 된다 산지전용 허가 그리고 개발의 시작 그 이후가 문제인 것이다.

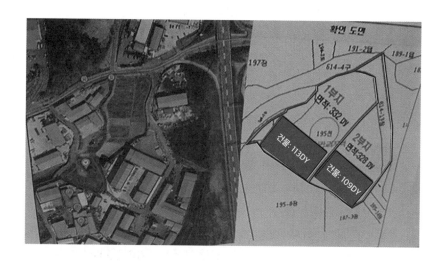

왜 그럴까?

자연은 말 그대로 예측 불가능한 문제를 품고 있기 때문이다. 현장에서 불거지는 각종 사례, 사연들을 듣다 보면 처음 계획했던 개발 계획의 컨셉이 뒤죽박죽 되어 중구난방이 되어버리기 때문이다.

개발이라는 큰 틀에서 보면 사실 '별거 없다. 개발 허가는 설계사무소를 통해 해결하고, 전문가를 찾아 도움을 받곤 한다. 그때는 개발업자가 완전 갑이다. 땅을 소유하고 있고 돈이 있기 때문이다.

하지만, 막상 개발 허가를 받고 난 후에는 어디서부터 손을 대야 할지 막막하기만 하다. 그 누구도 시원하게 알려 주지 않기 때문이다. 당연하다.

처음 인허가를 받고 난 후, 망망대해에 있는 느낌으로 구원의 손길을 찾아 헤매던 시절이 있었다. 토목 공사를 하고 건축만 하면 되는 줄 알았다. 하지만 확인해야 할 것이 그토록 많다는 걸 깨달은 건 오래지 않았다. "지식과 경험의 한계는 무한하구나. 아직도, 배울 것이 많구나." 하는 생각이 들었다. 자연의 힘과 창조력에 절로 겸손해지게 되는 것이다.

> ▶▶▶ **Tip**
>
> 초보자들이나 기획부동산은 산지전용 허가가 나면 공사를 하기도 전에 최초 허가 신청한 도면대로 분할 측량을 먼저 하는 경우가 있다. 하지만 이는 괜한 비용을 낭비하는 결과를 초래한다. 분할 말목을 꽂아둔 채로 산지의 토목공사를 한다는 것은 어리석은 일이다. 아무리 정밀하게 공사를 한다 해도 말목을 꽂은 채로 공사가 진행되기는 어려우며 공사 진척도 형편없이 늦어진다. 실제 지형에 맞고 어울리게 공사를 마무리한 뒤에 현황 측량을 해서 분할한 다음 허가 내용을 변경하는 것이 바람직하다.

농지나 대지를 개발하는 절차는 그리 어렵지 않다. 하지만 산지는 다르다.

산지전용 허가를 받으면, 제일 먼저 부지조성 공사부터 시작한다. 이 때부터 각종 장비에 대해 알아 보고 경험자를 찾아 견적을 받는다. 그런데 이때 제일 중요한 것이 있다. 바로 경계 측량이다.

경계 측량을 소홀히 하게 되면 쓸 데 없는 민원과 같은 문제가 발생할 여지가 많다. 한편으로 부지 공사를 할 때는 감독을 소홀히 하는 경우가 많은데, 가능하면, 약속한 기간 내에 별 일이 없더라도, 공사가 어떻게 진행되는지는 확인해야 한다. 부지 공사를 에서, 수많은 고민을 하고 하면서 계획했던 개발과 공사가 이루어지는 현장 사이에 괴리는 없는지 확인하는 것이다.

부지공사에서 의외의 선물(?)을 받게 되는 경우도 있다. 바로, 땅 속에 숨어 있는 토질이다. 흙이나 풍암 정도라면 양호한 편이지만 암반이 나오거나 문화재라고 나오게 되면 단순한 고생으로 그치지 않는다는 것이다. 험난한 고생길이 시작되는 것이다.

또 주의해야 하는 것은 물길이다. 물길을 소홀하게 여겨서 생고생을 하는 경우를 많이 보았다. 남들이 보기엔 별 일이 있겠나 싶은 부지 공사지만 직접 시행해 보면 희비가 크게 엇갈리는 순간이기도 하다.

부지 공사가 끝나면, 적지복구공사 설계 승인을 받았던 복구공사를 실시하게 된다. 법면 처리를 위한 잔디 작업, 코아넷 설치, 옹벽 석축 수목 식재 등의 행위들이 해당된다. 임야의 토질이나 법면의 경사도에 따라 난이도가 달라지지만 역시 여기에서도 산림 전문가의 도움이 필요하다.

다음으로, 준공을 받기 위한 측량을 하고 측량 성과도를 발급 받는데, 이 단계에서 분할이나 등록전환 신청을 하는 것이 좋다. 산지전용 허가를 받은 즉시 분할부터 하는 경우가 있는데, 후일 지적 현황이 맞지 않는 경우가 왕왕 발생하므로 이때 하는 것이 좋다.

이후의 과정은 준공측량성과도 등을 구비해 준공검사를 신청하고 마무리하면 끝난다.

어떤가?

단순하다. 하지만 땅 속에 어떤 선물이 묻혀 있는지에 따라 성패가 갈린다는 점을 잊지 말아야 할 것이다.

토목공사가 완료되면 이제 건축이 시작된다. 개발 부지를 형성하는 데 비해 건축은 눈에 띄게 달라진다. 이때는 건축설계사무소의 경험치가 절대적이다 일부 토목설계사무소는 자기 분야가 아니라고 하여, 특정지역에 건축물을 지어도 된다고 하는 경우가 있는데, 큰일이 날 소리다. 건축설계사무소와의 사전협의가 꼭 필요하다. 이 절차를 거치지 않으면, 위치 오차로 인한 과태료를 물기도 한다.

---

### ▶▶▶ 사업을 진행하면서 지출된 비용 항목

1. 토지매입비
2. 취등록 관련비용
3. 매도인 양도세
4. 교량설계비
5. 산지전용설계비(변경 비용 포함)
6. 분할측량비용
7. 교량 건설비
8. 토목공사비
9. 각종 흉관, 이중관, 유공관 등 자재비
10. 공사 후 필지 별 분할 측량비용(현황 측량비 포함)과 공사 전 경계측량 비용    11. 대체산림자원 조성비
12. 복구예치보험료 등 기타 소액 비용(면허세 등)
13. 지하수 대공 2기
14. 수리기술사 비용
15. 기반시설부담금

---

## 산지전용 허가(대지, 창고용지, 공장용지 등으로)와 산지개간허가 (전, 답, 과수원으로)의 비교

일반적으로 임야개발을 한다고 하면 산지전용 허가를 떠올린다. 산지개간이라는 용어에 대해서는 많이 생소할 수 있겠다.

이번에는 산지전용 허가와 산지개간허가의 차이점에 대해서 알아보자. 산지관리법, 농어촌정비법, 개간사업 행정규칙 등에 기반한 내용이므로 투자나 개발(건축)시 참조하시면 된다

### ▶▶▶ 산지구분별 행위 제한

산지의 합리적인 보전과 이용을 위하여 「산지관리법」 제4조에서는 전국의 산지를 보전산지(임업용산지, 공익용산지)와 준보전산지로 구분하여 관리하도록 규정하고 있습니다. 임업용산지와 공익용산지에 대하여는 「산지관리법」 및 개별 법령에 따라 허용행위를 제한하고, 준보전산지 안에서는 행위제한이 없다.

※ 단, 공익용 산지 중에서 야생생물 특별보호구역 및 같은 법 제33조에 따른 야생생물 보호구역의 산지, 공원구역, 문화재보호구역, 상수원보호구역, 개발제한구역, 보전녹지지역, 생태・경관보전지역, 습지보호지역, 특정도서, 백두대간보호지역, 산림보호구역, 도시자연공원구역, 수산자원보호구역에서는 「산지관리법」에 따른 행위제한은 적용하지 않으며 해당 법률의 행위제한을 적용한다.

우리나라는 전체 산지면적 중 약 21% 정도가 준보전산지로 지정돼 있다. 보전산지는 임업용산지와 공익용산지로 구분되는데, 보전산지는

행위 제한이 상당히 강해서 일부 경우를 제외하고는 개발이 거의 어렵다고 보면 된다. 그렇다고 아예 불가한 것은 아니고 임업용 산지는 공익용 산지에 비해 조금은 완화된 기준을 가지고 있기는 하다.

그에 반해 준보전산지는 행위 제한이 없다. 산지관리법에서도 준보전산지의 행위 제한에 대해서는 일절 언급이 되어 있지 않고 보전산지의 행위 제한에 대해서만 명시가 되어 있다.

### ▶▶▶ 사실상 도로를 이용해 산지전용 가능

산지를 개발하려면 가장 중요한 것이 도로가 있어야 한다. 이렇게 규제를 하는 것은 산지의 난개발을 막기 위한 것이다. 도로가 없어도 산지전용을 할수 있다고 하면, 목적 사업 이외에도 거기까지 가는 진입도로를 만들기 위해서도 엄청나게 많은 산림이 훼손되어야 하기 때문이다. 그래서 도로가 없는경우는 50m까지만 도로용으로 산지전용을 하도록 하고 그 이상은 제한을한다.

그런데 이 도로라는 것이 도로법상 도로를 말한다. 즉 국도나 지방도 농어촌도로 등을 말하는데, 현실적으로 보면 이런 법정도로 말고도 마을안길 같은사실상의 도로도 많이 있지만 이러한 도로가 아무리 있어도 그것을 이용해산지전용 허가를 받을 수 없다.

그렇지만 현실적으로 도로로 사용하고 있는데 도로가 없다고 산지전용을 안해주는 것도 합리적인 것은 아니라고 판단하여 사실상 도로를 이용해 산지전용을 할 수 있는 경우를 별도 고시를 통해 허용을 하는경우가있다.

보전산지는 묘지나 광고탑 같이 실질적으로 도로가 별로 필요없는 경우로한정했지만, 준보전산지는 주택도 지을 수 있도록 하고 있는 것이다.

보전산지는 묘지나 광고탑 같이 실질적으로 도로가 별로 필요없는 경우로 한정했지만, 준보전산지는 주택도 지을 수 있도록 한 것이다.

2015년 4월에 관련고시를 제정하였는데, 그 이후 2016년 5월까지 현황상 도로를 이용하여 산지전용한 것이 1천 200여 건에 이른다. 이중 900여 건은 주택을 신축하기 위한 것이었다.

변경 전 : 현황상 도로를 이용한 산지전용에 제한
변경 후 : 현황상 도로를 이용하여 산지전용할 수 있는 경우 확대

일반적으로 준보전산지에서는 현황도로를 이용하여 산지전용이 가능하다. 2015년에 산림청에서 사실상 도로(현황도로)를 이용한 산지전용이 가능하도록 관련 규정을 개정한 사실이 있다. 아직까지는 관련 규정을 그대로 유지하고 있으므로 임야를 이용하여 개발을 할 경우는 참조하면 된다. 물론 임야를 개발하고자 할 경우 허가와 관련 필요한 사항들은 토목측량설계사무소와 협의해서 진행하는 것을 권한다.

토지이용계획확인서에 지목은 임야인데 보전산지나 준보전산지 명시가 없으면 준보전산지로 보면 된다. 이제 산지전용 허가와 산지개간허가가 어떻게 다른지 본격적으로 알아보겠다.

산지전용 허가와 산지개간허가는 목적부터 다른데, 산지전용 허가는 주택이나, 공장, 창고 등을 건축하기 위한 행위다. 지목으로 보면 임야에서 대지, 공장용지, 창고용지 등으로 변경되게 되는 것이다.

그에 반해 산지개간 허가는 농지로 전용하기 위한 행위다. 임야에서

농지, 즉 전, 답, 과수원으로 지목이 변경되는 것이다. 실제로 농사를 짓기 위해 임야을 개간하는 경우도 있고 추후 개발차익을 보고 개간하는 경우도 있을 것이다.

여기서 주의할 점은 산지 개간은 준공검사일로부터 5년 동안은 다른 행위를 할 수가 없다. 개간 허가 받은 목적 대로 5년 동안은 유지를 해야 하는 것이다. 5년 뒤부터는 원하는 목적에 따라 농지전용허가를 받아 건축 등 개발행위를 할 수 있게 되지만 임야를 농지로 개간하는 것이기 때문에 대체산림자원조성비가 발생하게 된다.

## 산지전용을 통한 임야개발 절차

### 산지전용 허가를 위한 기준 등

산지를 전용해 산지의 고유용도 외의 용도로 사용하고자 한다면 일반적으로 허가를 받아야 한다. 이 경우 산지전용 허가기준에 적합해야만 전용허가를 받을 수 있다.

산림청장은 산지전용 허가신청을 받은 때에는 다음에 기술해 둔 기준을 적용해 판단하게 된다. 이 기준에 적합한 경우에 한해 산지전용 허가를 내준다. 다만, 앞에서 설명했듯 준보전산지에 대해서는 다음의 제1호부터 제4호까지의 기준을 적용하지 않는다.

① 산지전용제한지역에서의 행위제한내용 및 보전산지에서의 행위제한의 규정에 의한 사항에 해당되지 아니할 것.

② 인근 산림의 경영, 관리에 큰 지장을 주지 아니할 것.

③ 집단적인 조림성공지등 우량한 산림이 많이 포함되지 아니할 것.

④ 희귀 야생 동식물의 보전 등 산림의 자연생태적 기능유지에 현저한 장애가 발생하지 아니할 것.

⑤ 토사의 유출, 붕괴 등 재해가 발생할 우려가 없을 것.

⑥ 산림의 수원 함양 및 수질보전 기능을 크게 해치지 아니할 것.

⑦ 산지의 형태 및 임목의 구성 등의 특성으로 인하여 보호할 가치가 있는 산림에 해당되지 아니할 것.

⑧ 사업계획 및 산지전용 면적이 적정하고 산지전용방법이 자연경관 및 산림 훼손을 최소화하며 산지전용 후의 복구에 지장을 줄 우려가 없을 것.

산림청장은 산지전용 허가에 있어 산림기능의 유지, 재해방지, 경관보전 등을 위해 필요한 때에는 대통령령이 정하는 바에 따라 재해방지시설의 설치 등 필요한 조건을 붙일 수 있다.

## 대체산림자원 조성비

다음에 해당하는 경우의 행위를 하고자 한다면 산지전용에 따른 대체산림자원 조성비용을 미리 납부해야 한다.

- 산지전용 허가를 받고자 하는 자
- 산지 일시사용허가를 받으려 하는 자
- 다른 법률에 의해 산지전용 허가 또는 산지 일시사용허가가 의제되

거나 배제되는 행정처분을 받으려는 자

대체산림자원 조성비는 산림청장이 이를 부과, 징수한다. 산림청장은 대통령령이 정하는 바에 따라 대체산림자원 조성비를 감면할 수 있다. 대체산림자원 조성비는 전용되는 산지의 면적에 단위면적당 금액을 곱한 금액으로 하되, 단위면적당 금액은 산림청장이 결정, 고시한다. 대체산림자원 조성비의 납부 기한, 납부 방법, 세부산정기준 등에 관해 필요한 사항은 대통령령으로 정한다.

## 용도변경의 승인 등

산지전용 허가를 받거나 산지 일시사용허가를 받거나 산지전용신고 또는 산지 일시사용신고를 한 자가 다음 각 호의 어느 하나에 해당되는 경우에는 농림축산식품부령으로 정하는 바에 따라 산림청장 등의 승인을 받아야 한다.

① 산지전용 또는 산지 일시사용 목적 사업에 사용되고 있거나 사용된 토지를 대통령령으로 정하는 기간(아래) 이내에 다른 목적으로 사용하려는 경우.

• 시설물을 설치할 목적으로 산지전용 허가·산지일시사용허가를 받거나 산지전용신고·산지 일시사용신고를 한 자가 다음 각 목의 어느 하나에 해당되는 날부터 5년 이내에 해당 시설의 용도를 변경하는 경우

가. 건축법 제22조에 따른 사용승인을 얻은 날

나. 가목의 경우 외에 관계법령에서 당해 시설물의 승인·신고 또는 사

용검사 등을 받도록 규정한 경우의 그 승인·신고 또는 사용검사
등을 받은 날

다. 그 밖에 관계법령에서 당해 시설물을 사용하기 위하여 필요한 행
정절차를 규정하고 있지 아니한 경우에는 그 설치공사를 수행한
자가 당해 시설물을 준공한 날

• 시설물의 설치 외의 목적으로 산지전용 허가·산지 일시사용허가를
받거나 산지전용신고·산지 일시사용신고를 한 자가 다음 각 목의 어느
하나에 해당하는 날부터 5년 이내에 해당 목적사업의 업종을 변경하려
는 경우

가. 복구를 하여야 하는 경우에는 그 복구준공검사를 받은 날

나. 복구의무가 면제된 경우에는 그 면제를 받은 날

② 농림어업용 주택 또는 그 부대시설을 설치하기 위한 용도로 전용
한 후 대통령령으로 정하는 기간(아래) 이내에 농림어업인이 아닌 자에
게 명의를 변경하려는 경우.

• 건축법에 따른 사용승인을 받은 날부터 5년 이내.

산림청장의 승인을 받으려는 자 중 대체산림자원 조성비가 감면되는
시설의 부지로 산지전용 또는 산지 일시사용을 한 토지를 대체산림자원
조성비가 감면되지 아니하거나 감면 비율이 보다 낮은 시설의 부지로
사용하려는 자는 대통령령으로 정하는 바에 따라 그에 상당하는 대체산
림자원 조성비를 내야 한다.

1. 부지 물색 및 허가 신청

2. 허가

3. 부지조성 토목공사

4. 현황에 따른 분할 또는 변경을 위한 피드백

5. 적지복구 공사 설계

6. 적지복구설계 승인신청

7. 복구공사 실시(잔디, 석축, 찰쌓기, 옹벽, 코아네트)

8. 복구공사 완료(승인 받은 설계도서대로)

9. 준공측량 : 준공측량성과도 발급

10. 등록전환신청 : 분할(토임은 불요)

11. 준공 통보(또는 보완 통보)

12. 임야 분할, 토목설계(소유자 신청)

13. 건물 착공, 준공

14. 건축물 현황측량 : 건축물대장

15. 지목변경, 건축설계

## 임야 전원단지 개발 비용 산정식

최근 2년 이상 침체기가 지속되는 가운데 아직도 부동산을 매입하여 개발한 다음 처분한다면 수익성이 있을까?

의문을 갖고 있는 분들이 많은 것으로 알고 있다.

결론을 말하자면 수익성은 언제나 있다. 수익성이 없을 수가 없다.

수요자는 꾸준하나 요즘 같은 시기는 수요자들이 잠시 대기 상태로 머문다는 점이 다를 뿐이다. 1~2년 장기 계획을 세우면서 자금을 적절히 활용한다면 별로 무리는 없을 것이다.

전원단지개발을 한다면 대략 어느 정도 개발 비용이 들어갈까?

이런 비용을 알 수 있다면 토지를 매입할 때 수익성이 있는지, 없는지 판단할 수 있을 것이다.

여기에서는 상세한 내용은 배제하고 간단히 설명하고자 한다.


임야를 구입하여 주거용지로 개발하고자 할 때 들어가는 비용은 다음과 같다.

- 인·허가 대행비
- 제세공과금
- 토목공사비


주택 건축과 준공 비용 등은 건축비에 해당되므로 개발 비용과는 무관하다.

경사도 15도에 200평의 임지를 구입하였다고 가정해 보자. (보통 임야는 15~20도 정도이므로 아래 금액에서 크게 벗어나지 않는다.)

토공과 부지 정리공사에서 석축과 보강토(옹벽)시공의 차이점은 큰 차이를 보인다.


- 임야의 경우 200평 임야를 법면에 석축시공을 하면 30% 정도의 법면이 발생하여 평지는 140평 정도가 나온다.
- 임야의 경우 200평 임야를 법면에 보강토 또는 옹벽 시공을 한다면 법면 발생률이 10% 내외이며(180평), 평지는 180평 정도가 나온다

1) 인·허가 대행비 : 주택 1건의 개발행위 비용과 건축허가 및 준공비용이 소요되며 1건으로 계산된다. 1건당 개발행위는 150만 원, 건축허가는 200만 원(건축허가는 건축허가 대행 및 준공대행비이며 세부 설계는 별도)

2) 제세공과금 : 평당 13,000원

3) 토목공사 비용 : 축시공과 토공(부지정리 : 하수관로 설치비 포함) : 평당 8만 원. 보강토 또는 옹벽시공과 토공(부지정리 : 하수관로 설치비 포함) : 평당 15만 원

1), 2), 3) 합산비용 : 2210만 원 ~ 3610만 원(조성비 평당 12만 원- 18만 원 소요)

위 기준은 거의 오차가 없는 가격이므로 경사 15~20도의 임야를 구입하여 직접공사를 한다면 자금계획을 잡을 때 편하게 위 금액을 조성비용으로 생각하면 된다.

# PART 5

## 농지와 산지의
## 투자 비교

# 농지와 산지의 전용은
# 어떻게 다른가?

## 투자 측면에서의 임야와 농지

토지경매를 시작하려 하거나 귀농하려는 이들로부터 간혹 농지가 좋은지 임야가 좋은지를 묻는 질문을 받고 당황한 적이 있다. 땅이란 투자혹은 보유하려는 목적에 따라 또 실제 활용하는 이에 따라 그 가치가 달라질 수 있기 때문이다.

그렇다면 농지와 임야는 어떻게 다르고 투자를 하는 입장에서는 어떤점이 유리하고 불리할까?

여기에서는 농지와 임야를 기본법, 규제, 활용도, 투자 및 개발 측면에서 서로 비교해 보기로 한다.

## 현행법상 28개 지목 중 농지와 임야가 85%

전·답·과수원의 지목을 가진 땅을 묶어서 농지라고 부르며, 농지는 농지법의 작용을 받는다. 농지에 목장용지를 합하여 농경지라고 부른다. 우리나라 국토에서 농지가 차지하는 비율은 대략 20%이며 임야는 65% 정도다. 농지와 임야의 면적을 합치면 전국토의 85%가 되는 셈이다.

지적법상 규정된 28개 지목 중 농지와 임야를 제외한 24개 지목의 면적 합계는 국토의 15%에 불과하다. 그 중에서도 활용이 곤란한 도로, 하천, 구거, 제방, 사적지 등을 제외하고 나면 땅을 사서 개발하려고 할 때 찾게 되는 것은 기본적으로 농지와 임야일 수밖에 없는 것이다.


### 농지와 임야에 관한 기본법과 용도지역

농지에 관하여는 농지법이 기본법이며, 농업기반시설이나 농촌관광 등을 지원하는 농어촌정비법이 있다. 임야에 관하여는 산림자원의 조성 및 경영에 관한 법률과 산지관리법이 있으며, 국유림·휴양림·식물원·산촌진흥 등에 관하여는 별도의 단행법에 세분화되어 있다.


## 농지와 산지의 비교

임야는 지상의 입목을 포함하는지 여부에 따라 통상 산지 혹은 산림 등으로도 불리며, 약간의 개념상 차이는 있으나 대체로 같은 의미로 보면 된다. 그러나 목장용지나 초지는 임야와는 전혀 다른 지목으로서 달리 취급된다. 초지에 관하여는 별도의 초지법이 있다.

농지는 농지법상 농업진흥지역 내 농지와 그 밖의 농지로 구분되며, 농업진흥지역은 다시 농업진흥구역과 농업보호구역으로 나뉜다. 산지관리법상 임야는 보전산지와 준보전산지로 분류되며, 보전산지는 다시 공익용 산지와 임업용 산지로 구분된다.

이러한 농지와 임야의 구분은 지목에 다른 특수한 용도지역으로 볼 수 있으며, 각 용도지역에 따라 농지나 산지로 보존하려는 강도와 개발이 가능한 행위 및 규모가 다르다.

그리고 대체로 농업진흥지역 내 농지와 보전산지는 국토계획법상의 농림지역에 포함시키고 있다. 반면에 농업진흥지역 밖 농지와 준보전산지는 관리지역으로 분류하며, 이들 지역은 다시 관리지역 재분류 작업의 결과에 따라 계획, 생산, 보전관리지역으로 세분화된다.

**농지와 산지의 비교**

| 구분 | 농지 | 산지 | 비고 |
|---|---|---|---|
| 근거법령 | 농지법 | 산림법, 산지관리법 | |
| 주무관청 | 농림수산식품부 | 산림청 | • 환경부와공동관리 자연환경보전구역<br>• 수변구역<br>• 백두대간보호구역 등<br>• 공원구역은 문화재관리청에서 관리 |
| 규제의 기본원칙 | • 경자유전의 원칙에 의거 소작제를 금지하되, 농지의 임대차와 위탁경영은 제한적으로 허용 | • 자연환경보전과 임업자원 보호를 위한 산림 관련 각종 특별법 제정하여 규제<br>• 문화재보호법<br>• 산림유전자원보호법<br>• 공원법<br>• 백두대간보호법 등 | 일반적인 보존의지와 사용,개발행위 규제는 임야가 농지보다 훨씬 강함 |

| | | | |
|---|---|---|---|
| 공법상 이용규제 | • 개발행위 기본제한지역<br>→ 농업진흥지역 내 농업진흥지구 농업보호지구<br>• 개발가능지역<br>→ 농업진흥지역 밖의 농지, 관리지역 내 농지 | • 개발행위 기본제한지역<br>→개발제한이 엄격한 산지전용제한 지역 별도 지정, 공익용 보전산지는 일반인의 개발 불가능<br>• 개발가능지역<br>→준보전산지 | |
| 기본적 용도지역 | 농림지역, 관리지역 | 자연환경보전지역,<br>농림지역(보전산지) | |
| 기본적인 지목 | 전답,과수원(초지, 임야 제외) | 임야<br>(과수원 제외, 대나무밭 포함) | 초지는 목장용지로서 별도 규제 |
| 소유 상한 | 원칙적으로 소유상한 없음<br>• 소유상한 적용 예외<br>- 상속의 경우 비농업인은 1만 m² 이상은 처분의무<br>- 주말체험 영농목적의 농지 취득의 경우는 1천m²까지만 취득 가능(기 보유분 및 동일세대 가족 전체 보유분 합산) | 소유상한 없음 | |
| 최소분할 면적 | 원칙적으로 제한 없음. 단, 농지정리된 농업진흥지역 내 농지는 2천 m² 하한 규정 적용 | 최소분할면적 제한 없음. | 농지, 산지 모두 토지거래허가구역은 현지 거주 요건 |
| 취득자격 증명서류 | 농지취득자격증명 | 없음 | |
| 전문경영인 | 농업인<br>- 1천 m² 이상, 연 90일 이상 경작, 연매출 100만 원 이상, 농지 원부 | 임업인<br>- 3만 m² 이상, 연 90일 이상 영림, 연매출 100만 원 이상 | |
| 관련장부 | 토지대장, 농지원부 | 임야대장, 임야도 등 | 토임의 경우 지목은 임야지만 토지대장에 등재 |
| 개발시의 용도 | 비교적 활용도가 높음.<br>- 농사 및 가공산업, 농업인 주택 등으로 한정 | 개발가능성에 따라 종교시설, 창고, 공장, 목장 등 다양한 용도로의 개발이 가능 | |

## 활용도에 있어서 농지와 임야

농지와 임야는 활용도와 개발대상 측면에서 커다란 차이가 있다. 농지는 통상 마을에 가까이 소재하고 지상에 큰 수목이 없으며, 대체로 경사도가 급하지 않아 개발이 용이하다. 따라서 농지는 농사를 짓는 목적 이외에도 전원주택을 짓거나 관광농원이나 주말농장, 유실수 재배 등에 적합하다. 하천을 끼고 있거나 넓은 과수원을 활용하면 관광지의 조성이나 농어촌관광휴양단지로도 활용된다.

이에 비해 임야는 수목이 울창한 산지로 형성되어 있기 때문에 버섯 재배, 약초재배, 관상수 식재, 조림사업 등 임업 생산은 물론 수목원과 자연휴양림 등 휴양시설로도 적당하다.

민가와 격리된 곳은 흑염소, 꿩이나 양계장 등 축사 신축과 동물사육에도 적합하고, 그 외에도 공장 창고 연수원 박물관 등을 건립하기 좋다. 콘도나 스키장·골프장 등의 레저타운은 대규모 임야에서만 가능하다. 근래에는 가족 산과 수목장림에 대한 관심도가 많아지고 있다.

## 투자 측면에서 농지와 임야

일반인의 투자가치로서 농지와 임야는 일장일단이 있어서 한마디로 이야기하기 힘들다. 개인투자자 기준으로 한다면, 농지는 규모가 작고 개발이 용이하여 소액투자에 적합하다.

농지는 일반인이 당장 주말농장으로 쓰거나 농가주택이나 전원주택을 짓기 편리하고, 귀농자에게는 일단 손쉽고 친숙하게 정착할 수 있는 장점이 있다고 볼 수 있다. 실제로 수도권의 작은 농지는 개인의 좋은 투자대상이 되고 있다.

이에 반해 임야는 대체로 농지에 비해 평당 단가는 싸지만 면적과 규모가 커서 투자금액이 만만치 않으므로 통상 아무나 쉽게 접근할 수 없는 점이 있다.

개발에 관련된 규제도 많아서 개인이 쉽게 접근하기 어려운 점도 있다. 그러나 기업체의 대규모 개발을 위한 투자대상이 되고, 개인의 상속용 투자재산으로 적합하다.

## 개발규제에 따른 농지와 임야

농지와 임야를 개발하려는 경우에는 통상 개발행위허가 외에도 각기 농지전용과 산지전용이라는 지목변경의 절차를 거친다. 농지전용과 산지전용은 모두 심사를 할 대 국토계획법과 농지법, 산지관리법, 기타 개별법상 용도지역에서의 개발제한 및 건폐율과 용적률 등이 우선 검토대상이 될 것이다. 그러나 양자는 그 구체적인 심사기준과 전용비용에서 많은 차이가 있다.

농지전용에서의 심사기준으로는 무엇보다도 해당 농지를 보전해야할 필요성이 있는지 여부와 주변 농지에 어떤 영향을 주는지를 우선으로 한다. 전용신청을 하면 사전에 그 지역 농지관리위원회의 검토를 거치는 과정에서 사전심사가 이루어지고 난 후에 전용신청서가 공무원에 접수된다.

임야개발에 있어서는 산지전용에 있어서 특히, 개발대상 임야의 경사도 및 고도 제한, 입목본수도 등 산지전용심사기준이 까다롭기 때문에 개발이 쉽지 않다. 거기다가 임야에 독특한 산지관리법상의 연접개발제한이 있어서 자칫 인·허가 자체를 받을 수 없는 위험한 경우도 생긴다.

또 660㎡(200평) 미만 단독주택을 임야에 지으려면 자기 소유의 임야에 한하는 제한도 있다. 반면 농지의 경우에는, 타인의 농지에도 토지사용승낙을 받아 농지전용과 건축허가를 받아 집을 지을 수 있다.

개발에 따르는 비용 측변에서 양자를 비교해 보면 농지의 경우 농지를 전용할 때 부과하는 농지보전부담금은 ㎡ 당 개별공시지가의 30%로서, ㎡ 당으로만 보면, 산지전용을 할 때 부과되는 대체산림자원 조성비보다 훨씬 많다.

그러나 임야의 대규모 산지전용에는 그 외에도 산지복구비 예치, 개발부담금 부과와 환경영향평가 시행 등의 부담이 따르므로, 단순히 임야의 경우가 더 싸다고 단언할 수는 없다. 또한 임야의 경우에는 부지를 조성하는 토목공사비나 기반시설 설치비용도 만만치 않으며, 공사 시행 중 지역 주민의 민원과 분쟁도 적지 않다.


## 농지와 임야의 개발 행위 비교


1. 근거법 : 농지는 농지법(2002. 12. 30 개정), 임야는 산림법(2002. 12. 30 개정)과 산지관리법 (2002. 12. 30 제정)

2. 주무관청 : 농지는 농림부, 임야는 산림청

3. 기본적인 용도지역 : 농지는 농림지역. 임야는 자연환경보전지역

4. 기본적인 지목 : 농지는 전·답·과수원 (초지 및 임야 제외), 임야는 임야 (과수원 제외, 대나무밭 포함)

5. 전문경영인 : 농업인 (300평 이상, 연 90일 이상 경작, 연매출 100만 원 이상,

농지원부), 임업인 (9,000평 이상, 연 90일 이상 영림, 연매출 100만 원 이상)

6. 관련 장부 : 농지는 토지대장, 지적대장, 농지원부 있음. 임야는 임야대장, 임야도 다만 토임의 경우에는 지목은 임야지만 토지대장에 등재

7. 개발행위 기본제한지역 : 농지는 농업진흥지역(농업진흥지구, 농업보호지구), 임야는 보전산지 (공익용 산지, 임업용 산지)

8. 개발가능지역 : 농지는 비농업진흥지역, 임야는 준보전산지

9. 규제의 기본원칙

**농지의 기본원칙** : 헌법(제121조)에 의해 경자유전의 원칙이 규정되어 있으므로 농지의 소작제를 금지하되 농지의 임대차와 위탁경영은 제한적으로만 허용한다. 농지소유 상한제도는 원칙적으로 없다.

**임야의 기본원칙** : 자연환경보전과 임업자원의 보호를 위한 각종 특별법이 많이 있다. (산림유전자원보호법, 문화재보호법, 백두대간보호법, 공원법, 사찰법, 습지보호구역, 생태계보호구역, 조수보호구역, 휴양림, 보호림, 보안림 등 다수)


## 농지 전용과 산지전용의 가격 경쟁력


1. 근거법 : 농지전용은 농지법, 산지전용은 산지관리법

2. 종류 : 농지전용은 농지전용허가, 농지전용신고, 농지전용협의 등 3종. 산지전용은 산지전용 허가, 산지전용신고, 산지전용협의 등 3종

3. 전용시 부담

농지전용은 농지 조성비 ㎡ 당 공시지가의 30%로 변경(상한 5만 원/㎡당) 산지전용은 대체산림자원조성비 ㎡ 당 → 매년 고시

일반적인 경우, 전용 부담금 비용에서만 보면 임야는 농지의 1/6에 불과하다. 하지만 이것은 단순한 농지와 임야의 전용허가비에 따른 비교이므로 토지를 매입할 시에는 토목공사비 등 주변 상황을 비교 검토하여 전체적인 토지매입비 등을 계산을 하여야 싼 맛에 매입한 토지가 애물단지로 전락하는 것을 미연에 방지하여야 한다.

## 농지 전용과 산지전용의 비교

| 구분 | 농지 | 산지 | 비고 |
|---|---|---|---|
| 근거법령 | 농지법 | 산지관리법 | |
| 종류 | • 농지전용허가(일반인)<br>• 농지전용신고(농업인)<br>• 농지전용협의(공공기관) | • 산지전용 허가<br>• 산지전용신고<br>• 산지전용협의 | 도시지역은 국토계획법 상 농지전용이 허가사항 |
| 전용가능<br>용도지역 | • 농업보호구역 밖의 농지<br>• 관리지역 내 농지 | • 임업용산지<br>• 준보전산지 | |
| 전용시<br>부담금 | • 농지조성비(㎡당) : 공시지가의 30%<br>(조성비상한 50,000원) | • 대체산림 조성비(㎡당)<br>-준보전산지 : 3,070<br>-보전산지 : 3,990<br>-산지전용제한지역:6,140 | 일반적인 전용부담금 비용은 임야가 농지의 1/6 수준 |
| 전용<br>심사기준 | • 소유자의 사용승낙<br>• 용도구역의 행위 규제<br>• 목적 및 용도의 적합성<br>• 전용면적의 적정성<br>• 농지로서의 보전가치 여부<br>• 피해 예방조치 여부<br>• 주변환경의 영향 등을 종합적으로 심사 | • 대상임야의 주변 환경<br>• 임도, 토사붕괴<br>• 수질 및 수량<br>• 동식물 생태계<br>• 산지의 경사도<br>• 산림 임목본수도 등 까다로운 심사기준 적용 | |
| 전용기간 | 허가 후 2년 내 착공, 1년 내 준공 | 허가 후 3개월 내 착공 | |

농지를 취득할 때 국가나 지자체의 경우를 제외하고는 반드시 농지취득자격증명을 받아야 하며, 거의 예외가 없다. 경매로 농지를 취득하는

경우에도 농지취득자격증명을 받아야 한다.

농지소작제를 폐지하고, 농지는 농사짓는 이에게 돌아가야 한다는 헌법상 경자유전의 이념에 따른 것이다. 오래 전에는 임야도 임야매매 증명제도가 있었고, 분할 최소면적 제한 규정도 있었으나 지금은 모두 폐지되었다.

농지나 임야 모두 토지거래허가구역 내에 소재하는 토지를 매입할 경우에는 취득 전에 토지거래허가를 받아야 한다. 허가조건으로는 외지인인 경우, 모두 구입자의 전세대가 주민등록을 이전하여 6개월 이상 실제로 거주해야 허가를 받을 수 있는 점은 동일하다. 그리고 농지의 경우에는 농업경영 목적, 임야의 경우에는 산림경영 목적이라는 실수요자 조건도 동일하다.

그러나 취득할 수 있는 주체로서 농지는 농업인이나 농업경영을 하려는 개인 혹은 농법법인 및 특수한 목적을 가진 법인만이 농지를 보유할수 있다.

영리를 목적으로 하는 상법상 주식회사 등 일반법인은 농지를 취득할수 없다. 이에 반하여 임야는 주식회사 등 일반법인도 제한 없이 취득할수 있다. 농지와 임야 모두 취득할 수 있는 면적의 상한선은 없다.

## 사후 관리 의무에 있어서의 차이

농지취득 후에는 엄격한 농업경영의 사후관리의무가 따르며, 이것을 자경의무라고 한다. 농지의 자경의무를 위반한 경우에는 이행강제금과 강제매수절차가 따른다. 임야에도 임업경영 의무가 있긴 하나, 농지만큼 까다롭지 않아 대개는 문제가 되지 않는다.

경지정리된 농업진흥구역 내 농지는 2,000㎡ 아래로는 토지분할을 할 수 없다는 제한도 있다.


## 규제 완화에 있어서 기본적인 차이

농지와 임야를 놓고 개발이나 투자대상으로 검토할 때 반드시 유의하여야 할 사항은 공법적 규제의 내용과 그 규제의 해제 완화 가능성이다.

수도권의 도시지역에 인접한 자연녹지지역이나 계획관리지역 안에 있는 농지 같은 것은 비교적 개발이 용이하다. 이런 지역은 향후 인구증가와 도시 확산에 대비하여 도시지역에의 편입을 예상하고 시가화예정용지로 편입되어 있는 경우가 많기 때문이다.

실제로 이런 땅은 세월이 흐르면서 규제가 완화되어 개발될 가능성이 많으므로 투자가치가 매우 높다고 할 수 있다.

반면 수도권이나 광역시 주변의 그린벨트 내에 있는 임야는 국가의 특별한 정책목적 외에는 개인적인 개발이 제한되어 있다고 할 수 있다. 그린벨트 임야와 상수원보호구역, 보안림, 사찰림, 자연공원, 자연생태계보호구역, 백두대간보호구역 등은 거의 모두 공익용 산지라는 보전산지로 지정되어 있다.

공익용 산지는 개인의 활용용도가 거의 없어서 개발은 물론 거래대상으로서도 기피 물건으로 인정된다. 임야투자에 있어서 특히 유의하여야 할 점인 것이다.

그러나 공익용 산지도 그린벨트 해제나 5년마다 있는 산지이용 규제 타당성 검토와 도시관리계획 변경, 도로개설, 주변지역 개발 등으로 전부 또는 일부가 임업용 산지나 관리지역 혹은 도시지역 등으로 용도지역이 변경될 수 있으며, 그 용도제한도 완화가 될 수 있어서, 장기적으로는 투자 대상이 될 수도 있다. 그러나 실제 임야 경매나 투자에서는 그 지역의 장기 개발 전망과 규제 변경 완화 가능성 등 투자 타당성에 대한 세밀한 검토가 절대적으로 필요할 것이다.

### 농지와 임야에서 투자에 유리한 것은?

이상으로 농지와 임야의 개괄적인 차이를 보았다. 그러나 활용도나 개발 목적과 투자 대상으로 농지와 임야 중 어느 것이 좋다는 결론은 내릴 수 없다. 그것은 토지를 구입하는 이의 목적에 따라 달라질 수밖에 없는 것이기 때문이다.

토지경매를 하는 투자자나, 마찬가지로 귀농 혹은 전원생활을 하려는 실수요자들이 농지나 임야 중 어느 것을 선택하여야 하는지에 대한 판단은 실제 토지를 보유 이용 투자하려는 목적에 따라 판단하여야 할 문제라고 본다.

# 불법 산지전용에 대한 벌칙

불법으로 산지를 전용한 자에 대해서는 다음과 같은 벌칙이 부과된다.

가. 7년 이하의 징역 또는 5천만 원 이하의 벌금에 처한다. 이 경우 징역형과 벌금형을 병과할 수 있다.

- 산지전용 허가를 받지 아니하고 산지전용을 하거나 거짓 그 밖의 부정한 방법으로 산지전용 허가를 받아 산지전용을 한 자
- 채석허가를 받지 아니하고 석재를 굴취·채취하거나 거짓 그 밖의 부정한 방법으로 채석허가를 받아 석재를 굴취·채취한 자
- 자연석을 굴취·채취한 자
- 토사채취 허가를 받지 아니하고 토사를 굴취·채취 하거나 거짓 그밖의 부정한 방법으로 토사채취허가를 받아 토사를 굴취·채취한 자

- 매입 또는 무상양여를 받지 아니하고 국유림의 산지 안에서 석재 또는 토사를 굴취·채취한 자

나. 5년 이하의 징역 또는 3천만 원 이하의 벌금
- 변경허가를 받지 아니 하고 산지전용을 하거나 거짓, 그 밖의 부정한 방법으로 변경허가를 받아 산지를 전용한 자
- 대체산림자원 조성비를 납입하지 아니하고 산지를 전용한 자
- 변경허가를 받지 아니하고 석재를 굴취, 채취하거나 거짓 그 밖의 부정한 방법으로 변경허가를 받아 석재를 굴취, 채취한 자
- 변경허가를 받지 아니하고 토사를 굴취, 채취하거나 거짓 그 밖의 부정한 방법으로 변경허가를 받아 토사를 굴취, 채취한 자

다. 3년 이하의 징역 또는 1천만 원 이하의 벌금
- 산지전용신고를 하지 아니 하고 산지전용을 하거나 거짓, 그 밖의 부정한 방법으로 산지전용신고를 하고 산지를 전용한 자
- 승인을 얻지 아니 하고 산지전용된 토지를 다른 용도로 사용한 자
- 채석신고를 하지 아니 하고 채석단지에서 석재를 굴취, 채취하거나 거짓, 그 밖의 부정한 방법으로 채석신고를 하고 채석단지 안에서 석재를 굴취, 채취한 자
- 토사채취신고를 하지 아니하고 토사를 굴취·채취하거나 거짓, 그 밖의 부정한 방법으로 토사채취신고를 하고 토사를 굴취·채취한 자.
- 재해방지 또는 복구명령을 위반한 자
- 시설물의 철거 또는 형질변경을 한 산지의 복구명령을 위반한 자

## 벌목, 벌채에 관련된 규정

집을 짓기 위해 근처 야산에서 나무를 베어 오는 행위는 엄연히 불법이다. 남의 산에서 나무열매를 따거나 수액을 취재하는 것도 법에 의해 처벌 받는다. 산림법에 대해 잘 알지 못하면, 민원이나 신고를 당해 큰 손해를 볼 수 있다.

산림자원조성 및 관리에 관한 법률 36조의 벌목과 벌채, 굴취에 대한 주요 조항을 간추려 소개한다.

우선 산림법에 등장하는 각 용어에 대해 정의해보자. 벌목은 수목의 지면 위 목재 부분만 제거하는 것을 말하고, 벌근은 수목의 지표면 아래 뿌리 부분까지 제거하는 것을 뜻한다.

벌채는 벌목, 벌근을 합해 땅에서 나무를 완전 제거하는 경우에 해당한다. 산지에 건축물을 짓고자 할 때나 수목에 병충해가 생겼을 때, 벌채 개념이 적용되는 것이다.

기본적으로 내 소유의 산이든, 남의 산이든 산림 안에서 나무를 베거나, 뿌리 채 뽑는 행위, 열매나 잎을 따는 행위는 농림부령이 정하는 바에 따라 시장·군수·구청장 또는 지방산림관리청장의 허가를 받아야 한다. 물론 나라에서 공익상 산림보호가 필요한 지역이라고 정해두었다면, 내가 소유한 산이라도 입목벌채의 허가 자체가 불가능하다. 다만 병충해의 예방, 구제 등에만 이를 허가할 수 있다.

## 신고하고 벌채할 수 있는 경우

① 산지전용 허가를 받은 이외의 면적에 대하여 추가로 입목을 벌채하는 경우.
② 토사유출·산사태 등의 재해발생이 우려되지 않는 지역에서 병해충·산불피해·풍설해 또는 자연적인 재해로 인하여 넘어지거나 줄기가 부러진 입목을 벌채하는 경우.
③ 불량 치수림의 수종 갱신을 위한 벌채, 그 밖에 농림부령이 정하는 경미한 벌채를 하는 경우.

## 허가 또는 신고 없이 벌채를 할 수 있는 경우 Ⅰ

① 풀베기, 가지치기 또는 어린나무 가꾸기를 위한 벌채를 하는 경우.
② 산림경영계획에 따라 사업을 하거나 국유림경영계획의 승인을 받은 경우.
③ 자연휴양림조성계획의 승인을 얻은 산림의 경우.
④ 산지전용 허가를 받았거나 산지전용신고를 한 자가 산지전용에 수반되는 입목벌채 등을 하려는 경우.
⑤ 허가 받은 석재 또는 토사의 굴취와 채취에 수반되는 입목벌채 등을 하려는 경우.

## 허가 또는 신고 없이 벌채를 할 수 있는 경우 II

① 임지 안의 단목 상태로 자연 고사된 나무의 제거를 위하여 벌채를 하는 경우.

② 대나무를 벌채하는 경우.

③ 산림소유자가 재해의 예방·복구, 농가건축 및 수리, 농업·임업·축산업·수산업용으로 이용하기 위하여 연간 $5m^3$ 이내의 입목을 벌채하는 경우. 다만, 독림가 또는 임업후계자의 경우에는 $50m^3$ 이내로 한다.

④ 산에 길을 내거나, 산불이 번지는 것을 막기 위해 빈 공간을 만들 때 벌채하는 경우.

⑤ 농경지 또는 주택에 연접되어 있어 해가림이나 그 밖의 피해 우려가 있는 입목을 산림소유자의 동의를 얻어 벌채하는 경우. (농경지 또는 주택의 외곽 경계선으로부터 그 입목까지의 거리가 나무높이에 해당하는 거리 이내인 경우에 한한다.)

⑥ 지목이 전·답 또는 과수원으로 되어 있는 5천 ㎡ 미만인 토지에 있는 입목을 벌채하는 경우.

⑦ 묘지인 경우, 분묘 중심점으로부터 10m 이내에 있는 입목을 산림소유자의 동의를 얻어 벌채하는 경우.

⑧ 측량법에 따른 측량의 실시를 위하여 산림소유자의 동의를 얻어 벌채를 하는 경우.

# 소나무의 굴취 허가

정식으로 수목 굴취허가 및 신고의 법적인 절차를 거쳐서 임산물 굴취허가신청서를 받아 소나무 굴취를 하는 것은 사실상 어렵다.

이유는 굴취하기 위해서 산림훼손(장비 투입)이 심각해지고 복구가 완벽하지 않아 산사태로 이어지며, 임야를 밭이나 과수원으로 만드는 개간 허가나 수종갱신을 빙자한 편법 굴취 때문이다. 예를 들면, 강원도 전역은 각 지역의 군수 재량으로 불허하고 있다.

다만 극히 일부 허가 가능한 곳이 있는데 경사도가 매우 낮은 평지형의 임야는 가능할 수 있으나 이 또한 산림조합, 조경법인, 임업법인, 산림분야 퇴직 공무원 등이 전문지식을 발휘하여 대부분 선점하고 있다. 돈이 되기 때문이다.

그래도 꼭 소나무 굴취를 하고 싶다면 다음과 같이 현장 조건에 맞는 방법을 선택하여 허가를 완료하면 가능하다.

- 개간허가
- 산지전용 허가
- 수종 갱신
- 토사채취허가

최종 단계로 소나무 재선충 미감염 확인증을 받아서 "반출 허가"를 받으면 된다

굴취가 진행되기 전의 대상지 소나무

소나무 굴취작업 모습 1

소나무 굴취작업 모습 2

소나무 굴취작업 모습 3

# 불법 훼손된 임야의 원상복구 절차

## [별표 2] 불법 훼손된 입목 등의 사실 명시 해제 방법(제9조 관련)

1. 토지소유자 등이 원상회복 계획서, 복구 계획도면, 공사비 산출액 등을 작성 제출한 경우, 원상회복 계획의 적합 여부는 관계부서 협의를 거쳐 도시계획위원회에 상정하여 그 결정에 따른다.

### 가. 입목 훼손의 경우

(1) 복원 방법

(가) 훼손 전 입목본수도의 120퍼센트 이상 식재하여야 한다. 이 경우 훼손 전 입목본수도 산정은 잘려나간 부분의 직경으로 측정한다.

(나) 식재 후 3년 이상의 입목의 활착을 위한 유예기간을 주어야 하며, 그 기간 동안 입목을 관리하여야 한다. 수목의 생존율이 저조하여 다시 식재(보식)한 경우 또한 같다.

(다) 활착된 입목본수도를 측정하여 훼손 전 입목본수도의 120퍼센트 이상 되어야 해제할 수 있다.

(2) 식재한 입목의 관리

(가) 토지소유자 등은 식재한 입목에 대하여 매년 생육상태를 조사하여 그 결과를 제출하여야 한다. 이 경우 공인기관의 기술자에게 그 관리를 위임할 수 있다.

(나) 제출된 생육상태에 대하여는 관리대장에 그 관리상황을 기록하

여야 한다.

(3) 식재할 입목은 산림청에서 정한 조림 권장수종 중 용재수종으로 하되, 도시생태현황도의 현존식생도를 참조하여 주변 경관과 환경에 잘 어울리는 수종으로 한다. 이때 식재한 입목은 판매를 목적으로 재배하는 나무로 보지 아니한다.

### 나. 무단 형질변경의 경우

(1) 복원 방법

(가) 훼손 전 경사도의 110퍼센트 이상을 성·절토 하여야 하며 재해방지를 위하여 최선을 다하여야 한다. 이 경우 훼손 전 경사도의 산정은 가장 최근에 작성된 지형도에 따른다.

(나) 복구 후 3년 이상 토양의 안정화 기간을 주어야 하며 그 기간 동안 토양의 상태를 지속적으로 관리하여야 한다.

(다) 토양의 안정화가 이루어졌을 경우 경사도는 훼손 전 경사도의 105퍼센트 이상 되어야 해제할 수 있다. 다만, 훼손된 성·절토량을 파악할 수 있는 경우에는 그 이상을 성·절토하여 복원할 수 있다.

(2) 토지소유자 등은 성·절토한 토양의 상태, 재해의 우려 등에 대하여 조사하고 그 결과를 매년 제출하여야 한다. 이 경우 담당자는 현장조사를 통하여 토양의 상태 등을 확인하고 관리대장에 기록하여야 한다.

(3) 암반 훼손의 경우에는 어떠한 방법으로도 절대 해제할 수 없다.

단, 무단으로 포장 또는 공작물을 설치했을 경우도 원상복구되었을 경우에는 해제할 수 있다.

2. 복구 완료된 토지에 대하여는 토지이용계획확인서의 명시를 지체 없이 삭제하여야 한다

# PART 6

# 임야투자 실전 사례 및 활용 방안

# 임야 활용으로 산에서 돈을 캐다

## 휴양림, 수목원, 펜션 투자

화창한 가을 주말, 김 모 씨는 가족과 함께 서울 근교에 위치한 한 수목원을 찾아 하늘로 쭉 뻗은 나무와 이름도 희한한 꽃 사이를 걸으며 행복해 하는 두 자녀와 아내를 보며 즐거운 한때를 보냈다.

집으로 돌아오는 길에 아내가 불쑥 이런 말을 던졌다.

"우리도 저런 수목원 하나 가졌으면….'

김 씨 또한 그런 상념에 젖어 있었던 중이었다.

하지만 우후죽순처럼 늘어난 펜션의 경우, 투자에 실패한 사례가 곳곳에서 발생하는 등 부작용도 많았다. 수목원 등은 민간이 운영할 경우 전문지식을 갖춰야 함은 물론 적용 법규 또한 까다롭다.

또 20~30년이 걸리는 사업인 데다 투자 금액 또한 수십 억에서 수백

억 원이 들어감에 따라 섣부른 투자는 금물이라는 것이 전문가들의 중론이다.

## 휴양림·수목원의 법률 규정

수목원 및 식물원은 관련 법률에 따라 국·공립과 학교 그리고 사립 등으로 분류된다. 그러나 대부분이 국·공립이며, 사립은 아직까지 손에 꼽을 정도다. 여기서 사립이라 함은 법인·단체 또는 개인이 조성·운영하는 것을 말한다.

휴양림이나 수목원, 식물원 등은 미국·유럽 등 선진국에 비해 역사가 짧은 편이다.

이 중에서 규모가 가장 큰 최초의 사립휴양림으로는 대전시 서구 장안동에 위치한 '장태산 휴양림'이 있다. 80ha(24만 평) 규모와 대전 8경으로 꼽히기도 했던 곳이지만, 경영난을 이기지 못해 2002년 대전시가 인수했다.

개인이 이런 시설을 운영하기 위해서는 '산림·문화·휴양에 관한 법률', '수목원 조성 및 진흥에 관한 법률' 등 각종 법규에 따른 승인 등 절차를 거쳐야 한다. 이들 법률에는 설치기준, 사업수행 범위와 운영, 입장료 등과 관련된 규정이 마련돼 있다.

우선 사업수행 범위를 살펴보면 수목유전자원의 수집·증식·보전·복원·관리 및 전시, 이용·품종개발 및 보급 등 규정이 7가지나 된다. 이 밖에도 수목원의 조성목적을 달성하기 위해 농림부령으로 필요사업을 정하고 있다. 사립수목원의 경우 3ha(9000평) 이상이라는 최소 규모도 규정돼 있다. 요건을 갖췄다고 바로 조성할 수 있는 것도 아니다.

사업 승인을 받기 위해서는 산림청 산하 수목원진흥위원회의 심의를 거쳐야 한다. 등록·운영시에도 명칭, 소재지, 시설명세서, 보유 수목유전자원의 목록 등 사항을 꼼꼼히 밝혀야 한다. 특히 등록요건인 전문관리인 1인 이상, 수목유전자원 1000종류 이상 등을 갖춰야 한다. 주 수 입원이라고 할 수 있는 입장료에 관해서는 지방자치단체의 조례로 정하고 있다.

따라서 이와 같이 까다로운 요건들 때문에 개인이 수목원이나 식물원 등을 조성하는 일은 쉽지 않다.

무엇보다 식물을 가꾸는 것이 하루아침에 될 수 없기 때문에 장시간의 투자가 요구된다. 최소 10년 이상, 보통 20~30년에 걸친 사업인 셈이다. 결국 투자목적보다는 공익적 신념이나 유별난(?) 자연 사랑이 뒤따라야 한다고 전문가들은 지적한다.

이와 관련해 경기도 용인에서 한택식물원을 운영하고 있는 이택주 원장은 "식물은 한 개인의 재산이 아니며 모든 이들이 함께 나눠야 할 소중한 식물 유전자원"이라며 "수목원이나 식물원은 단순한 공원이나 유적지가 아니기 때문에 장시간의 투자와 열정이 필요하다."고 전했다.

김재현 건국대학교 산림환경과학과 교수도 "아직까지 우리나라에서는 명확하게 사적 소유권이 설정이 되지 않는 부분이 바로 산림이기 때문에 공익적 가치를 위한 투자에 열정이 있다면 모를까, 이를 재테크 등 투자수단으로 생각한다는 것은 바람직하지 못하다."고 말했다.

원구연 공간과토지연구소 대표는 "수목원만 하더라도 별도 지침 등 법규 사항이 수두룩하고 수종 선택 등 고급 종자를 키워내야 하기 때문에 자금 또한 몇 십 억이 들 것"이라고 전제하며 "조경 등에 종사하는 사람들이나 열정이 있어 수십 년을 땀 흘린다면 모를까, 섣부른 투자는 금물"이라고 꼬집었다.

이 같은 이유로 일부 사설 공원에서는 부대사업에 열을 올리고 있는 게 현실이다.

경기도 양수리 근처에 있는 한 생태공원의 경우, 시설 내에 사실상 숙박시설과 식당 등을 운영 중이다. 일종의 편법인 셈이다. 이 공원의 한 관계자는 "정부에서 정한 입장료와 부대수입만으로는 운영하기 힘들다."며 "이곳뿐만 아니라 많은 사설공원에서 이 같은 운영을 하고 있는 게 사실"이라고 밝혔다.

이 같은 상황 속에서 성공 요건을 꼽는다면, 지속적인 발전과 개발에 얼마나 힘을 쏟느냐가 관건이라는 지적도 나왔다.

경기도 가평에서 아침고요수목원을 운영하고 있는 한상경 설립자는 "지속적인 열정과 개발노력이 없다면 쉽지 않은 일"이라고 말했다. 그는 이 외에도 예정부지에 숨어 있는 잠재적인 아름다움을 얼마나 잘 활용할 수 있느냐, 방문객에게 감동을 줄 수 있는 설계 능력을 갖췄느냐 등을 성공 요인으로 꼽았다.

한편 산림청에서는 사립 및 학교수목원 활성화에 적극 나서고 있다. 지난 2001년 '수목원 조성 및 진흥에 관한 법률' 제정 이후 사립 및 학교수목원 운영을 지원하고 있는 중이다. 산림조합중앙회에서도 사립수목원 조성시 파격적인 자금지원을 해 주고 있다. 설계금액의 70% 범위에서 연 3%의 이자율과 10년 거치 10년 상환 조건으로 대출해 주고 있다.

## 펜션 너무 많아, 흑자 10%도 안 될 것

지난 2000년 첫 선을 보인 펜션은 2003년부터 우후죽순처럼 늘어나기 시작했다. 2002년까지 전국적으로 100여 개에 불과했던 것이 2003년 말 1,500개를 육박했고, 현재는 그 수조차 가늠하기 힘들다.

2001년 제주 국제자유도시특별법이 법제화된 후 제주도에, 평창 동계올림픽 유치 분위기를 타면서 강원지역에 펜션 개발이 집중됐다. 현재는 충청도 서해안 일대와 강원도 평창, 횡성, 홍천, 경기도 가평, 양평 등 주로 입지가 좋은 지역에 집중 분포돼 있다.

이 같은 사정으로 인해 펜션으로 수익을 낸다는 게 여의치 않다. 기존에 있는 펜션 또한 매물이 속출하고 있다.

펜션을 개발하거나 투자하기 위해 고려해야 할 최우선 조건으로 입지를 꼽는다. 계절과 관계없이 꾸준한 임대 수입이 발생할 수 있는 곳인지, 주변에 레저 인구가 모이는 지역인지 등을 살펴야 한다. 설악산국립공원 등 산과 한강 주변, 스키장 및 해수욕장과 다양한 체험이 가능한 관광지 주변 등이 그나마 성수기에 높은 가동률이 나온다.

분양업체가 제시하는 수익률 산정도 꼼꼼히 살펴야 할 대목이다. 한 부동산 전문가에 따르면 일반적으로 업체가 제공하는 수익률에는 문제가 많다고 지적한다. 보통 여름 휴가철 등 성수기는 풀가동을 전제로, 주중은 20% 정도 가동률로, 그리고 주말은 공실이 거의 없다는 것을 전제로 수익률을 계산한다는 것이다.

한 전문가는 "주말이나 성수기에도 업체가 밝히는 가동률이 쉽지 않고 수익률 또한 자기 노동의 대가가 빠져 있음을 알아야 한다."고 지적했다. 펜션 운영이라는 것은 대부분 본인이나 가족이 관리해야 겨우 수지타산이 맞기 때문이다.

한편 정부는 지난 2005년 말 자연경관을 해치는 불법 펜션을 방지하고 무분별한 난립을 막기 위해 농어촌정비법을 개정, 펜션에 대한 규제를 강화했다. 이에 따라 펜션을 운영하려면 민박사업자 지정을 받거나 숙박업 등록을 해야 한다.

펜션이라고 다 같은 펜션이 아니다. 관광 펜션과 민박 펜션으로 나눠지기 때문이다. 관광 펜션은 도에서 자체적으로 지정한다. 하지만 메리트는 없다는 것이 많은 부동산 전문가들의 의견이다. 대부분 한 동짜리 소규모이기 때문이다.

민박 펜션은 건축면적 45평 미만, 객실 8실 이내로 보통 한두 개 동 규모다. 실 기준으로 8개가 넘으면 숙박업으로 허가를 내야 한다. 민박 펜션의 경우 주민등록상 주소를 이전해야 허가가 난다는 점도 유의해야 한다.

펜션을 고를 때는 인·허가를 받을 수 있는 지역인지도 살펴야 한다. 간혹 부지매입 후 상수원보호구역 또는 각종 개발제한구역으로 묶여 부지활용을 제대로 하지 못하는 등 낭패를 볼 수 있기 때문이다.

업체가 믿을 만한지도 체크 포인트다. 대규모 펜션이라 할지라도 부지 조성은 물론 토목공사도 하지 않은 상태에서 과장된 분양 광고를 통해 투자자를 모으는 경우가 종종 있다. 시행사와 운영관리회사가 동일한지도 살펴볼 대목이다. 일부 펜션 분양업체가 공정거래위원회로부터 부당 광고행위에 대한 시정명령 및 신문 공표명령을 받은 사례가 있다.

펜션을 직접 지을 경우 입지선정은 물론 평당 건축비와 설계에 관심을 가져야 한다. 60평이 넘을 경우 신고사항인데다 건축사의 설계가 필요해 평당 건축비가 상승한다. 설계 또한 모양을 달리 한다든지 눈에 띄는 것이어야 한다. 인테리어 또한 독특해야 성공할 수 있다.

## ▶▶▶ 성공 사례 : 아침고요수목원

연간 입장객 수 67만여 명. 경기도 가평군에 위치한 아침고요수목원은 주말이면 가족단위 혹은 연인 사이의 데이트 코스로 안성맞춤이다.

축령산의 아름다운 경관을 배경으로 계절별, 주제별로 다양한 식물들이 미학적으로 배치돼 있고, 한국적 자연미를 갖춘 정원 형태로 꾸며졌다. 하경정원, 에덴정원, 약속의 정원 등 13개의 특색 있는 주제정원으로 꾸며졌으며, 야생화전시실, 난전시실 등 두 개의 실내전시실도 운영되고 있다. 시가 있는 산책로, 아침고요 산책길 등의 자연경관도 자랑거리다.

지난 1996년 삼육대 원예학과 교수였던 한상경 원장이 개원했다. 다음은 그와 일문일답.

**수목원을 조성한 이유는?**

여러 선진국과 그 도시에는 각국의 고유한 특성을 지닌 정원이 있다. 그러나 세계 여러 나라, 어느 도시를 둘러봐도 한국 정원은 찾아보기 어려웠다. 이에 원예학자로서 안타까움과 책임감을 느껴 한국 정원을 정의하고 그 모형을 제시하고자 아침고요수목원을 조성하게 됐다.

한국 정원이 세계 속에서 한국의 참모습을 느끼고 마음껏 쉬며 명상할 수 있는 공간으로 그 가능성이 있다고 생각했기 때문이다. 따라서 아침고요수목원에는 한국 자연의 아름다움인 곡선과 비대칭의 미를 표현했고, 관람객들이 감동을 받고 돌아갈 수 있도록 의도했다.

**성공비결이 있다면?**

아침고요가 지금껏 많은 사람들이 찾는 곳이 될 수 있었던 것은 계곡·숲길· 정원 등 아름다운 자연 속에서 편안함을 얻고 한국적인 아름다움을 친근하 게 느껴서 일 것이다. 그런 감동들이 사람들의 입에서 입으로 전해져 지금의 아침고요가 있게 된 것이 아닐까 생각한다. 또 지금은 많은 수목원과 식물원 이 설립되고 있지만, 수목원 사업을 처음 시작한 1994년 당시로서는 블루오 션이라고 할 수 있었다. 아마도 선발주자의 이점이 또 하나의 성공비결이지 않나 싶다.

한 가지 덧붙인다면 수목원도 하나의 그림이요, 예술작품이다. 아무나 땅에 다 나무를 심으면 되는 것이 아니다. 종이와 π물감만 있으면 그림이 되는 것 이 아닌 것과 같다. 수목원이 아니더라도 산에는 나무와 야생화가 가득하지 만, 사람들이 아침고요를 찾는 이유는 예술작품과 같이 고객에게 감동을 줄 수 있었기 때문이다. 모 대기업의 고객만족, 서비스 제일 구호처럼 결국 고 객 감동이다.

# 휴양림과 수목원 개발

## 사설 수목원 조성 절차

▶ 산림 등에 사설수목원을 조성하려는 자는 수목원조성 및 진흥에 관한 법률 제7조 규정에 의거 시·도지사로부터 수목원조성계획 승인을 얻어야 한다.

▶ 수목원이라 함은 수목원을 중심으로 수목 유전자원을 수집, 증식,

보존, 관리 및 전시하고 그 자원화를 위한 학술적, 산업적 연구 등을 실시하는 시설을 말한다.

## 수목원 시설의 설치기준(사립수목원)

▶ 조성면적 : 3ha(900평) 이상

▶ 증식 및 재배시설

• 국가식물 정보망 네트워크 구축에 필요한 전산시스템이 설치된 20㎡ 이상의 관리사·종자 저장고 및 인큐베이터가 설치된 연구실

▶ 전시시설

• 수목 해설판이 설치된 각각 300㎡ 이상의 교목·관목 및 초본 식물 전시원·자연학습을 위한 생태 관찰로

• 100㎡ 이상의 전시 온실

▶ 편익 시설 : 주차장, 휴게실, 화장실 등 산림청장이 수목원의 운영에 필요하다고 인정하는 시설

## 수목원 조성계획 승인에 필요한 구비서류

수목원 조성계획승인신청서에 아래 서류를 첨부해야 한다.

▶ 사업계획서(시설계획서 및 연도별 투자계획 등 포함)

▶ 토지조서(수목원 조성예정지의 소유자별 지번, 지목, 지적 등 포함)

▶ 위치도(축척 2만 5천분의 1) 및 구역도(축척 6천분의 1)

▶ 시설물 종합배치도(축척 1/1, 200)

▶ 수목원 관리 및 운영에 관하여 필요한 사항


## 수목원 조성계획 승인

▶ 환경정책기본법에 의한 사전 환경성 검토

▶ 산지관리법에 의한 산지전용 협의 등 수목원조성 및 진흥에 관한 법률에서 정한 해당사항을 관련부서 간 사전협의를 거치고 있으며 도지사로부터 승인을 받으면 협의한 관련법 규정은 허가를 받은 것으로 봄.


# 임야에 자연휴양림 만들기

임야는 우거진 수풀과 물이 흐르는 계곡 등으로 조화를 이루며 아름다운 경치를 자랑한다. 많은 동식물이 살고 있는 대자연의 또다른 삶의 현장이기도 하다. 또 우리에게 맑은 공기와 깨끗한 물을 주는 생명의 원천이기도 하다. 많은 국민들이 산에서 건강을 찾고 저렴한 값으로 레저를 즐기기도 한다,

이러한 임야는 수천 년 전부터 우리의 마음의 고향이었으며 삶의 터전이었다. 우리나라는 70% 이상이 산으로 이루어진 산악국가요 전국토의 65%가 임야로 분류되어 있지 아니한가?

이러한 산림자원을 육성 보호하고 국민건강과 복지차원에서 활용하는 방안은 여러 가지가 있다. 그 중에 산림휴양 문화시설의 대표적인 것

이 자연휴양림과 수목원이다.

이외에도 청소년수련원, 유스호스텔과 산촌마을의 조성, 전통마을의 육성 등이 있다. 근래에는 또 수목장에 관한 관심이 증가하고 있다,

자연휴양림은 규모가 크고 조성비용이 많아 국가와 지방자치단체에서 조성 운영하는 것이 대부분이다. 그러나 산을 많이 소유한 개인이나 민간법인이 만들 수도 있다. 사설 자연휴양림의 대표적인 것은 강원도 둔내 주천강변, 경기도 청평 설매재 등이 있다,

현재 자연휴양림에 관하여는 종전의 근거 법규였던 산림법이 폐지되고, 2006년 8월 29일부터 산림 문화·휴양에 관한 법률에 의해 관리된다. 관련 예규로는 자연휴양림 조성, 관리 및 운영요령(1999.12.3개정 산림청 예규 제489조)이 있다.

## 자연휴양림의 대상지

자연휴양림으로 지정할 수 있는 산림은 다음과 같다.

1. 경관이 수려한 산림

2. 국민이 쉽게 이용할 수 있는 지역에 위치한 산림

3. 30ha 이상(국가 및 지방자치단체 외의 자가 조성하려는 경우에는 20ha 이상)인 산림으로서 적지평가조사결과 자연휴양림 조성의 적지로 평가된 산림.

자연휴양림은 국유림 또는 공유림의 경우는 100ha(30만평), 사유림의 경우는 30ha(9만평) 이상의 산림에 사전에 휴양림조성적지평가를 받아야 한다,

민간인이 자연휴양림을 조성하고자 할 때에는 반드시 사유림에 국한하는 것이 아니고, 국유림을 대부 또는 사용허가를 받아 조성할 수도 있다. 그러나 대부를 받을 수 있는 국유림은 불요존국유림에 한하며 요존국유림은 사용허가만 가능하다.

대부 또는 사용허가는 유상을 원칙으로 하지만 무상도 가능하다. 요존국유림과 불요존국유림의 구별은 다음과 같다

---

### ▶▶▶ 국유림의 경영 및 관리에 관한 법률 제16조(국유림의 구분)

1. 요존국유림

가. 임업생산임지의 확보, 임업기술개발 및 학술연구를 위하여 보존할 필요가 있는 국유림

나. 사적·성지(城趾)·기념물·유형문화재 보호, 생태계보전 및 상수원보호 등 공익상 보존할 필요가 있는 국유림

다. 그 밖에 국유림으로 보전할 필요가 있는 것으로서 대통령령이 정하는 국유림

• 일단의 면적이 농림부령이 정하는 기준에 해당되는 국유림

• 도서지역에 있는 국유림. 다만, 읍·면 소재지가 있는 도서지역 내의 국유림으로서 보존할 가치가 없다고 인정되는 10ha 미만의 국유림을 제외한다.

2. 불요존국유림 : 요존국유림 외의 국유림

다만 불요존국유림이 다음의 산림으로 지정되는 경우에는 이를 요존국유림으로 본다.

가. 조성 및 관리에 관한 법률에 의한 보안림, 채종림, 산림유전자원보호림 및 시험림

나. 산림문화·휴양에 관한 법률에 의한 자연휴양림 및 사방사업법에 의한 사방지

## 자연휴양림은 임업용 산지에서도 가능

자연휴양림은 수목원과 함께 임업용 산지는 물론 공익용 산지에서도 조성할 수 있으며, 조성 시 최소면적의 제한만 있고, 최대 면적의 제한은 없다. 자연휴양림을 조성하는 경우에는 산지관리법상의 산지전용신고를 한 것으로 보며 대체산림자원조성비가 100% 면제된다. 그리고 산림청장은 자연휴양림을 조성하는 자에게 그 사업비의 전부 또는 일부를 보조하거나 융자할 수 있다. 자연휴양림의 사업계획 작성 및 조성공사, 운영에 관하여는 산림조합중앙회에 위탁할 수 있으며, 산림사업법인도 조성할 수 있다.

## 자연휴양림에는 연접개발제한이 없다

산림의 개발에 있어서 30,000㎡(9,000평) 이상의 개발지가 직선거리 500m 내에 있을 때에는 연접개발이 제한된다. 그러나 자연휴양림의 조성사업은 연접개발의 제한을 받지 않는다.

## 자연휴양림의 조성 신청

자연휴양림을 신청하려 할 대는 자연휴양림 조성신청서와 위치도 구역도 대상지 토지로서 투자계획 시설계획 휴양림관리운영계획서를 임야 소재지 시장·군수에게 제출한다

| 자연휴양림 지정(해제 · 변경)신청서 | | | | 처리기한 |
|---|---|---|---|---|
| | | | | 30일 |

| 신청인 | 성명<br>(대표자) | | 생년월일 | |
|---|---|---|---|---|
| | 주소<br>(기관명) | | (전화: ) | |

| 산림소재지(위치) | | 구역면적 | ㎡ |
|---|---|---|---|

| 자연휴양림의 명칭 | |
|---|---|

| 자연휴양림 지정<br>(지정해제 · 변경)신청사유 | |
|---|---|

산림문화 · 휴양에 관한 법률 시행규칙 제13조 제1항에 따라 위와 같이 자연휴양림 지정 (해제 지정)을 신청합니다.

년     월     일

신청인       (서명 또는 인)

귀하

첨부서류

1. 지정 또는 지정 변경 신청자
가. 지번, 지목, 지적소유자별 토지조서 1부
나. 산림의 소유권 또는 사용수익권을 증명할 수 있는 서류 1부
다. 자연휴양림예정지의 위차도(축척 1/25,000) 및 구역도(축척 1/5,000 또는 1/6,000) 각 1부
라. 설치하고자 하는 주요시설 등 자연휴양림의 조성방향에 대한 개요서 1부

## 자연휴양림의 조성 신청서류

1. 지번·지목·지적·소유자별 토지조서 1부
2. 산림의 소유권 또는 사용·수익권을 증명할 수 있는 서류 1부
3. 자연휴양림 예정지의 위치도(축적 1/25,000) 및 구역도(축적 1/5,000 또는 1/6,000) 각 1부
4. 설치하고자 하는 주요시설 등 자연휴양림의 조성 방향에 대한 개요서 1부

시장·군수는 생태조사서와 적지평가조서를 첨부하여 산림청에 지정 신청을 하고 산림청은 환경부와 협의하여 자연휴양림으로 지정 고시한다. 휴양림으로 지정되면 산림청은 이를 고시하고, 신청자는 시장·군수에게 휴양림조성계획서를 제출하고 조성에 착수한다.

## 자연휴양림 안에 설치할 수 있는 시설의 종류

1. 산림욕장·야영장·야외탁자·전망대·야외공연장·대피소·방문자안내소·숲속의집·산림문화휴양관·임산물판매장 및 매점과 식품위생법에 따른 휴게음식점 및 일반음식점 등 편익시설
2. 취사장·오물처리장·화장실·오수정화시설 등 위생시설
3. 자연탐방로·자연관찰원·전시관·천문대·목공예실·숲속교실·숲속수련장·산림박물관·교육자료관 및 동·식물원 등 교육시설
4. 철봉·족구장·민속씨름장·배드민턴장·게이트볼장·썰매장·테니스장

어린이놀이터·물놀이장·산악승마시설·산악자전거코스·다목적 잔디구
장 등 체육시설

　5. 보안등·공중전화 등 전기·통신시설

　6. 숲가꾸기·임산물채취 등 임업체험을 위한 시설

　7. 그 밖에 자연휴양림 조성목적에 부합하는 시설로서 농림부령이 정
하는 시설


## 자연휴양림 안에 설치할 수 있는 시설의 규모

　1. 자연휴양림시설의 설치에 따른 산림의 형질변경 면적(임도·순환로·산
책로·숲체험코스 및 등산로의 면적을 제외한다.)은 10만 ㎡ 이하가 되도록 할것.

　2. 자연휴양림시설 중 건축물이 차지하는 총 바닥면적은 1만 ㎡ 이하
가 되도록 할 것.

　3. 개별 건축물의 연면적은 900㎡ 이하로 할 것. 다만, 식품위생법에 따
른 휴게음식점 또는 일반음식점의 연면적은 200㎡ 이하로 하여야 한다.

　4. 건축물의 층수는 3층 이하가 되도록 할 것.


## 자연휴양림 안에 설치할 수 있는 시설의 규모

　산림청장은 소관 국유림에 산림욕장을 조성할 수 있다.

　공·사유림 소유자 또는 국유림의 대부등을 받은 자는 소유하고 있거
나 대부등을 받은 산림을 산림욕장으로 조성하고자 하는 때에는 농림부

령이 정하는 바에 따라 산림욕에 필요한 시설 및 숲가꾸기 등의 조성계획을 작성하여 시·도지사의 승인을 얻어야 한다.

## 산림휴양, 문화시설

산림휴양, 문화시설에는 자염휴양림·산림욕장·산림박물관·수목원 등이 있다.

1. 자연휴양림 : 정상적인 산림 경영을 하면서 국민에게는 보건 휴양과 정서 함양의 기회를 제공하고 산주와 산촌주민에게는 소득증대를 도모하기 위한 최대한 환경친화적인 시설.

2. 삼림욕장 : 도시민들의 접근이 용이한 도시근교 산림을 대상으로 산책로, 간이체육시설, 자연학습장 등의 편익 시설을 설치하여 모든 국민들이 손쉽게 이용하도록 하여 쾌적한 쉼터.

3. 산림박물관 : 산림사료의 영구적인 보존과 전시를 통한 산림문화 창달과 교육·학술연구를 위하여 조성.

4. 수목원 : 향토 수종 및 주요 희귀식물의 유전자원 보존 및 증식과 자연학습장 제공 등을 목적으로 조성.

## 자연휴양림시설의 종류

| 구분 | 시설의 종류 |
|---|---|
| 숙박시설 | 숲속의 집 · 산림휴양관 등 |
| 편익시설 | 임도 · 야영장(야영 데크를 포함한다) · 오토캠핑장 · 야외탁자 · 데크로드 · 전망대 · 야외쉼터 · 야외공연장 · 대피소 · 주차장 · 방문자 안내소 · 임산 물판매장 및 매점과 식품위생법에 따른 휴게음식점 및 일반음식점 등 |
| 위생시설 | 취사장 · 오물처리장 · 화장실 · 음수대 · 오수정화시설 · 샤워장 등 |
| 체험 · 교육 시설 | 산책로 · 탐방로 · 등산로 · 자연관찰원 · 전시관 · 천문대 · 목공예실 · 생태공예실 · 산림공원 · 숲속교실 · 숲속수련장 · 산림박물관 · 교육자료관 · 곤충원 · 동물원 · 식물원 · 세미나실 · 산림작업체험장 · 임업체험시설 등 |
| 체육시설 | 철봉 · 평행봉 · 그네 · 족구장 · 민속씨름장 · 배드민턴장 · 게이트볼장 · 썰매장 · 테니스장 · 어린이놀이터 · 물놀이장 · 산악승마시설 · 운동장 · 다목적 잔디구장 · 암벽등반시설 등 |
| 전기 · 통신 시설 | 전기시설 · 전화시설 · 인터넷 · 휴대전화 중계기 · 방송음향시설 등 |
| 안전시설 | 펜스 · 화재 감시카메라 · 화재경보기 · 재해경보기 · 보안등 · 재해예방시설 · 사방댐 등 |

# 산림의 경영이란 무엇인가?

## 산림의 개발

흔히 '농사'라고 하면 산업으로서의 농업뿐만 아니라 농경을 하는 일, 즉 인간이 창조한 하나의 생활양식을 의미한다.

'임사林事' 역시 마찬가지다. 숲과 함께하는 생활 또는 산림체험은 인류가 수백만 년 동안 유지해 온 삶 그 자체라고 할 수 있다.

국민대학교 산림자원학과 전영우 교수는 "숲 속 문화제, 산림 및 생태체험, 수목장, 자연명상 등은 바로 숲과 함께하는 생활이며 산림체험이다. 숲과 함께하는 생활, 즉 임사에 대한 본격적인 정책개발과 연구가 필요하다"며 "산림에 대한 다양한 콘텐츠 개발과 확충은 또 다른 산림산업의 영역"이라고 밝혔다.

산림과 함께하는 삶은 이렇게 생활문화이며 웰빙시대 건강과 행복의 보고다.

뿐만 아니라 산림은 훌륭한 산업이며 사업 아이템이자 재테크 수단이기도 하다. 묘목·목재, 과실 및 약재, 버섯과 약초, 휴양림과 수목원 경영, 요양 및 숲 치유, 체험관광 등 산림을 이용하면 장기적으로 무궁무진한 부가가치 생산이 가능하다.

산림을 이용한 건강하고 행복한 돈벌이, 이것이 바로 '산림테크'다.

산림을 개발하면 장기적으로 돈을 버는 것은 확실하다. 수종에 따라 차이가 많지만, 1000원짜리 묘목을 심어 10년간 키우면 평균 10만 원짜리 나무가 되기 때문이다. 1년에 10배씩 재산을 불리는 엄청난 돈벌이인 셈이다.

그러나 그렇게 지속적으로 투자하고 땀 흘리면서 기다리는 게 쉬운 일은 아니다. 육림사업은 수익을 올리는 데 최소 10년, 보통 30년 이상 봐야 하는 장기적인 사업 아이템이다.

전문가들은 산림경영을 위해서는 식물의 특성, 토양, 방향, 성분, 번식 등에 대한 공부를 철저히 하고 본인의 경제력에 맞춰 단·중·장기로 구분해 투자 및 수익계획을 면밀하게 세워야 한다고 조언한다. 투자도 우선순위를 정해, 처음부터 집이나 도로 등에 너무 많이 투자해선 안 된다. 한마디로 일반 기업을 경영하듯 치밀한 경영전략과 전술, 스킬이 필요하다는 것이다.

특히 단기소득을 올릴 수 있는 방법을 최대한 개발해 3~4년 내에 어느 정도의 수익을 올려야만, 계속 재투자할 여력과 재미도 생긴다.

산림테크의 가장 중요한 매력은 자연 속에서 즐기는 행복하고 건강한 생활이다. 수목이 내뿜는 신선한 공기와 자연의 생명력은 사람에게 최고의 웰빙이다. 또 산에서 나는 산채나 수액 등은 우리 건강에 큰 도움이 된다. 같은 전원생활이라도 농부는 통상 실제 나이보다 더 늙어 보이는 반면, 임업인은 훨씬 젊어 보인다. 산림테크는 다른 어떤 사업과도 비교할 수 없는, 건강하고 행복한 돈벌이인 것이다.

그렇게 산에서 큰 욕심 부리지 않고 돈도 벌면서 웰빙 생활을 즐기다가, 때가 되면 그 산에 묻히면 된다. 최근 인기를 끌고 있는 수목장을 하면 더 좋다. 사람은 본래 자연에서 나서 자연으로 돌아가는 법이다. 빈손으로 말이다.

이는 또 다른 산업적 가능성을 갖는다. 산림문화활동과 관련된 문화산업의 가능성이다.

국민대 전 교수는 "지난 10여 년 동안 새롭게 등장한 산림문화활동, 다양한 숲 관련 도서 출판, 숲 해설가, 수목장 등은 재래적 통념과는 분명 다른 접근"이라며 "바로 산림이 토지산업이라는 단순 생산업에서 체험과 콘텐츠와 감성을 상품으로 파는 복합문화산업으로 전환하고 있음을 나타내는 것"이라고 말한다.

"21세기는 문화와 환경지향적 사회이며, 따라서 산림에 대한 욕구도 임산업에 기반을 둔 전통적 수요와 함께 여가와 휴양, 교육과 보건, 웰빙과 수목장에 기반을 둔 새로운 산림산업이 추가될 것"이라는 얘기다.

산림테크의 출발은 나무를 심는 것이다. 무엇보다 입지환경과 토양조건에 적합한 수종을 선택, 식재함으로써 임지의 생산성을 극대화하는 것이 필요하다.

그렇다면 어떤 산에 어떤 나무를 심을까?

고려대학교 환경생태공학부 손요환 교수는 "적지적수란 입지조건에 적당한 수종을 선정하거나 목적 수종에 적합한 입지조건을 선택하는 것이다. 조선시대에도 적지적수를 권장한 기록이 있다"며 "그 방법으로는 산림토양조사, 지위지수 및 GIS에 의한 방법이 있다"고 말한다.

간이 산림토양조사는 나무의 생장에 영향을 미치는, 현지에서 쉽게 확인할 수 있는 요인들을 조사하는 것이다. 즉 토심·지형·건습도·경사도·퇴적양식·침식·견밀도·토성 등을 조사하고 인자별 점수를 합산해 잠재생산능력 급수를 정하고 기후대별로 수종을 정하는 방법이다. "예를 들어 토심이 50㎝, 지형이 산복(산비탈), 건조하고, 경사도가 13도, 퇴적양식이 붕적토, 침식이 없고, 견밀도가 연하고, 토성이 식양토라면 생산능력 급수는 2등급으로 온대 중부에서는 낙엽송·밤나무·잣나무 등을 심을 수 있다"고 말한다.

국립 산림과학원의 자료를 토대로 본 각 수종별 조림가능지역 및 적지는 다음과 같다.

용재수종인 강송은 표고 1000m 이하(난대~온대 북부)에서 자라고, 토질이 척박한 건조지나 산성 토양에도 식재가 가능하다. 토심도 무관하다. 잣나무는 온대 남부는 100m 이하, 온대 중·북부는 800m 이하에 심는데 안개가 자주 끼는 산비탈이나 계곡이 최적지다. 산비탈이나 구릉지는 토심이 깊은 게 좋다.

낙엽송은 온대중·북부 800m 이하 지점에서 자란다. 해안지역과 남부

지방 야산에는 피해야 한다. 산기슭과 계곡에는 토심이 깊어야 한다.

온대림의 대표 수종인 참나무는 난대 및 온대 남부는 해발 1200m 이하, 온대중·북부는 800m 이하에 심는다. 모든 지형에서 토심은 깊거나 혹은 중간은 돼야 한다. 자작나무는 온대 남부는 200m 이상, 온대중·북부와 한대지방은 100m 이상에 식재하고 돌이 많은 비옥한 땅, 산기슭과 계곡의 토심 깊은 곳이 좋다.

유실수인 밤나무는 난대 및 온대남부가 100~1000m, 온대중·북부는 1100m 이하가 적당하다. 모든 지형에서 토심이 깊어야 하며 해안지방, 25도 이상 급경사지, 남향 및 석회암지대는 피해야 한다.

호두나무는 온대 남·중부의 표고 400m 이하에만 식목한다. 경사 15도 미만, 주야간 온도차가 크고 강수량이 적은 곳이 적합하다. 대추나무는 온대 중부 이남의 500m 이하, 경사 15도 미만 산기슭의 비옥한 땅이 좋으며 은행나무는 난대 및 온대 남·중부의 500m 이하에 심되, 해안지방은 제외되며 염분이 있는 토양에 약하다.

지역별 기온대는 경기도가 온대 중·북부, 강원도 온대 북부, 충남·충북·전북·경북이 온대 중·남부, 경남은 온대 중·남부 및 난대, 전남이 온대 남부 및 난대, 제주도는 난대에 속한다.

한편, 산림육성은 국가적 정책과제의 하나이므로 정부는 다양한 지원제도를 마련해 임업인들을 돕고 있다.

# 산림경영에 좋은 산 고르기

## 경사 완만한 서향·서북향을 골라라

부동산 전문가 및 임업인들이 말하는 좋은 산은 다음과 같다.

도로나 농로와 붙어 있는 산, 물이 좋은 골짜기 안쪽의 산, 서쪽이나 서북쪽을 향하고 있는 산, 토심이 깊은 산, 산, 높이가 해발 500m 이내의 산(경사도가 완만하면 700m 까지도 좋음), 계곡이 많은 산, 산줄기가 갈빗대처럼 전체 면적 가운데 밭으로 이용할 수 있는 공간이 많은 산, 대중교통수단이 좋은 산이다.

반면 피해야 할 산은 국립공원이나 도립공원으로 지정된 산, 그린벨트·군사보호구역·상수원보호구역 등 각종 규제가 있는 산, 도로가 없는 산, 경사도가 급한 산, 송전탑이 지나가는 산, 천연기념물급 식물이 서식하는 산, 묘지가 있는 산, 소나무, 잣나무, 낙엽송, 이태리 포플러 나무는 정부가 심은 게 많아 함부로 벨 수 없다. 따라서 이런 나무들이 저수지를 접한 산도 제약이 조금 있다.

이런 것들은 현장에서 직접 확인하는 수밖에 없다. 부동산업자의 말만 믿고 계약하지 말고 반드시 발품을 팔아 등고선지도, 토지이용계획확인원 등을 꼼꼼히 확인하고 계약하기 전에 전문가에게 산에 대한 감정도 받아보는 것이 좋다.

대규모 육림사업을 하고 싶은데 혼자서는 벅차다면, 뜻있는 사람들과 함께 공동투자를 해서 공동이익을 창출할 수도 있다. 몇몇 사람이 돈을 모아서 큰 산을 구입, 공동명의로 등기하고 수익 분할 및 매도 합의 등 조건을 약정서로 작성해 투자하고 경영할 수 있다.

## 산림 복합경영, 산에서 금을 캐다

경북 경산시 용성면 송림리에 있는 동아임장 함변웅 대표는 가장 성공적으로 산림복합경영을 하고 있는 '스타 임업 CEO'이다.

함 대표는 110ha 의 임야에서 다양한 조경 및 약용 수종을 이용한 산림경영을 하고 있다.

느티나무·단풍나무·히말리야시다 스트로브잣나무·층층나무·마가목 등의 조경수와 옻나무·산사나무·헛개나무 등 약용 수종을 산림을 가꾸었다.

건설회사 CEO 출신인 그는 1980년대에 쓸모 없는 땅으로 치부되던 임야를 평당 100원에 사들여 지금은 나무 값만 해도 수백억 원대의 가치로 바꿔놓았다. 산림도 입체적이고 복합적인 경영으로 다양한 현금수입원을 창출하고 있다.

표고버섯 재배, 자작나무 및 고로쇠나무 수액 채취, 각종 산채 재배는 물론 수목 사이로 초지를 조성하고 흑염소를 키워 올리는 순수익도수억 원에 달한다.

그는 '산에서 금을 캐는 사람'으로 통한다. 실제 그가 산림청에 제출한 성공사례 보고서 제목도 '산에서 금을 캔다'이다. 그가 말하는 산림복합경영의 순서는 개발계획 작성, 손익분기점 설정, 단계별 투자 안배, 중·단기수종 선택, 적지적수, 앞서가는 경영사례 연구, 형질변경 및 농약 사용 금지, 품질보증으로 신뢰확보 등이다. 웬만한 대기업의 경영전략

못지 않다.

산의 위치에 따라 경영 방법도 달라야 한다. 대중교통수단이 편리한 지 대도시 근교 지역인지에 따라 달라진다.

산림복합경영을 위해 그는 장·단기별로 다른 수종을 추천한다.

단기로는·음나무·오가피나무·두릅나무·참죽나무·장뇌·더덕·어성초 등 단기 수익원이 되는 특용수 및 약초를 권하고 중기는 살구·마가목·산 벗나무 등을 꼽는다. 장기에는 수액 채취 및 목재용 물박달나무·옻나무· 고로쇠나무·느티나무·산벗나무 등이다.

그는 "미래에는 산이 인간이 살기에 최적격지가 될 것"이라며 "산을 잘 경영하면 산주도 부자가 되고 국가에도 이익이 될 것이라고 말한다.

| 소득세 | 산림경영계획에 의하여 새로 조림한 기간이 10년 이상인 것을 벌채 또는 양도시 발생한 소득 경우 50/100 감면 |
|---|---|
| 상속세 | 보전임지 중 산림경영계획에 따라 새로 조림한 기간이 5년 이상인 산림을 영농(산림경영) 종사자에게 상속시 2억 원 추가 공제(기본공제 : 일반인 2억 원, 영농종사자 4억 원) |
| 재산세 | 보전임지 내에서 산림경영계획인가를 받아 사업중인 임야는 분리과세 (도시계획구역안의 임야는 제외) |

# 산림경영계획 분석

## 산림경영계획이란?

산림을 지속적이고 효율적으로 이용하기 위해 산림조사, 조림, 숲가꾸기, 벌채, 임도 등 시설, 기타 산림소득사업 등에 대한 종합산림경영계획으로서 조림·육림·벌채·임도시설 등에 대한 장기간의 종합계획인 산림경영계획은 산림자원 관리의 합리성을 제고하고 임업 경쟁력을 강화하는 데 목적이 있다.

## 산림경영계획에 포함되어야 할 사항

- 조림면적·수종별 본수 등 조림에 관한 사항
- 풀베기·어린나무가꾸기, 천연림보육, 간벌 등 숲가꾸기에 관한 사항
- 벌채 방법·벌채량 및 수종별 벌채 시기(벌기령) 등에 관한 사항
- 임도·작업로·운재로 등 시설에 관한 사항
- 기타 산림소득의 증대를 위한 사업등 산림경영에 필요한 사항
※ 산림경영계획 작성기간 : 10년 단위로 작성

## 산림경영계획 작성시 혜택

산림경영계획인가를 받으면 허가를 받지 않고 신고로 시업이 가능 산주가 산림경영계획에 따라 추진하는 조림·육림 등 산림사업에 대해서는 사업비를 지원해 주고 있으며, 입목의 벌채 또는 굴취·채취의 경우에도 별도 허가 절차 없이 신고로 가능 산림사업비 보조와 융자를 우선적으로 지원 소득세·법인세·상속세 감면 등 각종 세제 혜택 취득세(임업후계자

의 경우만 해당) 50% 감면 혜택

## 세제 종류 및 감면 내용

### 세제 감면 혜택 내용

산림경영계획에 따라 조림한 기간이 10년 이상인 입목을 벌채하여 양도하는 경우 소득세 50% 감면되며, 산림경영계획에 따라 시업 중인 보전산지는 분리과세 대상으로 분류되고, 준보전산지는 별도합산과세 대상으로 분류되어 세액감면 혜택을 받을 수 있는 등 산림경영계획을 수립·인가 받아 경영할 경우 세금을 감면받는 혜택이 있다.

## 산림경영 지원 및 인·허가 절차

### 지원기준

지원 단가 : 10,189원/ha

지원 조건 : 산림경영계획을 작성하여 인기를 받은 자

기준 보조율 : 국고 50%, 지방비 50%

### 산림경영계획인가 및 임업후계자 인가 절차

1. 산림경영계획 인가 신청 : 대상임지 산림조사 후 산림경영계획서

작성 → 시군 산림과에 인가신청 → 심사 후 인가

2. 임업후계자 인가 신청 : 임업후계자 자격 검토 후 신청서 작성 →
시·군 산림과 인가신청 → 심사 후 인가

# 임업용 산지의 활용과 임업

임야는 산림 혹은 산지라 불리는 지목의 일종이다. 산림과 산지에 관한 현행법 체계는 기능별로 매우 정교하게 되어 있다.

우선 산지에 관한 기본법으로 구 산림법이 폐지되면서 현행 산림관계 법령은 기능별로 14개의 법률을 포함하여 총 42개의 법령과 시행규칙으로 나뉘어져 있다.

산지의 활용, 개발 규제에 관하여는 산지관리법이 적용된다.

산지관리법은 산지(임야)를 보전산지와 준보전산지로 가르고, 보전산지는 다시 공익용 산지와 임업용 산지로 분류하고 있다.

공익용 산지는 자연공원, 문화재보호구역, 상수원보호구역, 보전녹지지역, 개발제한구역, 자연생태계보전지역, 자연휴양림, 보안림, 천연보호림, 사방지, 조수보호구, 사찰림 등 개별법에 의하여 보전 목적으로 지정된 산림으로서, 민간이 개발할 수 있는 여지는 거의 없다.

이에 반하여 임업용 산지는 임업진흥촉진지역, 요존국유림, 시험림, 채종림 등 임업생산 목적의 산림과 임상이 양호하고 비옥도가 높은 산림으로서 활용도가 준보전산지만은 못하지만 제법 많다.

우리나라 임야에서 임업용 산지가 차지하는 비율은 약 55%로서 절반 이상이 임업용 산지라고 보면 된다. 사유림은 전체 산림의 68.3%이며, 그 중 부재산주가 53.5%에 달한다.

우리나라 산지의 절반 이상이 임업용 산지이며, 부재산주라고 보면 되는 것이다.


## 임업용 산지의 활용 가능행위

임업용 산지에서는 수목원·자연휴양림·산림욕장·산책로·탐방로·등산로·전망대·자연관찰원·산림전시관·목공예실·숲속교실·숲속수련장·산림박물관·산림교육자료관 등 산림교육시설, 임도·운재로 및 작업로, 부지면적 1만 ㎡ 미만의 산촌산업개발시설로서 임산물 저장, 판매, 가공, 이용시설, 산촌휴양시설로서 임업체험시설 및 산림문화회관이 허용된다.

또 종교단체 또는 소속 단체에서 설치하는 부지면적 15,000㎡ 미만의 사찰·교회·성당 등 종교의식에 직접적으로 사용되는 시설, 부지면적이 1만 ㎡ 미만인 병원·사회복지시설·청소년수련시설·근로자복지시설·공공직업훈련시설 등 공익시설도 지을 수 있다.

그 외에 농림어업인이 설치하는 주택 및 그 부대시설·농림축수산물의 창고·집하장 또는 그 가공시설·축산시설가축의 방목시설 그밖에 농림어업인이 1만 ㎡ 미만의 산지에 산채·약초·특용작물·야생화 등의 재배, 농로 및 농업용수로·수목원·자연휴양림, 병해충의 구제예방시설 또는 보호수 보전·관리시설, 야생조수의 인공사육시설·양어장·양식장·낚시터시설·버섯재배시설·농림어업용온실·누에사육시설·농기계수리시설·농기계창고·농막 및 농업용·축산업용 관리사(주거용이 아닌 경우에만 해당한다), 농림축산물의 창고·집하장 또는 그 가공시설·축산시설 등이 있다.

이러한 농림어업인이 설치하는 이러한 시설의 경우에는 보전산지 준보전산지를 막론하고 산지 개발시 부담하는 대체산림자원 조성비가 100% 면제되고 있다.

특기할 것은 임업용 산지에서 주택을 지을 수 있는 자는 농림어업인만 가능하다는 것이다. 즉 일반 도시인으로서 부재지주 산주인 경우에는 자기 소유 산지라 할지라도 집을 지을 수는 없다.

따라서 부재산주가 그 산에 단독주택을 지으려면 임업인의 자격을 취득해야만 가능하다는 사실을 알아야 할 것이다. 도시에 사는 산주가 자기 소유인 산에 집을 지으려 하고자 한다면, 우선 임업인이 되어야 한다는 결론이 된다.

현행법상 임업인이 될 수 있는 자격과 방법을 알아보자.

## 임업인의 정의

임업인의 정의에 관하여 임업 및 산촌진흥촉진에 관한 법률에서 다음과 같이 규정한다.(제2조)

임업이란 영림업(산림문화·휴양에 관한 법률과 수목원조성 및 진흥에 관한 법률에 따른 자연휴양림 및 수목원의 조성 또는 관리·운영을 포함한다), 임산물생산업, 임산물유통·가공업, 야생조수사육업과 이에 딸린 업으로서 농림수산식품부령으로 정하는 업(분재생산업, 조경업, 수목조사업 등 임업 관련 서비스업)을 말한다. 임업인이란 임업에 종사하는 자로서 대통령령으로 정하는 자를 말한다.

임업 및 산촌진흥촉진에 관한 법률 시행령 제2조에서 정하는 임업인의 범위는 다음과 같다.

## 임업인의 범위

1. 3ha 이상의 산림에서 임업을 경영하는 자
2. 1년 중 90일 이상 임업에 종사하는 자
3. 임업경영을 통한 임산물의 연간 판매액이 120만 원 이상인 자
4. 산림조합법 제18조에 따른 조합원으로서 임업을 경영하는 자

여기서 "임업을 경영하는 자", "120만 원 이상 판매하는 자", "재배하는 자"는 산림을 모범적으로 경영하여, 거기에서 얻어지는 임산물을 판매한 금액 또는 산림조합원으로서 재배포지 등을 본인명의로 소유 경영하고 있는 자를 말한다.

그러나 도시인으로서 90일 이상 임업을 직접 경영하거나, 30,000㎡(9,000평,3ha) 이상을 소유하는 요건을 갖추는 것은 사실상 불가능할 것이다. 더구나 자기 소유 산지에서 직접 생산한 임산물을 매각하고 임업 관

련 사업자등록증을 구비하여 연간 120만 원의 매출 실적을 내는 것도 용이하지 않을 것이다.

이러한 경우에 활용할 수 있는 것이 산지가 소유하는 지역의 산림조합에 가입하는 방법이 있다. 산림조합은 산림조합법에 의하여 각 시·군별로 결성되어 있으며, 산주는 언제든지 가입할 수 있다.

## 산림조합원으로 임업인이 되는 방법

임촉법 제2조 제1호에 따라 산림조합원으로서 임업을 경영하는 자가 되기 위해서는 산림조합법에서 정하는 요건을 갖추어야 한다. 우선은 산림조합에 가입하여야 할 것이다.

산림조합법 제18조에 의하여 당해 구역 안에 주소 또는 산림이 있는 산림소유자는 조합원이 될 수 있다. 그러나 본인명의 산림조합원 가입 증서만으로 임업인이 될 수 없으며, 산림조합법 제18조에 따라 산림을 경영하고 있는 자나 산림조합법 시행령 제2조의 규정에 해당하는 자의 요건을 갖춘 경우에만 임업인의 자격을 인정받을 수 있게 된다.

## 산림조합법 시행령 제2조[임업인의 범위]

1. 3ha 이상의 산림에서 임업을 경영하는 자
2. 1년중 90일 이상 임업에 종사하는 자

3. 임업경영을 통한 임산물의 연간 판매액이 100만 원 이상인 자

4. 산림자원의 조성 및 관리에 관한 법률 제16조 제1항 및 같은 법 시행령 제12조 제1항 제1호에 따라 등록된 산림용 종묘생산업자

5. 300㎡ 이상의 포지를 확보하고 조경수 또는 분재 소재를 생산하거나 산채 등 산림 부산물을 재배하는 자

6. 대추나무 1,000㎡ 이상을 재배하는 자

7. 호두나무 1,000㎡ 이상을 재배하는 자

8. 밤나무 5,000㎡ 이상을 재배하는 자

9. 잣나무 10,000㎡ 이상을 재배하는 자

10. 연간 표고자목(표고) 20$m^3$ 이상을 재배하는 자

"3ha 이상의 산림에서 임업을 경영하는 자"라 함은 산림을 3ha 이상 소유하고 임업에 해당하는 사업을 승인받아 종사하고 있거나, 산림자원의 조성 및 관리에 관한 법률 제13조에 따라 산림경영계획을 작성하여 인가를 받고 산림을 경영하고 있는 자를 말한다.

# 임야에 물류창고 짓기

## 물류시설

물류의 5대 기능 중 보관기능을 하는 것을 물류시설이라고 한다. 물류시설은 화물의 운송 하역 보관 또는 유통을 위한 시설로 도로·항만 철도·공항·화물터미널 및 창고 등을 말한다. 이러한 물류시설 중 특히, 보

관을 중심으로 하는 시설로는 물류단지, 유통단지, 물류센터, 배송센터, 내륙ICD 와 데포 및 복합화물터미널이 있다.

물류센터란 각 공장에서 완성된 제품을 집약하는 시설로서 공장과 연결된 제품의 재고 주문 배송 등의 중추센터 역할을 한다. 보관된 제품은 이곳에서 배송센터로 이동된다.

배송센터는 소매점 및 소비자에 대한 직접 배송기능을 하는 소규모의 집배센터를 말한다. 물류센터와 배송센터를 합쳐 물류 거점이라고 한다.

## 물류시설의 지원 관리 및 규제

물류는 소비자물가는 물론 생산기업의 생산원가와 제품 수급 등 국민경제에 미치는 영향이 지대하므로 물류 관련 법규를 마련해 이를 지원 관리하고 있다.

유통단지에 관하여는 유통단지개발촉진법이, 집배송센터와 공동 집배송센터에 관하여는 유통산업발전법이 있고 복합화물터미널에 대하여는 화물유통촉진법이 있다.

그러나 물류센터나 업종별 창고 등 보관시설에 관하여는 통일된 법령이 없고 각 개별법에 의해 규제 또는 지원이 되고 있다. 따라서 개별적인 물류센터 또는 보관창고를 건설하고자 할 때에는 토지 관련 법규와 건축 관련 법규를 참조해야 한다.

## 물류센터 입지를 위한 전제 요건

물류센터를 건립하고자 할 때에 그 거점계획을 수립하기 위한 전제 조건은 크게 입지 선정과 규모 결정으로 나눌 수 있다.

1. 입지 선정
본사와 배송센터와의 거리 및 교통수단 등을 감안하여 현행법상 물류센터를 건립할 수 있는 지역과 지점을 선정해야 한다.

2. 규모 결정
수요 조건, 배송서비스 조건과 운송 조건 및 제품의 수량·부피·거래량 특성 등을 감안하여 물류센터의 규모와 시설을 결정한다.


## 임야에 물류센터 지을 수 있는 시설 규정

임야에 관련된 법규인 산지관리법에는 산지에 물류센터를 지을 수 있는 규정으로는 임업용 산지 내의 임업인을 위한 시설에 대하여만 규정하고 있다.

임업용 산지는 농림지역으로서 농업보호구역에 상당하는 규제를 받는 것이므로 일반인이 산지전용을 통하여 물류센터를 짓는다는 것은 일단 어렵다고 볼 수 있다.

그러므로 같은 관리지역에 해당하는 준 보전산지 지역에서만 물류창고의 건립이 가능하다고 일단 해석된다.

현재 관리지역은 토지적성평가에 따라 향후 계획관리지역, 생산관리지역, 보전관리지역으로 구분될 것인바 물류센터가 가능한지 여부는 각 해당 지역에서 할 수 있는지 여부를 검토해야 한다.

국토계획법(동 시행령 별표)에 따르면 보전관리지역과 생산관리지역에서는 임업용 산지와 마찬가지로 농림축산, 수산용 창고만 가능하게 되어 있다. 반면 계획관리지역에서는 업종의 제한 없이 창고 건축이 가능하도록 규정되어 있다.

그렇다면 결국 준보전산지도 장차 계획관리지역으로 분류될 지역에 한하여 일반용 창고 건축을 위한 산지전용이 가능하다고 볼 것이다.

적성평가에 의한 재분류는 해당 관리지역 토지 주변의 다른 임야나 농지 등의 평가에 많은 영향을 받을 것이므로 가급적 개발이 진행 중이거나 도는 개발이 예상되는 그런 지역이나 한계농지에 속하는 지역을 물류센터의 적지로 보아도 될 것 같다.

## 임업용 산지 내에서 가능한 임업인의 창고 등

산지관리법상 임업인이 임업용 산지에서 산지전용으로 건축할 수 있는 창고 등은 다음과 같다. (산지관리법 제12조, 동 시행령 제12조 5항 1호)

1. 부지면적 3,000평 미만의 임산물 창고, 집하장 또는 그 가공시설
2. 부지면적 1,000평 미만의 농축수산물의 창고, 집하장 도는 그 가공시설

3. 부지면적 60평 미만의 농막, 농축산업용 경영관리사(비주거용에 한한다)

## 임야의 활용 방안

### 임야에 약초 심기

임야의 용도는 무궁무진하다. 그 중에서도 매력적인 것은 넓은 산에 동물을 키우고 식물을 키울 수 있다는 것이다. 식물은 소나무 등 자연수림일 수도 있고 잣나무, 밤나무, 매실 등의 유실수도 있지만 더덕, 산삼 같은 약초나 버섯 종류도 있다. 하여튼 산의 높이와 기후에 따라 경작할 수 있는 약초의 종류는 무궁무진하다.

### 약초 재배를 위한 임야의 구입

임야를 사서 약초재배를 하고자 할 때에는 어떤 조건의 임야가 좋은 가? 도로에 붙은 밭이나 마을에 가까운 준보전산지의 임야는 약초를 심고 관리하는 데는 좋으나 땅값에 비해 다소 경제성이 떨어질 수 있다.

약초의 재배는 보전산지 중에서 임업용 산지를 사는 것이 좋다. 임업용 산지에서는 산지전용신고를 함으로써 쉽게 약초를 재배할 수 있기 때문이다.

보전산지 중에서 공익용 산지에서는 약초 재배를 위한 산지전용이 불가능하다. 공익용 산지는 본래부터 도로, 군사, 상수원, 백두대간 보호 등 오로지 공익을 위한 목적으로만 쓸 수 있는 산지이기 때문이다.

따라서 약초 재배는 임업용 산지가 경제적으로도 가장 적당하다고 볼 수 있다.


## 산지전용 신고 요건

산지전용 신고 요건은 산채, 야생화, 관상수에 따라 다르다.

산채 및 야생화를 재배하기 위한 산지전용 신고 요건은 농림어업인이 평균경사도 30도 미만인 산지에서 재배하는 경우로서 부지면적이 3,000평 미만인 경우이다. 경사도나 부지면적이 그 이상이 되면은 산지전용 허가를 받아야 할 것이다.

관상수의 재배의 경우에는 농림어업인이 경사도 30도 미만인 산지에서 재배하는 나무로서 부지면적이 10,000평 미만일 경우에는 산지전용 신고로 족하다.

다만 이 경우에 당해 산지 안에 생육하고 있는 입목 중 30년 이상인 소나무의 비율이 10%를 초과해서는 안 된다는 조건이 있다. 이러한 조건들에 맞지 않는 경우에는 역시 산지전용 허가를 받아서 할 수 있다.


## 임업인 주택과 농막 등의 건축

약초를 전문적으로 재배하는 임업인이 되면 자기 소유의 임업용 산지에 200평 이내의 부지에 임업인 주택을 지을 수 있다. 아울러 임산물 보관과 작업등을 위하여 약 60평 미만의 산림경영관리사와 농막을 각각 지을 수 있다. 그 외에도 약 1천평 미만의 임산물 생산 가공시설을 건축할 수 있다.

## 약초 등 전문 재배의 경우 국가의 지원

### 임산물소득원의 지원대상 품목

| 종류 | 품목명 |
|---|---|
| 수실류 | 밤, 잣, 감, 호두, 대추, 은행, 도토리, 개암, 머루, 다래 |
| 버섯류 | 표고, 송이, 목이, 석이 |
| 산나물류 | 더덕, 고사리, 도라지, 취나물, 참나물, 두릅, 원추리, 죽순 |
| 약초류 | 삼지구엽초, 청출, 백출, 애엽, 시호, 작약, 천마, 장뇌, 결명초 |
| 수엽류 | 은행잎, 솔잎, 두충잎, 떡갈잎, 멍개잎 |
| 약용류 | 오미자, 오갈피, 산수유, 구기자. 두충 |
| 수목부산물류 | 수액, 수피, 수지, 나무 뿌리, 나무 순 |
| 관상란림식물류 | 야생화. 자생란, 조경수. 분재, 잔디 |

[제6조 제1항 관련] (임업 및 산촌진흥촉진에 관한 법률 시행규칙)
[별표 1] <개정 2000.6.7, 2002.7.24> 임산물소득원의 지원대상 품목(제6조제1항 관련)

일정 지정 약초 등에 대하여는 특정지역의 경우 임업 및 산촌진흥 촉진에 관한 법률에 따라 임산물 소득원의 생산 가공 지원이 있다.

# 국공유림 활용법

## 국공유지 산지매수청구(불하) 절차

### 산지매수청구

| 구비서류 | | |
|---|---|---|
| 청구인(대표자) | 담당 공무원 확인 사항<br>(부동의를 하는 경우 청구인이 직접<br>제출하여야 하는 서류) | 수수료 |
| 토지이용계획확인서 1부 | 토지대장 및 토지등기부 등본 각 1부 | 없음 |

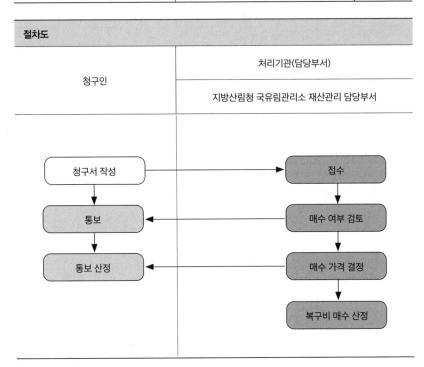

| 절차도 | |
|---|---|
| 청구인 | 처리기관(담당부서) |
| | 지방산림청 국유림관리소 재산관리 담당부서 |

청구서 작성 → 접수

통보 ← 매수 여부 검토

통보 산정 ← 매수 가격 결정

복구비 매수 산정

| 산지매수청구서 | 처리기간 3년 | 접수 | 년　월　일 | |
|---|---|---|---|---|
| | | | 접수번호 | 제　호 |

| 매수청구인 (산지소유자) | 성명 (법인의 명칭) | 한글 | | 생년월일 (법인등록번호) | |
|---|---|---|---|---|---|
| | | 한자 | | | |
| | 주소 | | | (전화 :　　　　) | |

매수를 청구하는 산지의 표시 및 이용현황

| 번호 | 소재지 | 지번 | 지목 | 면적 | 이용현황 |
|---|---|---|---|---|---|
| 1 | | | | | |
| 2 | | | | | |
| 3 | | | | | |

매수를 청구하는 산지에 설정된 소유권 외의 권리에 관한 사항

| 번호 | 권리의 종류 | 권리의 내용 | 권리자의 성명 및 주소 |
|---|---|---|---|
| 1 | | | |
| 2 | | | |
| 3 | | | |

매수청구사유

산지관리법 제13조의 2 및 같은 법 시행규칙 제9조의 2 제1항에 따라
위와 같이 산지의 매수를 청구합니다.

년　　　월　　　일

매수청구인　　　　　　(서명 또는 인)

지방산림청 국유림관리소장 귀하

| 구비 서류 | 청구인(대표자) 제출서류 | 담당 공무원 확인 사항 (부동의 하는 경우 청구인이 직접 제출하여야 하는 서류) | 수수료 |
|---|---|---|---|
| | 토지이용계획확인서 1부 | 토지대장 및 토지등기부 등본 각 1부 | 없음 |

본인은 이 건 업무처리와 관련하여 전자정부법 제21조 제1항에 따른 행정정보의 공동이용을 통하여 담당 공무원이 위의 담당 공무원 확인사항을 확인하는 것에 동의합니다.

매수청구인　　　　　　(서명 또는 인)

## 국유림 대부에 관한 조건

농림사업을 하는 개인은 통상 자기 소유 임야에서 임업경영을 하는 것이 보통일 것이다. 그러나 임야는 면적이 크고 산림경영에는 전문성이 있으므로, 개인 간에도 산판계약을 통해 조림용 산지를 임차하는 경우가 많다. 또 마을 근처에 유휴 국유림이 있을 경우, 조림, 산나물재배, 장뇌재배, 버섯재배나 축산 등 목축용으로 싼 값의 사용료를 내고 장기간 쓸 수 있다면 좋을 것이다.

이렇게 국유림을 빌려 농림사업 등 을 하는 경우를 국유림 대부라고 하며, 현행 국유림의 경영 및 관리에 관한 법률에서 그 근거를 마련하고 있다. 이 법과 시행령 시행규칙에서는 국유림 대부요건 및 절차에 관한 규정을 두고 있으며, 더 구체적으로는 산림청 소관 국유재산관리규정이 있다.

대부를 받을 수 있는 대상 국유림에는 일단 제한이 없어 행정재산과 일반재산 모두가 가능하다. 산림청에서는 과거 황폐화 된 산림의 조기 녹화를 위하여 정책적으로 조림을 위한 국유림 조림대부 및 분수림 설정제도를 시행하였으나 산림녹화 사업이 마무리돼 국유림 조림 대부 및 분수림 설정 제도는 1970년도에 폐지되었다.

### 국유림 대부의 두 가지 형태

국유림 대부에는 대상 국유림의 성격에 따라 두 가지 용어가 있다.

국가가 불요존국유림(일반재산)을 빌려 사용하고자 하는 자에게 대부 계약을 해주는 것을 국유림 대부라고 하며, 요존국유림(행정재산 보존재산)을 빌려 사용용하고자 하는 자에게 사용토록 허가해 주는 것을 국유림의 사용허가라고 부른다.

후자는 행정재산이기 때문에 허가라는 용어를 쓰지만 근본적으로 일시 사용의 임대차(대부)로서의 성격은 같다고 볼 수 있다.

## 국유림 대부의 목적과 용도

국유림 대부의 목적과 용도에 관하여 국유림의 경영 및 관리에 관한 법률에서는 요존국유림과 불요존 국유림의 경우를 달리하고 있다.

요존국유림의 경우에는 공용·공공용, 전기·통신 등 기반시설, 산림공익시설, 광업용, 산촌개발사업, 산나물 재배 등 용도에 제한을 두지만 불요존국유림의 경우에는 대부 용도에 대한 제한이 없다.

따라서 불요존국유림의 경우 골프장, 스키장, 수목원, 자연휴양림, 레저단지 등의 용도로도 가능하다.

## 국유림 대부 절차

국유림의 대부를 받으려는 자는 신청서(국유림의 경영 및 관리에 관한 법률 시행규칙 별제 제12호 서식)에 다음 서류를 첨부하여 국유림관리소에 제출한다.

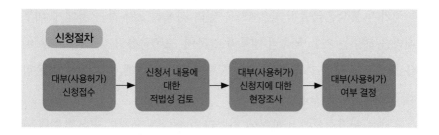

## 신청서 외 제출서류

1. 연차별 사업계획서(사업의 목적 및 기간, 공사 또는 작업계획이 포함되어야 한다.) 1부

2. 사업계획도(축척 1/6,000 실측도 또는 축척 1/1,200 구분구적도에 사업 내용을 표시한 것을 말한다.) 1부

3. 토사유출방지계획서(산지전용 등으로 토사유출 방지가 필요한 경우에 한한다.) 1부

4. 다른 법령의 규정에 따라 허가·인가·승인·지정·등록·신고 또는 협의 등의 처분이 필요한 경우 그 처분서 사본 1부

5. 인감증명서(본인이 인감증명 공동이용을 위해 사전 동의한 G4C 발급번호를 직접 지참할 경우 제출 제외)

6. 산지관리법 시행규칙 제10조 및 제13조에 따른 산지전용의 검토에 필요한 서류(산지전용이 수반되는 경우에 한하며, 제1호 내지 제5호까지의 서류와 중복되는 서류는 생략한다)

## 대부 심사기준 및 조건

▶ 법령에 따라 사용이 금지 또는 제한되었거나 사용계획이 확정된 국유림이 아닐 것. 예컨대 자연공원구역 내 임야라든지 그린벨트 임야

의 대부는 금지된다.

▶ 대부등의 용도가 산지관리법 제10조 및 제12조에 따라 산지전용이 가능한 용도에 해당하고 동법 제18조에 따른 산지의 전용기준에 적합한 국유림

▶ 사업시행에 따른 허가·인가·승인·지정·등록·신고 등이 필요한 경우에는 그 허가 등이 있을 것

▶ 버섯·산나물·약초류 재배, 주거용·종교용·농로·진입로·골프연습장·숙박·오락·판매시설 등은 산림청장이 정한 기준에 적합할 것

• 이에 관한 상세한 기준은 산림청 소관 국유재산관리규정

▶ 대부받은 국유림에 건물 그 밖에 영구시설물을 설치하지 못한다. 다만, 기부, 철거, 또는 원상회복을 조건으로 설치하는 경우로서 대부목적사업의 수행을 위하여 설치할 수 있다.

### 대부면적 제한

버섯류·산나물류·약초류(산양삼은 제외한다) 및 약용수 종류와 가축조사료용 초본식물 재배는 5만 ㎡, 산양삼 재배는 10만 ㎡ 이내만 허용함.

### 대부기간 및 대부료

대부기간은 5년의 범위 내에서 정하며, 종료 후 갱신할 수 있다.

대부료는 매년 결정하며 부동산 가격공시 및 감정평가에 관한 법률에 따라 최근에 공시한 당해 토지의 개별공시지가를 기준으로 산정한 토지가격을 적용하여 산출하고 매년 징수한다. 분할납부도 가능하다.

- 농림어업소득사업의 경우 : 위의 산정 토지가격 × 1천분의 10 이상
- 주거용의 경우 : 위의 산정 토지가격 × 1천분의 25 이상
- 스키장 및 썰매장용의 경우 : 위의 산정 토지가격× 1천분의 20 이상
- 위 이외의 경우 : 위의 산정 토지가격 × 1천분의 50 이상

## 국유림 대부 절차

사업계획 변경 및 권리양도, 명의변경도 허가권자의 허가를 받으면 가능하다. 다만 대부를 받은 자는 사용허가조건 및 대부계약조건에 따라 전대(사용허가 또는 대부받은 국유림을 다시 임대하는 행위)가 엄격히 금지되어 있으며, 사용허가 또는 대부 목적 이외의 사용 또한 엄격히 제한된다.

# 산림조합에 가입하기와 혜택은?

## 만약 임업을 하고자 하면 그 과정들은 어떻게 진행 될까?

임야구입 → 산림조합가입 그리고 임업후계자자격획득 → 산림경영
계획서작성 → (작업로 개설을 위한) 산지일시사용신고 → 작업로 개설 →
데크나 창고 신축, 전기연결, 수도연결 → 파종, 묘목 심기 → 임업경영
체등록 → 생산물판매

앞에서 쓴 각각의 과정을 통해 생기는 문제는 뭘까? 우선 상당한 시간
과 비용이 소요될 것이라는 걸 알 수 있을 것이다. 그리고 그 각각의 퀘
스트를 완수하기 위해서는 시골집 월세, 자동차 주유비 따위의 기본적
인 소비가 뒷받침되어야 한다.

생산물 판매까지는 최소 2년이 걸린다. 2년 후 소득이 생긴다 해도

ROI는 무의미하다. 이미 취미생활 겸임업 연습에 많은 돈을 썼으며 소규모 농지에 농약이나 비닐사용을 안 할 것이라고 생각했으므로 장차 수입이 아주 적을 것이기 때문이다.

그래도 좋다. 나무 아래에서 숲의 향기를 맡는다는 것은 마치 OFF에서 ON이 되는 것처럼 세상 사는 차원을 달리 하는 것이다. 그래서 감수한다.

2022년 12월 7일 단양군 산림조합을 방문해서 조합원가입신청서를 작성했고, 두 달여 지난 2023년 2월 16일 조합원가입승낙알림'이라는 공지문과 안내책자, 출자증권을 우편으로 받았다. 이로써 산림조합가입 숙제는 완료했다. (가입심사는 조합이사회에서 분기마다 한다고 한다.)

산림조합법제 18조에 따른 산림조합원 가입자격은 아래와 같다.

- 당해 구역 안에 주소 또는 산림이 있는 산림소유자
- 당해 구역 안에 주소 또는 사업장이 있는 임업인

산림 소유자도 되고 임업인도 된다.

가입자 주소는 서울이지만 단양군에 있는 산을 샀기에 산림소유자의 자격으로 단양군산림조합에 가입하게 됐다. 산주로서 가입신청에 필요한 서류는 신분증과 임야대장 두 가지다. 현재 임업을 하고 있는 임업인은 임업 경영을 증빙할 수 있는 서류를 제출하면 된다.

조합에 가입하는 것이므로 출자금을 내야 한다. 출자금은 1좌에 5천원단위로 20좌 이상 최대 10000좌까지 납부가 가능하다 한다.

임업을 하려면 산림조합 가입은 필수다. 정원을 가꾸며 생활할 요량이라면 별 문제가 없겠지만 경사진 산을 오르락 내리락하며 나무를 심거나 산나물을 심고 캐는 고된일을 할계획이라면 산림조합의 도움을받는 것이 좋다. 조합원에 대한 혜택이 꽤 다양하기 때문이다.

## 임업직불금도 산지투자의 보너스다

임업직불금은 임업인의 낮은 소득을 보전하기 위해 지급 대상 산지에서 임업에 종사하고 있는 임업인과 농업법인이 자격 조건을 갖춘 경우에 지급하고 있는 정책이다. 산림청은2024년 1인당 평균 240만 원의 임업직불금을 수령하게 될 것이라고 밝혔다. 그리고 산림청의 적극 홍보로 임업직불금 대상 산지의 면적이 4,508ha가 증가하였고 소규모 임가 직불금이 가구당 120만 원에서 130만 원으로 상승하였다.

## 임야로 산지 연금을 받는 방법은?

산지 연금 또는 산림 연금이 있다. 국민연금처럼 낸 것을 나중에 돌려받는 것이 아니고 산지연금형 사유림 매수로 산림청에서 매수하고 토지대금을 연금 형식으로 지급하는 제도다.

산림청에서는 산림생태계보전, 재해방지, 산림복지서비스 증진 및 산림자원의 육성 등을 위해서 사유림을 지속적으로 매수하고 있다.

그러나 모든 사유림이 대상이 되는 것은 아니다. 매년 예산 범위 내에서 매수우선순위를 두고 매수하고 있어 매수 대상산지와 매수대상이 되지 않는 산지에 대해 알아야 한다. 산지연금제도가 좋은 점은 맹지로서 개발이 불가능한 보전산지를 감정평가에 따라 좋은 가격에 매도할 수 있기 때문이다. 또한 투자자들 사이에서는 감정평가 이하로 경매 낙찰 받은 임야를 다시 감정평가금액으로 매도하여 차액으로 수익을 보기도 한다.

## 산지연금 지급 예시

### 지급급액 예시

**매매대금 1억 원 기준**
10년간 이자액 및 지가상승보장액은 약 21백 만 원 정도이며 월 평균 지급액은 약 84만 원입니다.

**지급방식** : 10년(120개월)간 1개월 단위로 월 1회 지급

**총 지급액** : 매매대금, 이자액, 지가상승보상액으로 구성 지급됩니다.

**월 지급액** : 1회차에 매매대금의 20%를 선지급하고, 나머지 매매대금(80%)
과 이자액, 지가상승보상액을 120회차로 나누어 지급합니다.

### 산지연금 : 산림청이 10년 할부로 사는 것

**목적** : 보전필요성으로 인한 규제로 활용/ 개발이 제한된 산지를 산림청에서
10년 할부로 매수하는 매매제도

**대상** : 산림청 매수대상 기준을 충족하는 산지(공고에 있음)
- 사람에 대한 기준은 없고, 목적물(산지)에 대한 기준만 있다.

**지급** : 매매대금을 10년 간 균등분할로 지급(양도소득세 발생)
- 지급총액 중 40%는 계약 체결 시 선지급으로 수령 가능

## 산지연금형 사유림 매수대상지

1. 공익 기능이 높은 산림
2. 도시숲, 생활숲, 휴양림, 수목원 등 국가 산림사업 목적상 필요산림
3. 백두대간/수원 함양 보호구역 등 산림 보전 필요 대상

### 법률근거

1. 「도시 숲 등의 조성 및 관리에 관한 법률」에 따른 도시숲·생활숲으로 필요한 경우
2. 「산지관리법」에 따른 산지전용·일시사용 재한지역 지정, 지정하기 위해 필요한 경우
3. 「백두대간 보호에 관한 법률」에 따라 백두대간의 보호를 위하여 필요한 경우
4. 「수목원·정원의 조성 및 진흥에 관한 법률」에 따른 수목원·정원, 「산림문화, 휴양에 관한 법」에 따른 자연휴양림·산림욕장·치유의숲, 「신림교육의 활성화에 관한 법률」에 따른 유아숲체험원·산림교육센터, 「산림보호법」에 따른 산림보호구역·생태숲(산림생태원을 포함한다.) 또는 「사방산업법」애 따른 사장비로 필요한 경우
5. 다른 법률에 따라 구역·지역 등으로 지정된 산림으로 국가 보전 필요가 인정되는 경우

## 사유림 매매시 지급받는 방식은?

**매도시 40% 일시금 + 10년 간 할부로 나눠 받음.**

※ 주의 : 매도시 양도소득세가 발생 함

| 년차 | 1년차 | 2~10년차 | 합계 |
|---|---|---|---|
| 원금 | 매도시 40% 일시 + 6% | | 100% |
| 이자 | | | 10년치 이자(약 16%) |
| 세금 | 매도시 양도소득세(세율 40~50%) | | |
| 최종 | 46% _ 양도소득세 | 6% + 이자 | 116%-양도소득세 |

## 실수익률 : 100~300%

현금지출 : 낙찰가(B.1) + CNLEMRTP(B.2) + 양도세(C)

현금수입 : 일시금(D)

실투자금 : 낙찰가(B.1) + 취득세(B.2) + 양도세(C) - 일시금(D)

현재가치 : 10년 간 받는 실수익을 4%로 현재가치 고려

| No | 1매도금 A | 낙찰가 B.1 | 취득세 B.2 | 양도세 C | 일시금 D | 이자 E | 실투자금 F=B+C.D | 실수익 G=A+E.B.C | 수익률 명목수익 | 수익률 현재가치 |
|---|---|---|---|---|---|---|---|---|---|---|
| 1 | 100 | 20 | 0.9 | 20 | 40 | 16 | 1 | 75 | 359% | 302% |
| 2 | 100 | 30 | 1.4 | 18 | 40 | 16 | 9 | 67 | 212% | 174% |
| 3 | 100 | 40 | 1.8 | 14 | 40 | 16 | 16 | 60 | 144% | 115% |
| 4 | 100 | 40 | 1.8 | | 40 | 16 | 2 | 74 | 177% | 149% |
| 5 | 100 | 50 | 2.3 | 11 | 40 | 16 | 23 | 53 | 101% | 101% |

# 임야 경매 투자법

## 임야 경매에서의 체크 포인트

임야는 보통 수천 평 이상이고, 값도 싸 평당 수백 원씩 하는 경우도 있으며, 다른 용도로의 전용하는 것도 비교적 용이하여 임업 이외에 전원주택단지, 목장, 공장, 관광휴게시설, 골프장, 리조트 등 다양한 용도로 활용하기 좋다.

근래 조경정책의 강화로 소나무 등 조경목의 수요가 늘면서 한 그루에 억 대를 호가하는 경우도 있어 산지구입비보다 소나무 한 그루 값이 더 나가는 경우도 있다. 또한 황토 붐에 따라 황토 등 토사나 석재의 채취도 가능해 지자체의 생산성도 높다. 산지는 농지처럼 별도의 농지취득자격증명을 받아야 하는 것도 아니어서 누구나 쉽게 매수할 수 있다.

## 경매로 좋은 산지 고르기

임업이 목적이라면 임도가 개설되어 임목의 반출·운반 등이 용이하고, 일조·온도·습도가 적정해야 하며, 노동력 확보가 용이해야 한다.

묘지가 목적이면 풍수지리를 고려해야 하고, 개발이 목적이면 준보전산지와 같이 공법상 규제가 적은 곳, 도로에의 접근성이 용이한 곳, 경사가 완만하며(21도 이하) 임목축적량(51% 미만)이어야 다른 용도로의 전용에 유리하다. 특히 조경목으로서 가치가 있는 모양새 좋은 나무가 많은 곳이나 고령토, 황토, 화강암 등 건축자재로 쓰이는 토사, 석재가 다량 함유된 산지가 좋다.

임야 역시 대지와 크게 다르지 않다. 단지 대지는 그 크기나 모양 등을 쉽게 알 수 있지만 임야는 법원 감정평가사 역시 그 위치에 대해서는 정확하게 표현하는 경우가 드물다.

감정평가서에 기재된 '위치도'를 보면 임야 모양은 파악되지만 현황 사진을 찍은 '사진용지'로는 모양을 알 수 없어 대충 찍은 사진이 대부분이다. 그런 관계로 임야는 조금 수고스럽더라도 사진으로 봐서 마음에 든다고 해도 반드시 현지를 방문해야 큰 낭패를 미연에 방지할 수 있다.

더불어 임야 매매금액은 일반매매 시 그 값의 기준점을 찾을 수 없어 간혹 바가지를 쓰고 사는 경우가 있지만 경매에서는 공시지가와 표준지 가격을 공시한 '토지평가명세표'가 있으므로 이를 참조하면 임야 금액이 부풀려졌는지 저평가되었는지를 판단하기 쉽다.

임야 경매에서 주의할 점은 도로와 어느 정도 거리에 있느냐다. 곧 몇 지번을 지나야 길을 내서 내 임야까지 도달할 수 있느냐가 향후 임야 가격 평가 기준이 됨을 잊지 말아야 한다.

또 임야 경매에서 가장 빈번하게 발생하는 문제는 임야 내 위치한 묘지다. 우리나라 임야에서 묘지 없는 임야를 찾기란 쉽지 않다.

임야에 위치한 묘지는 '분묘기지권'이 있어 함부로 처분할 수 없다. 마음에 드는 임야가 있을 때 묘지가 몇 기 안 된다면 입찰에 임해도 상관 없지만 많은 기수의 묘지가 있으면 여러 가지 제약이 임야투자에 저해 요인이 될 수 있다.

예부터 임야는 겨울에 사라는 격언이 있다. 여름철같이 숲이 우거진 상태에서는 현지의 임야를 봐도 그 모양과 형태를 알 수가 없다. 그런 관계로 겨울철에 임야를 보면 그 속을 볼 수 있기 때문에 실수 없이 임야를 매입할 수 있다.

예전에는 임야를 사서 주택을 편법으로 신축하기 위해 염소 사육장을 만들거나 버섯 재배단지를 만들어 주택허가를 받고는 했지만 최근에는 각 지자체가 임야 훼손을 걱정해 철저한 관리를 하고 있으니 반드시 해당 관청에 자세히 알아본 후 구입해야 한다.

## 임야 경매시 주의할 점

### 시세 파악의 곤란성

산지는 거래가 잘 되지 않는 특성상 거래사례가 적어 정확한 시세를 판단하기 곤란하다. 산지의 특성상 제대로 감정하기도 어려워 최초 감정가가 시세보다 높거나, 터무니없이 낮은 경우도 많으므로 인근 마을 주민이나 중개업소 등에 가서 부근 산지의 최근 거래 시세를 알아보고 공시지가와 대비하여 시세를 가능한 한 정확히 파악하도록 노력하여야 한다. 큰면적과 싼값만 생각하고 낙찰을 받았다가 매매가 전혀 되지 않거나, 실제 시세가 반값도 되지 않아 낭패를 보는 경우가 적지 않다.

### 공법상 규제를 확인할 것

보전산지, 특히 공익보전산지에 해당하거나, 공법상 각종 행위제한지역 내지 구역의 산지는 해당하는 경우, 각종 건축 등 개발제한규정이 적용된다.

### 경계 확인의 곤란성

산지는 통상 능선이나 계곡을 기준으로 경계 지워져 있으나, 실제로 정확한 경계를 구분해내기란 쉽지 않다. 해당 산지를 쉽게 찾는 요령은 다음과 같다.

㉮ 먼저 임야대장, 임야도등본, 지적도, 토지이용계획확인서를 발급받아 취득 목적에 부합하는지 따져보아야 한다.

㉯ 다음으로 지형도(1/25,000, 1/50,000)를 구입한 뒤 임야도등본과 대비하여 '형상', '경계', '등고선'을 확인하고, 등고선에 의한 위치도를 작성하며, 구거 및 벼랑, 계곡 등을 표시한다. 등고선의 간격이 촘촘할수록 경사도가 심하고, 간격이 넓을수록 완만한 경사이며, 간격이 촘촘하면

서 겹치면 벼랑임을 뜻한다.

㉭ 주위에 분묘, 전, 답, 과수원, 구거 등의 지번이 있으면 이를 기준으로 찾을 수 있고, 하천, 강, 개천을 거슬러 올라가며 찾을 수도 있다.

㉮ 사찰, 문화재, 송전탑 등 현저한 지형지물을 이용하거나 산 아래 마을의 이장이나 주민들에게 탐문하여 찾을 수도 있다.

㉯ 계절적으로는 산림이 울창한 여름에는 찾기가 어렵고, 산의 윤곽이 드러나는 겨울이 상대적으로 찾기 쉽다.

㉰ 가장 확실한 방법은 경계측량을 하는 것이나 시간과 비용이 많이 드는 단점이 있다.

### 맹지인 경우

진입로가 없는 맹지인 경우 많다. 이 경우 미리 진입로 부지의 소유자와 협의하여 매수하거나 사용권원에 대한 약속을 받아두는 등 대책을 세워놓고 입찰하여야 한다.


### 법적지상권 성립 여지

분묘나 수목이 없는 산지는 거의 없는데, 이에 따르는 문제가 분묘기지권과 입목지상권 성립문제이다.

해당 산지의 읍면동사무소에서 묘적부 등 묘지에 관한 장부를 열람하여 분묘의 연고 여부와 분묘기지권 성립 여부를 확인하여야 하고, 해당 산지의 관할등기소에 가서 입목등기부를 열람하여 입목등기가 되어 있는지, 법정지상권이 성립하는지 여부를 확인해야 한다.

경매로 매수한 산지에 입목이나 분묘가 아닌, 명인방법에 의한 수목의 집단, 그 밖의 수목, 미분리 과실, 입도, 엽연초, 인삼, 농작물 등이 있는 경우, 제3자가 소유하거나 경작하였다 해도, 법정지상권의 대상은 아니고, 경매의 매수인이 그 철거와 산지명도를 구할 수 있다.

### 종중 소유 산지의 분쟁 가능성

종중 소유의 산지를 종손 등에게 명의신탁을 해두는 경우가 많은데, 이러한 산지를 경매로 매수한 경우 종중 측에서 명의신탁관계를 내세워 매수인의 소유권을 다투는 분쟁이 생길 수 있으므로 미리 확인해보아야 한다.

이때 매수인이 선의이면 유효하게 소유권을 취득하는 경우가 대부분이나, 종중의 분묘가 집단으로 소재하는 문제점이 있고, 매수인의 소유권행사에 종중 측의 방해가 심한 경우도 있다.

또한 종중산지를 종원에게 명의신탁해둔 것을 종원이 서류 위조 등으로 매수인과 공모하여 매도한 산지가 경매 대상인 경우, 종중 측이 제기하는 원인무효에 기한 소유권이전등기 말소소송에 의해 낙찰을 받더라도 소유권을 상실할 위험이 있다.

### 지분경매의 경우

산지는 지분경매가 되는 경우가 적지 않은데, 최고가로 낙찰되어도 공유자 우선매수신청에 의해 공유자에게 매수인의 지위가 넘어가는 경우가 생길 수 있고, 소유권 이전 후에도 지분권 행사에 제약이 있으며, 결국 나머지 지분을 매수하거 나 공유물분할청구를 하여 완전한 소유권자가 되는 수밖에 없다.

**임장 활동은 필수**

부동산 투자에서 임장 활동은 기본 중 기본이다.

법원 경매의 매각목록 특징이 해당 부동산에 대한 전부를 수록하지 못하는 특성상 경매기록이나 감정평가서상에는 나타나지 않은 많은 변수들을 투자자가 직접 파악해야 한다. 법원 기록에는 맹지라고 표시되어 있지만 현황은 관습상 도로가 개설되어 있어 횡재하는 수도 있고, 지상 일부에 소유자 미상의 분묘가 수십 기 산재해 있고, 지상의 고압송전탑이 지나가지만 현장 기록에는 빠져 있어 어떤 개발행위도 불가능한 임야를 낙찰 받아 망하는 사례 등이 허다하기 때문이다.

임야는 지번의 경계 확인이 부정확한 경우가 많으므로, 반드시 현지 답사를 거쳐 경계를 직접 확인해야 하는데 이때 현지 주민의 도움을 받을 수 있다면 유리하다. 또한 경사가 가파르거나 묘·고압송전탑등의 장애물은 없는지도 확인해야 하고, 도로가 접해있는지 차량통행은 가능한지, 맹지라면 도로개설이 용이한지, 인근 농가나 마을로부터 얼마나 떨어져 있는지 등도 파악해야 한다.

경매물건 중 임야의 감정가는 공시지가 수준으로 감정하는 경우가 많아 시세와 상당한 차이가 나는 경우가 많기 때문에 임장 활동시 시세 파악을 정확히 해야 적정한 응찰 가격을 결정할 수 있다.

도로가 생긴다고 다 좋은 것이 아니다.

응찰하고자 하는 임야 등이 도로에 접해 있고 땅의 크기가 일정이라면 땅 모양 등은 어느 정도 무시하고 과감히 응찰해도 좋다. 개발하기 위해서는 모양이나 접도조건이 중요한 사항이지만 낙찰후 모양을 만들 수 있다면 취득당시의 땅의 모양이나 접도조건은 무시하고 매입해도 좋지만, 접도하고 있다고 해도 도로보다 심하게 낮게 내려앉은 땅은 피하고, 향후 형징변경이나 용도변경, 지목변경 또는 택지 개발 등으로 족보가 바뀔 가능성이 있는지도 점검할 필요가 있다.

또한 현재는 국도 등에 접해 있어 차량 통행들이 많은 지역이라고 하더라도 인근으로 국도나 고속도로 등이 신설 개통될 예정이라면 보수적으로 판단하는 것이 현명하다. 이용 빈도가 낮아지는 곳은 값이 오르기는커녕 떨어지는 곳마저도 나올 수 있음에 주의해야 한다. 도로 주변에 우회도로가 뚫리는 곳도 마찬가지이다.

### 체크해야 할 사항

법원 경매시장에서 토지가 인기를 한 몸에 누리고 있는 것은 이미 말했다. 주택에 대해 각종 규제가 겹쳐지고 있는 상황에서 아직까지 부동산시장의 황제주는 단연 토지와 상가일 것이다.

법원경매로 토지를 사면 토지거래허가를 받을 필요가 없다는 장점까지 더해 경매시장이 날로 과열되고 있어 각별한 주의가 요망되는데 토지의 경우, 아파트 등과 달리 가격 파악이 쉽지 않고 눈에 보이지 않는 위험도 도사리고 있어서다.

시세 파악에 각별한 신경을 써야 하는데, 토지는 아파트 등 주거시설이나 월세 수입등을 환산하면 가격을 추론해 볼 수 있는 근린상가 등과는 달리 시세를 파악하기 쉽지 않다.

아파트라면 인근의 중개업소나 매주 조사 발표되는 자료를 활용하면 쉽게 파악할 수 있는 반면, 토지는 바로 옆에 붙어 있는 땅이라도 가격이 다르다. 방향, 모양, 크기, 경사도, 접도 형태, 지목, 용도지역 등에 따라 가격이 천차만별로 시세파악이 제대로 되지 않으면 쓸모없는 땅을 시세보다 훨씬 비싸게 살 수도 있다

# 임야 개발과 세금

## 임야의 비사업용 판단은 어떻게 하나?

① 당해 토지가 실제 임야인지 여부를 확인한다.

② 기준에 관계없이 사업용으로 보는 토지인지 여부를 확인한다.

③ 양도자가 당해 임야를 일정기간 이상 재촌을 하면서 소유하였는지 확인한다.

▶ 토지의 소유기간이 5년 이상인 경우 기간 기준은 아래와 같으며 3가지 요건 중 하나만 충족하면 사업용 토지이다.

• 양도일 직전 5년 중 3년 이상을 재촌 하면서 보유

• 양도일 직전 3년 중 2년 이상을 재촌 하면서 보유

• 보유기간 중 80% 이상을 재촌 하면서 보유(일수 계산)

▶ 토지의 소유기간이 3년 이상 5년 미만인 기간 기준은 아래와 같으며 3가지 요건 중 하나만 충족하면 사업용 토지이다.

- 보유기간 중 3년 이상을 재촌 하면서 보유
- 양도일 직전 3년 중 2년 이상을 재촌 하면서 보유
- 보유기간 중 80% 이상을 재촌 하면서 보유(일수 계산)

▶ 토지의 소유기간이 3년 미만인 기간 기준은 아래와 같으며 2가지 요건 중 하나만 충족하면 사업용 토지이다.

- 보유기간 중 2년 이상을 재촌 하면서 보유
- 보유기간 중 80% 이상을 재촌 하면서 보유 (일수 계산)

▶ 재촌 : 농지소재지 또는 연접 시군구 또는 농지로부터 직선거리 20km 이내에 주민등록이 되어 있고 사실상 거주하는 것 (임야는 농지의 경작요건과 같은 특별한 용도제한이 없다.)

## 부재지주이더라도 비사업용에서 제외되는 임야는?

공익상 필요 또는 산림의 보호 육성을 위하여 필요한 임야로 아래에 해당하는 경우에는 당해 용도기간 동안 사업용으로 간주한다.

▶ 산림법에 따른 산림유전자원보호림·보안림·채종림 또는 시험림
▶ 산지관리법에 따른 산지 안의 임야로서 산림법에 따른 영림계획인가를 받아 사업 중인 임야 및 특수개발지역 안의 임야

- 다만, 국토의 계획 및 이용에 관한 법률에 따른 도시지역(보전녹지지역 제외) 안의 임야로서 도시지역으로 편입된 날부터 2년이 경과한 임야를 제외

▶ 사찰림 또는 동유림
▶ 자연공원법에 따른 공원자연보존지구 및 공원자연환경지구 안의 임야
▶ 도시공원 및 녹지 등에 관한 법률에 따른 도시공원 안의 임야
▶ 문화재보호법에 따른 문화재보호구역 안의 임야
▶ 전통사찰 보존법에 따라 전통사찰이 소유하고 있는 경내지
▶ 개발제한구역의 지정 및 관리에 관한 특별조치법에 따른 개발제한구역 안의 임야
▶ 군사시설보호법에 따른 군사시설보호구역, 해군기지법에 따른 해군기지구역 또는 군용전기통신법에 따른 특별보호구역 안의 임야
▶ 도로법에 따른 접도구역 안의 임야
▶ 철도안전법에 따른 철도보호지구 안의 임야
▶ 하천법에 따른 연안구역 안의 임야
▶ 수도법에 따른 상수원보호구역 안의 임야

토지의 소유자 소재지·이용상황·보유기간 및 면적 등을 감안하여 거주 또는 사업과 직접 관련이 있다고 인정할 만한 상당한 이유가 있는 임야에 해당하는지 여부를 검토한다.(당해 기간을 사업용으로 간주)

▶ 임업 및 산촌 진흥촉진에 관한 법률에 따른 임업후계자가 산림용

종자, 산림용 묘목, 버섯, 분재, 야생화, 산나물 그 밖의 임산물의 생산에 사용하는 임야

- ▶ 산림법에 따른 종묘생산업자가 산림용 종자 또는 산림용 묘목의 생산에 사용하는 임야
- ▶ 산림법에 따른 자연휴양림을 조성 또는 관리·운영하는 사업에 사용되는 임야
- ▶ 수목원조성 및 진흥에 관한 법률에 따른 수목원을 조성 또는 관리·운영하는 사업에 사용되는 임야
- ▶ 산림계가 그 고유목적에 직접 사용하는 임야
- ▶ 제사·종교·자선·학술·기예 그 밖의 공익사업을 목적으로 하는 지방세법 제186조 제1호 본문의 규정에 따른 비영리사업자가 그 사업에 직접 사용하는 임야
- ▶ 상속받은 임야로서 상속개시일 부터 3년이 경과하지 아니한 임야
- ▶ 종중이 2005년 12월 31일 이전에 취득하여 소유한 임야


## 비사용 토지에서 제외되는 임야

1. 산림법상 산림유전자원보호림, 보안림, 채종림, 시험림
2. 임야 소재지와 동일한 시 군 자치구 또는 그와 연접한 시 군 자치구 안의 지역에 주민등록이 되어 있고 사실상 거주한 자가 소유하는 임야
3. 산지관리법상 산지 안의 임야로서 아래 ⅰ) 또는 ⅱ) 해당 임야
- 산림법에 따른 영림계획인가를 받아 시업施業 중인 임야
- 산림법에 따른 특수개발지역 안의 임야. 다만, 국토의 계획 및 이용

에 관한 법률상 도시지역(동법시행령 제30조상 보전녹지지역 제외)안의 임야로
서 도시지역으로 편입된 날로부터 2년이 경과한 임야를 제외한다.

4. 사찰림 또는 동유림

5. 자연공원법상 공원자연보존지구 및 공원자연환경지구 안의 임야

6. 도시공원 및 녹지 등에 관한 법률상 도시공원 안의 임야

7. 문화재보호법상 문화재보호구역 안의 임야

8. 전통사찰보존법상 전통사찰이 소유하고 있는 경내지

9. 개발제한구역의 지정 및 관리에 관한 특별조치법상 개발제한구역
안의 임야

10. 군사시설보호법상 군사시설보호구역, 해군기지법상 해군기지구
역 또는 군용 전기 통신법상 특별보호 구역 안의 임야

11. 도로법상 접도구역 안의 임야

12. 철도안전법상 철도보호지구 안의 임야

13. 하천법상 연안구역 안의 임야

14. 수도법상 상수원보호구역 안의 임야

15. 그밖에 공익상 필요 또는 산림의 보호육성을 위하여 필요한 임야
로서 재정경제부령이 정하는 임야

16. 임업 및 산촌진흥촉진에 관한 법률상 임업후계자가 산림용 종자,
산림용 묘목, 버섯, 분재, 야생화, 산나물 그 밖의 임산물의 생산에 사용
하는 임야

17. 산림법상 종묘생산업자가 산림용 종자 또는 산림용 묘목의 생산
에 사용하는 임야

18. 산림법상 자연휴양림을 조성 또는 관리·운영하는 사업에 사용되
는 임야

19. 수목원조성 및 진흥에 관한 법률상 수목원을 조성 또는 관리·운영하는 사업에 사용되는 임야

20. 산림계가 그 고유목적에 직접 사용하는 임야

21. 제사, 종교, 자선, 학술, 기예 그밖의 공익사업을 목적으로 하는 비영리사업자가 그 사업에 직접 사용하는 임야

22. 상속받은 임야로서 상속개시일로부터 3년이 경과하지 아니한 임야

23. 종중이 소유한 임야(2005. 12. 31. 이전에 취득한 것에 한함)

24. 그밖에 토지의 소유자,소재지,이용상황,소유기간 및 면적 등을 감안하여 거주 또는 사업과 관련이 있는 임야로서 재정경제부령이 정하는 임야

25. 직계존속이 8년 이상 재촌한 임야를 상속, 증여받은 임야 녹지지역 및 개발제한 구역이 아닌 도시지역 안의 임야는 제외

**개발과 활용으로 보는 산지투자**

발행일   2020년 5월 27일 초판 발행
         2024년 8월 30일 개정판 1쇄
지은이   이인수
펴낸이   양근모
발행처   도서출판 청년정신
등 록    1997년 12월 26일 제 10-1531호
주 소    경기도 파주시 경의로 1068, 602호
전 화    031-957-1313  팩 스   031-624-6928
이메일   pricker@empas.com
ISBN    978-89-5861-244-5 (13320)